쉽고 친절한 협동조합 교과서

사회적경제 일반에서
협동조합의 조직운영·
사업경영·역사,
새로운 흐름 모두를
한 권의 책으로

우미숙

한살림

자발적·개방적 조합원제도 / Voluntary and Open Membership
조합원에 의한 민주적 통제 / Democratic Member Control
조합원의 경제적 참여 / Member Economic Participation
자율과 독립 / Autonomy and Independence
교육·훈련·정보의 제공 / Education, Training and Information
지역사회에 대한 기여 / Concern for Community
협동조합 간 협동 / Cooperation among Cooperatives

쉽고 친절한 협동조합 교과서

초판 1쇄 펴낸 날 2024년 4월 29일
지은이 우미숙
펴낸곳 도서출판한살림
펴낸이 곽현용
편집 장순철
디자인 더디앤씨
출판신고 2008년 5월 2일 제2015-000090호
주소 (우 06086) 서울특별시 강남구 봉은사로81길 15 4층
전화 02-6931-3612
팩스 02-6715-0819
누리집 blog.naver.com/hansalim
이메일 story@hansalim.or.kr

ⓒ 도서출판한살림 2024
ISBN 979-11-90405-45-4 (13330)

* 이 책의 저작권은 저자에게 있으며, 저작권법에 의해 보호를 받는 저작물이므로 무단 전재와 복제를 금합니다.
* 이 책 내용의 일부 또는 전부를 재사용하려면 반드시 저작권자와 도서출판한살림의 동의를 받아야 합니다.
* 잘못된 책은 구입하신 곳에서 바꾸어 드립니다.

> 협동조합은 인증 조직인 사회적기업이나 마을기업과 달리 자립 운영을 원칙으로 합니다. 그만큼 현실적 어려움이 따릅니다. 그러나 자율적인 방식으로 재미있게 운영할 수 있는 장점이 있지요. 사회의 고정관념에서 벗어나 새로운 가치관을 만들어낼 수 있으며, 기존의 일하는 방식에서 벗어나 혁신적인 운영 원리를 만들어내기도 합니다. 돈만 벌겠다는 일반 기업과 달리 사회적 가치 실현을 지향하는 조직이지요.

| 차례 |

여는 글   011

1부
협동조합을 품은 사회적경제

1장 사회적경제의 개념   019
   1) 사회적경제의 정의
   2) 사회적경제의 범주
   3) 사회적경제를 무엇으로 설명할까

2장 사회적경제 등장 배경과 과정   035
   1) 사회적경제의 등장 배경
   2) 사회적경제의 등장 과정
   3) 우리나라 사회적경제의 흐름

3장 우리나라 사회적경제 조직   046
   1) 구 사회적경제 부문
   2) 신 사회적경제 부문

4장 우리나라 사회적경제기본법 제정 과정과 내용   073
   1) 사회적경제기본법의 필요성
   2) 사회적경제기본법안의 발의 과정과 내용

5장 사회적경제의 쟁점   077
   1) 소셜벤처의 등장과 사회적경제의 관계
   2) 사회적기업의 인증제와 등록제

2부 협동조합의 역사와 정체성

1장 함께 살아가기의 원리_협동　　　　　　　　　　089
2장 협동조합의 역사　　　　　　　　　　　　　　　095
　1) 협동조합 역사 일반
　2) 우리나라 협동조합의 흐름
3장 협동조합의 정체성_정의·가치·원칙　　　　　　148
　1) 협동조합의 정의
　2) 협동조합의 가치
　3) 협동조합 7원칙

3부 협동조합의 유형

1장 협동조합의 유형　　　　　　　　　　　　　　　187
　1) 특별법과 기본법에 따라 분류
　2) 협동조합기본법 표준정관례 유형 분류
2장 협동조합법　　　　　　　　　　　　　　　　　　221
　1) 협동조합법의 도입 과정
　2) 협동조합기본법은 무엇을 담았나
　3) 협동조합기본법과 개별 협동조합법의 관계
　4) 협동조합기본법 개정 과정

3장 새로운 협동조합 유형 등장   239
    1) 디지털 기술을 기반으로 한 디지털 플랫폼 협동조합
    2) 프리랜서협동조합
    3) 지구환경·주거·돌봄을 해결하는 협동조합
    4) 환경과 생태계를 살리는 협동조합
    5) 함께 살아가기를 실현하는 주거공동체

4부
협동조합의 조직 운영

1장 자발적이고 개방적인 조합원제도   271
2장 조합원의 민주적 통제_의사 결정 기구   273
    1) 총회
    2) 이사회
    3) 감사회
3장 협동조합 거버넌스와 민주적 의사 결정   281
    1) ESG와 거버넌스, 협동조합의 거버넌스
    2) 민주적 의사 결정
    3) '회의'의 민주적 운영과 효율적 의사 결정

사업체로서 협동조합 경영

1장 협동조합의 자기자본, 조합원지분과 공동지분 299
2장 협동조합의 자본 조성과 조합원의 경제적 참여 302
3장 협동조합의 과세 310

협동조합의 논쟁거리

1장 협동조합의 영리성과 비영리성 315
2장 협동조합의 사업체 속성과 사회운동적 속성 318
3장 협동조합 민주주의의 상징은 1인 1표? 323

참고자료 327
찾아보기 337
미주 350

| 표·그림 차례 |

【표 1】 사회적경제기본법안에 나타난 사회적경제 정의　023
【표 2】 사회적경제기본법안에 나타난 사회적경제 범주　024
【표 3】 우리나라 생협 유형 분류　052
【표 4】 자활기업 지원 요건　053
【표 5】 자활기업 지원 내용　054
【표 6】 추구 가치에 따른 소셜벤처의 영역　068
【표 7】 소셜벤처기업 지원 제도　070
【표 8】 사회적경제기업 정의와 근거 법령　072
【표 9】 소셜벤처·벤처기업·사회적기업 비교　078
【표10】 소셜벤처의 법적 지위　080
【표11】 여성기업의 범위와 기준　082
【표12】 사회적기업 인증제와 등록제 비교표　085
【표13】 협동조합의 흐름　124
【표14】 협동조합 정의　151
【표15】 협동조합·주식회사·유한책임회사 비교　159
【표16】 사회적협동조합·비영리 사단법인·사회적기업의 비교　161
【표17】 협동조합 원칙 변천 과정　167
【표18】 협동조합의 종류　188
【표19】 일반 협동조합·사회적협동조합 비교　189
【표20】 일하는사람들의협동조합연합회 회원사 현황　219
【표21】 일하는사람들의협동조합연합회 회원 조직 사업영역　220
【표22】 우리나라 협동조합 관련 근거법　226
【표23】 협동조합기본법 개정 주요 내용　229
【표24】 소비자생활협동조합 개정 주요 내용　234
【표25】 조합원총회·대의원총회 비교　275
【표26】 총회·이사회 의결 사항 비교　277
【표27】 잉여와 이윤의 차이_주식회사와 협동조합의 비교　306

【그림 1】 제3섹터로서 사회적경제　　　　　　　　020
【그림 2】 Social_Economy_Diagram　　　　　　　025
【그림 3】 사회적경제 조직들을 묶는 공유 가치와 원칙　043
【그림 4】 우리나라 사회적경제 조직의 시대별 구분　　046
【그림 5】 소셜벤처의 경영 모델　　　　　　　　　079
【그림 6】 협동조합의 정의　　　　　　　　　　　152
【그림 7】 협동조합의 가치　　　　　　　　　　　163
【그림 8】 협동조합 7원칙　　　　　　　　　　　183
【그림 9】 프리랜서협동조합 조직적 특성　　　　　260
【그림10】 조합원의 권리와 의무　　　　　　　　272
【그림11】 출자금의 종류　　　　　　　　　　　304
【그림12】 협동조합의 민주주의　　　　　　　　　325

한걸음 더

· 사회적경제 vs 자본투자자기업 vs 공공부문　　026
· 사회적경제 vs 사회연대경제　　　　　　　　028
· 지속 가능한 발전을 위한 사회연대경제 활성화 결의안　029
· 여성기업 지정과 사회적경제　　　　　　　　081
· 로치데일공정선구자조합　　　　　　　　　　098
· 친환경 생활재 공동구매 소비자생활협동조합 사례　138
· ICA 협동조합 10년을 위한 청사진　　　　　　153
· ILO 협동조합 활성화를 위한 권고문　　　　　155
· 사회 발전을 위한 협동조합에 관한 유엔 결의문[2009]　156
· 스페인의 몬드라곤 MONDRAGON　　　　　　202
· 몬드라곤의 10대 원칙　　　　　　　　　　　212
· 국제노동자협동조합연맹　　　　　　　　　　217

- 일하는사람들의협동조합^{워커쿱}연합회 218
- 소비자생활협동조합법의 변화 과정 232
- 잉여금^{Surplus}과 이윤^{Profit} 305

📖 자료

- '사회적경제 유럽'의 사회적경제 헌장 039
- 로치데일공정선구자조합 최초 규약의 기본 원칙 107
- 로치데일공정선구자조합 정관 109
- 로치데일공정선구자조합 1854년 협동조합 규약 111
- 로치데일공정선구자조합의 운영 원칙 113
- 협동조합·주식회사·유한책임회사 비교 159
- 사회적협동조합·비영리 사단법인·사회적기업의 비교 161
- 디지털 플랫폼 협동조합에 전통적 협동조합 원칙을 포함한 트레버 숄츠$^{Trebor\ Scholz}$ 10가지 원칙 242

| 여는 글 |

우리 협동조합 할까요?

뜻을 같이하는 동료 다섯 사람만 있으면 큰 자본금 없이 신고만으로 사업을 시작할 수 있기에 사람들은 쉽게 협동조합을 선택합니다. 우리나라 협동조합은 2023년 12월 31일 현재 등록된 총수가 25,700개로 매년 지속해서 늘어나고 있습니다.[1] 협동조합기본법이 시행된 2012년에 50개에서 출발한 협동조합은 2016년에 9,991개, 2020년에 19,067개로 늘어났으며,[2] 2023년 12월 말에 25,000개를 넘어섰습니다.

협동조합은 하나의 사업체이긴 하지만 단순한 동업과 달리 조합원 한 사람 한 사람에게 권리와 의무를 부여합니다. 합의 원칙에 따라 사업과 조직 운영의 의사 결정을 합니다. 무엇보다 돈을 벌겠다는 것보다 돈을 벌어서 공동으로 필요한 것을 얻겠다는 목적이 강한 사업체이지요. 그러다 보니 협동조합은 일반 자본투자자기업과 비교해 규모가 영세합니다. 2020년 기준으로 조합원 수가 10명 이하인 조합이 59.5%, 자산 1억 원 이하인 조합이 71.8%이며, 매출액 목표 1억 원 이하 조합이 66.8%로, 협동조합의 수와 조합원 수가 확대되고 있으나 절반 이상이 영세한 규모에 머물러 있습니다.[3]

"그런데 왜 굳이 협동조합입니까?"

협동조합을 하려는 사람들에게 필자는 이런 질문을 합니다. 대답은 아주 다양합니다. "자본금을 혼자 감당하기 어려워서", "일하는 시간을 자유롭게 정할 수 있어서", "일반 기업 취업이 어려워서", "존중받으며 일하고 싶어서", "정년 없이 자유롭게 일하고 싶어서", "값싸고 품질 좋은 물품을 구하기 위해", "질 좋은 의료혜택을 받기 위해", "돈이 필요할 때 적은 이자로 돈을 융통하기 위해".

이렇듯 다양한 목적은 설립한 협동조합 사례에서 그대로 드러납니다. 협동조합 설립 양상을 보면 교육·예술·보건·과학기술 분야가 늘어나고 있으며,[4] 장애인·경력단절 여성·고령자 등 취약 계층이 조합원으로 참여한 사례가 2018년 11,243명에서 2020년에 27,727명으로 146.6%[제5차 협동조합 실태조사 결과: 2020년 말 기준]의 증가세를 보입니다.[5]

사람들은 수익이 크게 나지 않지만 외부 조력 없이 하고 싶은 일을 하고자 협동조합을 만들거나 이에 참여하고 있습니다. 그러나 협동조합 하는 일이 그리 녹록지 않습니다. 꾸준히 세금을 내고, 일하는 사람들의 보험을 납입하고 있는 협동조합은 2020년 말 기준으로 49.5%로 절반에도 미치지 못합니다.[6]

간절한 마음으로 설립한 협동조합의 절반 이하가 문을 열었으나 문을 닫지도 못한 채 운영을 멈춰야 하는 이유는 무엇일까요? 이는 제도적으로 또는 개별 협동조합 상황에 따라 다를 겁니다. 이를테면 협동조합이 엄연히 사업체라는 경제단위이고 법인이라는 인식을 하지 못하거나, 제도적으로 지원 정책을 기대했으나 현실적으로 이루어지지 못한 점, 협동조합의 비즈니스와 조직 운영과 관련한 협동의 문화에 익숙하지 못한 이유가 있을 수 있습니다. 사정이 어려우면 해산이나 청산을 해야 하지만 그 절차 또한 만만치 않을 겁니다.

개별 협동조합의 역량에도 이유가 있을 수 있습니다. 협동조합을 운영하는 주체는 조합원 당사자인데 비즈니스 모델을 만들어내지 못하거나 사업체 운영에서 영업 역량을 갖추지 못한 점, 출자금의 규모가 작아 실질적 자본금이 부족하거나 조합원 간 갈등 문제가 있을 수 있습니다.[7]

협동조합을 시작하는 사람들은 사업체를 등록해서 운영하는 실무적인 과정을 잘 알고 있지만, 협동이라는 게 무엇인지, 어떻게 운영해야 하는지, 협의체로서 의사 결정은 어떻게 해야 하는지, 어떻게 해야 협동조합다운 사업체를 꾸려갈 수 있을지, 수많은 난관에 부딪힙니다. 누구라도 붙잡고 수시로 물어보고 답을 찾고 싶을 겁니다.

필자는 그 답답함을 해결할 답을 찾고자 그동안 협동조합 활동에 참여하고 협동조합을 안내하는 활동에서 얻은 경험과 지식, 협동조합 사람들이 필요로 하는 것을 이 책 한 권에 모두 담아보았습니다. 그러다 보니 사회적경제 일반에서부터 협동조합의 사업 경영과 조직 운영, 협동조합의 역사와 사례 등 넓은 범주에서 세밀한 내용을 이 책에 모두 담아보려고 했습니다.

첫 장은 협동조합을 이해하기에 앞서 사회적경제의 개념과 역사적 흐름, 우리나라에 등장한 사회적경제 조직을 소개했습니다. 사회적경제의 논의 주제로 떠오른 소셜벤처와 사회적경제의 관계, 사회적기업 등록제로 전환되는 인증제도의 개편 등, 다양한 의견을 중심으로 논쟁의 맥락을 살펴보았습니다.

두 번째 장은 협동조합이 세상에 등장해 현재까지 이어온 역사의 흐름과 협동조합의 정의·가치·원칙을 바탕으로 협동조합 운영 철학을 설명하였습니다.

세 번째 장은 8개 협동조합 특별법과 기본법을 근거로 하는 협동조합의 종류를 소개하고 협동조합의 새로운 변화 과정에서 나타난 디지털플랫폼 협동조합과 프리랜서협동조합, 지구환경·주거·돌봄을 해결하는 협동조합, 환경과 생태계를 살리는 협동조합 등을 미래의 협동조합의 흐름과 함께 소개했습니다.

네 번째 장은 협동조합의 조직 운영과 관련한 내용으로 조합원의 민주적 통제를 기반으로 하는 의사 결정 기구에 관한 소개와 민주적 의사 결정의 원칙과 회의의 민주적 운영과 관련한 내용을 담았습니다.

다섯 번째 장은 사업체로서 협동조합의 경영과 기능을 소개합니다. 가장 먼저 협동조합 자기자본의 속성, 이에 포함되는 조합의 공동지분과 조합원지분의 관계를 살펴보고, 협동조합의 자본 조성에서 조합원의 경제적 참여의 의미를 설명하였습니다. 이어서 협동조합의 회계와 관련해 과세 문제를 살펴보았습니다. 우리나라 세법에서 일반 협동조합은 일반 영리기업과 같은 위치에서 과세를 적용받습니다. 그러나 8개 특별법에 근거한 협동조합은 '조합법인'이라는 이름으로 과세특례를 적용받습니다. 근거법에 따라 달리 적용되는 협동조합 과세 상황을 살펴보고 이에 대한 개선 방향을 제시합니다.

여섯 번째 마지막 장에서는 협동조합과 관련한 세 가지 논쟁거리를 다루었습니다. 가장 오랫동안 토론 주제로 다루어졌던 협동조합의 영리성과 비영리성, 협동조합의 이중성으로서 사업체 속성과 사회운동적 속성, 협동조합의 민주주의에 관한 관점과 내용을 살펴보았습니다. 협동조합의 영리성과 비영리성의 논쟁은 국제협동조합연맹이 1980년에 내놓은 레이들로 보고서에서 제기했던 논제이기도 합니다. 협동조합의 민주주의와 관련해서는 협동조합 민주주의의 상징으로 말하는 1인 1표 제도가 민주주의의 전부인가 하는 논제를 제기합니다. 협동조합이 등장한 초창기, 여성에게 참정권이 없던 정치 현실에서 협동조합이 선구적으로 아무런 차별 없이 의결권을 부여했던 1인 1표 제도는 협동조합 민주주의의 상징이었습니다. 그러나 협동조합의 규모가 커지면서 1인 1표의 원칙을 모든 곳에 적용할 수 없게 됐으며, '민주적인 방식'으로서 다양한 투표 방식을 제기하기도 합니다. 협동조합의 민주주의는 단순히 투표 방식의 문제에 그치는 게 아니라 조합원이 소유자이면서 운영권자로서 권리와 의무를 적극적으로 수행할 수 있게 하는 데 있습니다. 이와 관련한 논의는 협동조합운동의 발전에 중요한 의미를 줄 것입니다.

이 책은 협동조합의 연구 결과를 담아낸 전문 서적은 아닙니다. 협동조합이 무엇인지 궁금한 사람들, 협동조합을 하고 싶은데 길잡이가 필요한 분, 협동조합 활동을 하면서 해결하지 못하거나 궁금한 게 많았던 분들에게 유용한 내용입니다. 다소 어려운 개념이나 이론이 담겨 있지만 현장에서 유용하게 활용하는 데 좋은 영양분이 되리라 생각합니다.

이 책은 사회적경제와 협동조합과 관련한 수많은 학자와 연구자들의 연구 결과와 필자의 강의안을 필자의 해석과 함께 재정리한 것입니다. 선배 연구자들의 저작물과 연구 결과가 없었다면 협동조합 안내자로서 역할을 하기에 어려움이 있었을 것이며 이 책을 엮어낼 수 없었을 것입니다. 이 자리를 빌려 이 책을 집필하는 데 도움을 받은 모든 연구자에게 감사 인사를 드립니다.

협동조합은 인증 조직인 사회적기업이나 마을기업과 달리 자립 운영을 원칙으로 합니다. 그만큼 현실적 어려움이 따릅니다. 그러나 자율적인 방식으로 재미있게 운영할 수 있는 장점이 있지요. 사회의 고정관념에서 벗어나 새로운 가치관을 만들어낼 수 있으며, 기존의 일하는 방식에서 벗어나 혁신적인 운영 원리를 만들어내기도 합니다. 돈만 벌겠다는 일반 기업과 달리 사회적 가치 실현을 지향하는 조직이지요.

"우리 함께 협동조합 해보실래요?"

이 제의에 응한다면, 이 책과 함께 시작해볼까요?

2024년 4월

1부
협동조합을 품은 사회적경제

1장 사회적경제의 개념
2장 사회적경제 등장 배경과 과정
3장 우리나라 사회적경제 조직
4장 우리나라 사회적경제기본법 제정 과정과 내용
5장 사회적경제의 쟁점

사회적경제의 성공은 그들의 목표 달성에 필요한 경제적·재정적 성과의 측면에서 단독으로 측정될 수 없으며, 무엇보다도 사회적 결속·양질의 고용 창출·경제에 대한 시민 참여·연대와 지역 측면에서 기여도를 기준으로 평가해야 한다.

▶ 출처: '사회적경제 유럽The Social Economy Europe'의 사회적경제 헌장

- 이 장은 사회적경제의 일반적 이해를 돕는 기초적인 지식을 제공한다.
- 이 장에서는 사회적경제의 개념과 이에 속한 조직 유형, 등장한 배경과 과정, 특히 우리나라 사회적경제의 역사를 기술하였다.
- 협동조합을 공부하고자 하는 독자들은 이 장의 학습을 통해 사회적경제가 무엇이고, 왜 이 세상에 나타났는지, 우리 정치·경제·사회에 미치는 영향이 무엇인지를 설명할 수 있다.
- 독자들은 소셜벤처의 등장과 사회적기업 인증제의 변화, 사회적경제기본법 제정을 둘러싼 쟁점을 학습하면서 현재 우리에게 놓인 사회적경제의 과제를 도출하고 미래의 전망을 세워볼 수 있다.

1장
사회적경제의 개념

1) 사회적경제의 정의

사회적경제가 무엇인지 묻는다면, 한마디로 답하기 어렵다. 이론가와 국가, 법과 제도에 따라 다르게 정의되기 때문이다. 정답은 없다. 다만 일반적으로 사회적경제를 사람이 살아가면서 나타나는 다양한 사회적 문제를 해결하는 주체로서 영리를 추구하는 민간 부문인 시장과 정책과 제도를 근간으로 하는 국가 외에 시장 논리·비시장 논리·비화폐 논리를 조율하는 제3의 존재로 규정한다.[1]

사회적경제 개념이 등장한 것은 프랑스의 샤를 뒤누아이에(Charles Dunoyer)가 1830년에 발간한 『사회적경제 신개론』부터다. 이때 벨기에 루뱅대학(University of Louvain)이 사회적경제 강의를 시작했다.[2] 오늘날 현대적 의미에서 사회적경제를 설명한 이론가는 샤를 지드(Charles Gide)다. 샤를 지드는 사회적경제가 성장해감으로써 자본주의의 문제인 분배의 불평등을 점진적으로 개선해나갈 수 있다고 보았다.[3]

서유럽에서는 국가의 재정이 복지 정책을 이어가기에 어려움을 겪자 제3섹터에 국가의 역할을 맡겨 지원하는 움직임이 나타나는데 이 영역의 운동을 사회적경제로 지칭한다.[4]

사회적경제는 기존 정치경제학의 한계를 지적하며 등장한 새로운 학문이었지만 20세기 초반 복지국가의 성장과 확대로 침체기를 거친 후 1970년대에 다시 등장한다. 이때는 학문이 아닌 부문 또는 일반 기업과 다른 원리로 운영되는 조직을 가리키는 개념으로 사용된다.[5]

사회적경제의 현대적 정의를 가장 처음 내놓은 것은 벨기에의 왈룬사회적경제위원회[1990]다.[6] 이 정의는 2008년 11월, 왈룬의회령으로 승인되었는데 왈룬의회령 제1조는 사회적경제를 다음과 같이 설명한다.

【그림 1】 제3섹터로서 사회적경제

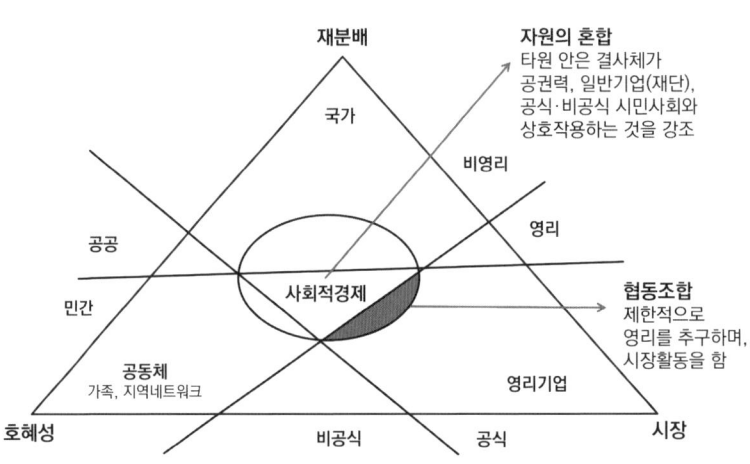

▶ 출처: EMES 유럽 연구 네트워크; 자끄 드푸르니·마르뜨 니쎈 외, 2021: 79

사회적경제란 주로 사회적 목적을 가진 협동조합이나 결사체, 공제조합 또는 재단과 같은 단체^{Society}에 의해 수행되는 재화나 서비스를 생산하는 활동이다. 이 단체의 윤리는 다음과 같은 원칙으로 이루어져 있다. 궁극적인 목적은 이윤이 아닌 구성원이나 커뮤니티에 대한 봉사, 경영의 자율성, 민주적인 의

사 결정 과정, 소득 분배에서 자본에 대한 사람과 노동의 우위 등이다.[7]

왈룬의회령의 사회적경제 정의는 벨기에·스페인·캐나다 퀘벡의 다양한 기구에 사용되었다. 캐나다 퀘벡 국회는 2013년에 사회적경제 기본법을 채택하는데 이때 다음과 같은 여섯 가지 원칙과 정의를 명시한다.

사회적경제란 사회적 목적을 가지며 다음과 같은 원칙에 따라 재화와 서비스의 판매 및 교환을 수행하는 기업에 의해 이루어지는 모든 경제 활동을 뜻한다.
a. 기업의 목적은 구성원이나 집단의 필요에 부응하는 것이다.
b. 기업은 공적 기관으로부터 의사 결정의 통제를 받지 않는다.
c. 기업에 적용되는 규칙은 구성원에 의한 민주적인 지배구조에 관한 조항을 두어야 한다.
d. 기업은 경제적 지속가능성을 추구해야 한다.
e. 기업에 적용되는 규칙은 기업 활동으로 창출된 잉여의 분배를 금지하거나 구성원의 실질적인 기여에 따라 분배한다는 조항을 두어야 한다.
f. 기업 운영 법인에 적용되는 규칙은 법인의 해산 시 잔여 재산을 유사한 목적을 추구하는 다른 법인에 귀속한다는 조항을 두어야 한다.[8]

세계 경제 문제에 공동으로 대처하기 위해 세워진 정부 간 정책 협의 기구인 '경제협력개발기구Organization for Economic Cooperation and Development; OECD'는 사회적경제를 "국가와 시장 사이에 존재하는 모든 조직으로 사회적 요소와 경제적 요소를 동시에 가진 조직"으로 정의한다.[9]

이처럼 이론가와 국가, 법과 제도에 따라 사회적경제를 다르게 정의하고 있으나 공통으로 사회적경제를 구성원의 참여를 기반으로, 국가와 시장의 경계에서 사회적 가치를 추구하는 민간의 경제 활동으로 규정한다.

우리나라 사회적경제의 개념은 법적 또는 제도적으로 명확하게 정의되지 않았다. 그러나 사회적경제기본법 법안 발의 과정에서 그 정의와 범주를 확인할 수 있다. 처음 발의된 사회적경제기본법안은 19대 국회 유승민 의원 등 67인의 의안이다[2014.4.30]. 사회적경제기본법안은 2014년 19대, 2016년과 2019년 20대, 2020년 21대 국회에서 모두 11차례 발의되었다. 2017년에는 한국사회적경제연대회의가 사회적경제기본법안을 작성하여 민간 차원의 법 제정을 촉구했다. 사회적경제기본법안은 사회적경제를 【표 1】과 같이 정의한다.[10]

2) 사회적경제의 범주

사회적경제를 '사회적 목적을 가진 협동조합이나 결사체, 공제조합 또는 재단과 같은 단체[Society]가 수행하는 재화 및 서비스 생산 활동[왈룬의회령 1조]'이라고 할 때 이에 해당하는 범주를 어디까지 둘 수 있을까?

드푸르니[11]는 협동조합·공제조합·결사체·재단을 사회적경제 조직에 포함하며, 이윤보다 구성원이나 지역사회의 이익을 위한 활동을 우선하고, 독립적으로 운영하며, 민주적 의사 결정과 자본보다 인간과 노동을 먼저 고려한 소득 배분을 운영 원칙으로 하는 조직을 사회적경제 범주에 넣었다.

윌리엄 니낙스[12]는 협동조합·공제조합·결사체 등 전통적인 사회적경제와 협동조합의 특성을 갖는 사적 부문의 기업과 공공부문의 기관을 사회적경제에 포함하며, 운영 원칙뿐 아니라 목적과 가치도 기준에 포함할 것을 제안한다.[13]

[표 1] 사회적경제기본법안에 나타난 사회적경제 정의

구분	사회적경제 정의
한국사회적경제 연대회의 2017.9	호혜와 연대를 바탕으로 공동체 구성원의 공동의 이익과 사회적 목적을 추구하기 위해서 필요한 재화와 용역을 생산·유통·교환·소비하는 민간 부문의 모든 경제활동을 말한다.
윤호중 의원 발의안 2020.7.14	양극화 해소, 양질의 일자리 창출과 사회서비스 제공, 지역공동체 재생과 지역 순환경제, 국민의 삶의 질 향상과 사회통합 등 공동체 구성원의 공동이익과 사회적 가치의 실현을 위하여 사회적경제 조직이 호혜 협력과 사회 연대를 바탕으로 사업체를 통해 수행하는 모든 경제적 활동을 말한다.
김영배 의원 발의안 2020.10.26	사회 구성원 간 연대와 협력을 바탕으로 자율적이며 민주적인 조직 운영을 통해 양극화 해소와 공동체 활성화, 국민 삶의 질 향상과 사회 통합, 사회 혁신 등 사회적 가치 실현과 공동체 구성원의 이익을 추구하는 개인과 조직의 모든 경제 활동을 말한다.

▶ 출처: 한국사회적경제연대회의의 '사회적경제기본법안' 내부자료 2017.9.
  (강민수·윤모린, 2021: 142)

경제협력개발기구OECD는 사회적경제 조직에 '전통적으로 연대, 자본보다 사람의 우선성, 민주적이고 참여적인 거버넌스의 가치에 따라 활동하는 협회·협동조합·상호 조직 및 재단의 집합'을 포함한다.[14]

유럽 국가들 대부분 사회적경제 영역을 민간시장 부문과 공공부문 사이에 존재하는 제3섹터로 분류한다. 제3섹터는 자조와 상호 부조, 사회적 목적을 추구하는 영역으로 이윤 창출을 주목적으로 하는 시장 경제 부문과 국가의 책임을 강조하는 공공부문과 구분된다.[15]

【표 2】 사회적경제기본법안에 나타난 사회적경제 범주

구분	사회적경제 범주
한국사회적경제연대회의 2017.9	현재 사회적경제로 인정·인식되는 사회적기업·협동조합특별법 협동조합, 기본법 협동조합·마을기업·자활기업 등을 열거하여 포괄 - 중간 지원 기관, 새로운 사회적경제 조직 등은 등록제를 활용하여 사회적경제 조직으로 등록하도록 함.
윤호중 의원 발의안 2020.7.14	사회적기업·협동조합·마을기업·자활기업·농어업법인단체·소비자생활협동조합·농협·수협·산림조합·엽연초생산협동조합·신용협동조합·새마을금고·중소기업협동조합·예비사회적기업.
김영배 의원 발의안 2020.10.26	사회적기업·협동조합·마을기업·자활기업·농어업법인단체·소비자생활협동조합·농협·수협·산림조합·엽연초생산협동조합·신용협동조합·새마을금고·중소기업협동조합·우수 문화 사업자·소셜벤처 등.

▶ 출처: 한국사회적경제연대회의 '사회적경제기본법안' 내부자료 2017.9.1
(강민수·윤모린, 2021: 142)

  미국은 사회적경제 부문을 비영리 부문으로 분류한다. 미국의 비영리 부문은 유럽의 제3섹터와 달리 협동조합과 상호공제회가 제외되며 대신 재단을 포함한다. 비영리 부문의 특징은 정관과 회칙을 갖춘 비정부 민간 조직으로서 사업 이익이 자본투자자 또는 조직 소유권자에게 배분되지 않고 조직 사업에 재투자되는 비영리 목적을 갖는 점이다. 영리 기업과 달리 자원봉사자가 중심 역할을 하며, 자본 형성에서는 자선이나 개인 기부, 기업과 정부의 자발적 지원에 의존한다.[16]
  우리나라에서 사회적경제 범주를 정하는 것은 매우 민감하다. 이는 정부 정책이 미치는 범위이며 행정·재정적 지원 대상 여부가 결정되는 사항이기 때문이다. 사회적경제기본법안에는 4대 부문, 즉 협동조합·사회적기업·마을기업·자활기업이 포함되지만 그 외에 어떤 조직을 포함할지 논쟁의 여지가 있다.

20대 국회에 제출된 윤호중 의원 외 법안과 김영배 의원 외 법안은 공통으로 협동조합·사회적기업·마을기업·자활기업 등 4대 부문과 농어업법인단체, 소비자생활협동조합^{이하 생협}·농업협동조합^{이하 농협}·수산업협동조합^{이하 수협}·산림조합·엽연초생산협동조합·신용협동조합^{이하 신협}·새마을금고·중소기업협동조합 등 8개 특별법에 근거한 협동조합을 포함한다. 그러나 김영배 의원 외 법안은 예비사회적기업을 제외하고 우수 문화 사업자와 소셜벤처를 포함하며, 한국사회적경제연대회의는 중간 지원 기관과 새로운 제도인 등록제에 근거한 기관을 포함한다.

【그림 2】 Social_Economy_Diagram

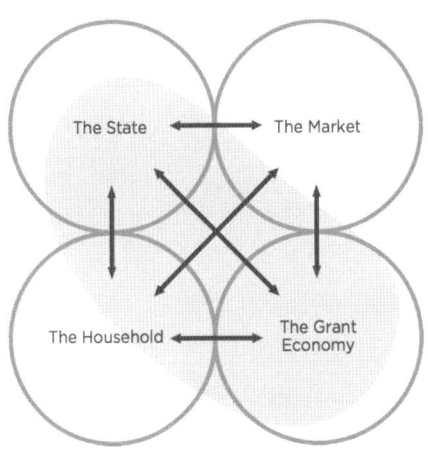

▶ 출처: Julie caulier-grice, CCBY-SA 4.0 〈creative-commons.org/ licenses /by-sa /4.0〉, via Wikimedia Commons

> 한걸음 더

사회적경제 vs 자본투자자기업 vs 공공부문

사회적경제를 자본투자자기업과 국가가 주체인 공공부문과 비교하면, 그 특성을 명확히 할 수 있다.

사회적경제와 자본투자자의 이윤을 목적으로 하는 자본투자자기업의 차이는 네 가지로 요약할 수 있다.[17]

   첫째, 사회적경제의 설립 목적은 사회적 필요의 해결이다. 이를테면 노동시장에 다시 진입하기 위한 기업지역주민조직체[프랑스], 사회적협동조합과 사회적기업[이탈리아], 고용을 위한 직업훈련기관[독일], 직장 내 연수기업[벨기에], 커뮤니티 비즈니스와 마을기업[영국], 지역개발기업[캐나다]이 있다.

   둘째, 사회적경제는 연대와 호혜에 기초한 배분 원리를 갖는다. 등치 관계에 따라 교환이 이루어지지 않으며 가격 가치가 아닌 비계약적인 경제 활동 원리에 기초한 사회적 관계로 이루어진다.

   셋째, 사회적경제는 의사 결정 과정에서 주식의 양과 상관없이 한 사람이 한 표의 의결권을 행사하며, 다수가 참여하는 자치 조직 구조를 갖는다.

   넷째, 사회적경제는 다양한 자원을 활용한다. 비시장과 비화폐 경제로부터 발생하는 다양한 수익자원을 활용하는데, 자원활동가와 유급 노동자의 혼합, 재화와 서비스의 판매, 공적 지원, 사적 기부와 금융자원의 혼합 등을 말한다.

사회적경제와 민간·공공 영역의 차이를 살펴보면, 네 가지로 정리할 수 있다.

첫째, 사회적경제는 사회적 목적을 실현하기 위해 조직을 설립한다.

둘째, 사회적경제는 이윤의 확대를 목적으로 하는 사적 소유 기업과 달리 사회적 소유의 특성을 갖는다. 즉 잉여가 발생하면 조직의 기본 목적에 따라 사업을 확대하는 데 사용하며, 자산을 다음 세대로 이어가는 사회적 배당을 한다.

셋째, 자원 활동과 사회노동을 기반으로 한다. 사회적경제 조직은 자원 활동가들의 헌신에 의존한다. 비영리 상호공제조합이나 협동조합에서 하는 자원봉사는 회원들에게 더 많은 서비스를 제공하는 역할을 한다. 여기에서 무보수의 서비스를 사회노동Social Labour이라고 한다. 이때 사회노동은 자원 봉사 서비스 활동과 유사하지만 조직 외부의 단체나 공공기관이 아닌 내부 조직 구성원을 위한 활동이다.

넷째, 사회적경제 조직의 경영은 시민의 참여로 이루어진다.[18]

사회적경제 vs 사회연대경제

사회연대경제 개념이 등장한 것은 프랑스의 '사회연대경제에 관한 법[2014년 7월 31일 제정]'이 제정되면서부터다. 이 법은 사회연대경제를 '인간 활동의 모든 영역에 적합한 기업 활동 및 경제 개발 방식'으로 규정한다. 사회연대경제에 포함되는 조직의 조건은, 이윤 분배라는 단일한 목적이 아닌 다른 목적을 추구해야 하며, 민주적인 지배구조를 채택하는 데 다양한 이해당사자들의 참여를 보장하며, 자본의 기여 정도에 제한을 두지 않는다.

사회연대경제 범주에 포함하는 기본 원칙은 사회적경제 원칙과 유사하다. 즉 이윤을 기업 활동에 재투자하며, 의무적립금을 비분할 자본으로 규정해 분배할 수 없으며, 청산 잉여금을 다른 사회연대경제 기업에 재분배한다. 이 조건에서는 결사체와 협동조합, 재단과 공제조합 모두 포함된다. 그러나 사회연대경제 정의가 포괄적이어서 상업적 기업도 법적 지위와 상관없이 사회적 유용성을 추구하고 사회연대경제의 원칙을 적용하면 사회연대경제 부문으로 인정되는 점이 사회적경제와 다르다.[19]

사회연대경제에 관한 법은 사회적 유용성을 가진 연대적 기업을 위한 인증조건을 수정했으며, 사회연대경제 가운데 사회적 유용성이 큰 기업을 발굴해 재정 지원을 하게 된다.[20] 사회연대경제에 관한 법 제정은 사회적경제 범주를 확대해 새로운 주체들에게 개방하며, 사회적 목적과 유용성을 가진 기업이라면 사회연대경제 조직으로 인정되는 계기가 된다.

지속 가능한 발전을 위한
사회연대경제 활성화 결의안
- 2023년 4월 18일 UN 총회 -
Promoting the Social and Solidarity Economy for Sustainable Development)'A/77/L.60 결의안

유엔은 2023년 4월 18일, 미국 뉴욕 유엔본부에서 개최된 총회The General Assembly, 77th Session 66th Meeting에서 '지속 가능한 발전을 위한 사회연대경제 활성화Promoting the Social and Solidarity Economy for Sustainable Development 결의안'이하 유엔 결의안을 비롯한 5개 결의안과 3개의 의결 안건을 채택했다. 이번 유엔 결의안은 회원국과 관련 주체들에게 실천 사항을 당부하고 있다.

먼저 회원국들에게, 오래갈 경제와 사회 발전을 위한 모델로서 사회연대경제를 지원하고 강화하기 위한 국가별 지역별 정책과 프로그램을 활성화할 것을 제안했다.

유엔 개발 시스템에 있는 관련 주체들에게, 유엔의 지속 가능한 발전 협력 체계UN Sustainable Development Cooperation Framework와 관련한 주요 계획이나 프로그램 수립 시 사회연대경제를 반드시 고려하고 각국에 대한 지원을 제공할 것, 특히 각국이 사회연대경제를 '지속 가능한 발전 목표SDGs'를 달성할 도구로 인식하고 사회연대경제를 발전시키는 데 적합한 정책적 수단과 체계를 개발하고 적용하고 평가하도록 지원할 것. 이런 맥락에서 '유엔기구 간 사회연대경제 테스크포스UNTFSSE'의 작업을 공식 인정할 것을 제안했다.

다자간 국제 및 지역 금융기관과 개발은행에게 개발의 모든 단계에 기존 또는 새로운 재정적 수단이나 메커니즘을 활용하여 사회연대경제를 지원할 것을 당부했다.

유엔 사무총장에게, UNTFSSE와 협력하여 본 결의안의 이행에 관한 보고서를 작성할 것을 당부한다.

이번 유엔 결의안의 특징은 '사회연대경제'의 개념을 명확하게 정의하고 있는 점이다. 이는 2022년 채택된 경제협력개발기구 OECD의 '사회연대경제 및 사회혁신 권고안Recommendation on the Social and Solidarity Economy and Social Innovation'과 2022년 발표된 국제노동기구ILO의 '양질의 일자리와 사회연대경제 결의안Decent Work and the Social and Solidarity Economy'의 내용을 반영했다.

사회연대경제에 관한 정의는 다음과 같다.

> 사회연대경제는 자발적 협력과 상호 원조, 민주적이고 참여적인 지배구조, 자율성과 독립성, 자산을 비롯해 잉여금 및 이윤의 분배와 사용에서 자본보다 사람과 사회적 목적을 우선하는 원칙에 기반을 두고, 집단적 혹은 일반적 이익에 기여하기 위해 경제·사회·환경적 활동에 종사하는 기업·조직·기타 단체를 포함한다.
> 사회연대경제의 주체는 장기적인 생존 가능성과 지속 가능성, 비공식 경제에서 공식 경제로의 전환을 추구하고, 모든 경제 부문에서 운영된다.
> 사회연대경제의 주체들은 자신의 본질적인 역할에 해당하고 인류와 지구를 돌보는 일, 평등과 공정, 상호의존성, 자율성, 투명성과 책임성, 양질의 일자리와 생계 수단 추구에 부합하는 일련의 가치들을 실행한다. 각국 상황에 따라 사회연대경제 기업은 협동조합·

협회·공제조합·재단·사회적기업·자조단체·사회연대경제의 가치와 원칙에 따라 운영되는 기타 단체를 포함한다.[21]

▶ 출처: Audenasr, CC BY-SA 4.0 creativecommons.org/licenses/by-sa/4.0〉, via Wikimedia Commons

3) 사회적경제를 무엇으로 설명할까

사회적경제를 어떤 기준에서 정의할까. 대체로 두 가지 방법으로 접근한다. 하나는 법적·제도적 접근이고 다른 하나는 공통의 가치와 원칙을 통한 접근법이다.

  법적·제도적 형태에 따라 사회적경제에 접근하면 협동조합과 상호공제조합, 결사체를 중심으로 설명하게 되며, 최근에는 사회적기업도 포함된다. 공통의 가치와 원칙을 근거로 사회적경제를 규범적으로 접근하면, 조직 운영에서 정해진 윤리적 원리로 사회적경제 조직을 규정한다. 이를테면, 이윤 창출에 앞서 회원과 공동체에 대한 서비스 제공을 우선하며, 자율적 경영과 민주적 의사 결정, 수익 분배에서 자본이 아닌 사람과 노동을 우선하는 원칙을 기반으로 한다는 규범을 말한다.[22]

  사회적경제의 두 가지 접근법은 사회적경제를 규정하고 범주를 정하는 데 중요한 기준이 된다.

  사회적경제를 법적·제도적으로 접근하는 방법은 사회적경제 조직에 대한 정책을 마련하는 데 매우 유용하다. 특히 사회적경제법 제정 과정에서 이와 같은 관점이 적용된다. 그러나 이를 비판적으로 보는 견해가 있다. 비판의 핵심은 사회적 논의를 거쳐 합의를 이루어낸 북미와 유럽의 사회적경제 정의를 아직 제도가 만들어지지 않은 우리나라에서 그대로 받아들이기에 적절하지 않다는 점이다. 좀 더 구체적으로 살펴보면 이러하다.[23]

  첫째, 사회적경제 조직을 법인이나 인증 형태를 기준으로 분류하는 데 문제가 있다는 견해가 있다. 사회적경제 조직들이 법적인 지위와 제도적 지위가 중복돼 있기 때문이다. 이를테면 사회적기업은 협동조합이나 주식회사, 민법상 조합이라는 법적 지위를 가지면서 동시에 인증이라는 제도적 지위를 가진다. 마을기업과 자활기업도 마찬가지다. 법적인 지위와 제도적 지위를 함께 가지고 있을 때 이를 구분할 수 없을뿐더러 이들 조직의 정체성이 불명확해질 수 있다.

둘째, 사회적경제 조직의 범주에 포함된다고 하더라도 사회적경제 조직이 가지는 운영 원칙과 가치를 제대로 반영하는지 확인하기 어려울 수 있다.

셋째, 사회적경제는 시민사회나 지역공동체 등 자율적인 결사로서 구성원들이 주도성을 갖고 활동하는데, 사회적경제를 법적·제도적 지위로 규정하면 자율적인 결사로서 의미를 잃어버릴 수 있다.

넷째, 사회 문제 해결을 목적으로 탄생한 전통적 사회적경제 조직과 자본주의의 본격적인 폐해에 대응해 등장한 사회적경제 조직을 법과 제도라는 하나의 틀 안에 묶는 데 문제가 있다.

사회적경제의 규범적 접근법은 사회적경제 조직의 범주에 속하지 않더라도 조직 운영 원리에 의해 사회적경제를 설명한다. 이를 뒷받침하는 것이 1992년 드푸르니가 제안한 네 가지 운영 원리다.[24]

첫째, 조직 운영의 목적이 조직 구성원의 편익과 지역사회의 발전을 위한 봉사에 있다. 이는 자본투자자의 이윤 추구를 목적으로 하는 영리 기업과 사회적경제 조직이 다르다는 것을 보여준다.

둘째, 운영의 자율성. 이는 공공부문이 생산하는 재화·서비스와 구분하는 주요 요소다.

셋째, 민주적 의사 결정 과정을 갖는다. 여기에서 민주주의는 단순히 1인 1표제라는 의결 방식과 규칙을 넘어 개방적이고 민주적인 참여와 합의에 이르는 과정으로서의 민주주의를 뜻한다.

넷째, 소득의 분배에서 사람과 노동이 자본보다 우위다. 이는 사업 잉여를 배당할 때 출자자본보다 노동의 기여나 이용 실적에 따르는 것을 말한다.

장원봉[25]은 사회적경제를 법과 제도, 또는 조직 운영의 원리와 규범에 따라 분류하는 견해와 달리, 사회적경제가 등장한 이유와 역할을 기초로 세 가지 관점을 제시한다.

첫째, 자본주의의 시장주의에 대한 사회적경제의 해방적 관점이다. 이 견해는 사회적경제가 이윤을 목적으로 생산력에 집중하는 자본주의의 폐해, 즉 실업과 불평등, 빈부의 양극화에 대응해 나타났다고 설명한다. 이 관점의 특징은 현재의 자본주의를 부정하고 사회적경제가 사회변화의 주축이 된다는 점이다.

둘째, 국가와 시장의 보완적인 영역으로 사회적경제를 인식하는 관점이다. 영리 활동이 이루어지는 시장의 문제와 국가가 주체가 되어 이루어지는 공공기능의 한계를 사회적경제를 통해 해결한다는 견해다.

셋째, 비관적 관점이 있다. 사회적경제는 신자유주의의 대리인으로 전락할 것이라는 비관적인 견해를 말한다. 즉 국가는 제도로서 공공기능을 사회적경제 조직에 위탁함으로써 복지서비스의 하위계약자로 전락하게 한다는 의미다. 그 결과 사회적경제는 민주주의와 자율적 운영, 참여주의 등의 조직 운영의 원칙을 잃어버리게 되는 문제점이 있다.

©pixabay

2장
사회적경제 등장 배경과 과정

1) 사회적경제의 등장 배경

사람이 살아가는 데 화폐라는 경제적 이익만이 아니라 존중·교육·의료 혜택·일 할 권리·안정적 일자리 등 사회적 편익이 꼭 필요하다. 그러나 시장과 국가를 비롯한 공적 체계가 이를 해결하지 못할 때 어찌해야 할까. 이때 나타난 것이 사회적경제다. 사회적경제는 사회적 필요를 충족시키는 새로운 모델로 인정받는다.[26]

사회적경제는 그동안 탄탄하게 지켜온 시장경제가 흔들리기 시작하면서부터 나타났다. 즉 자유시장 자본주의의 위기에서 시작된다.[27]

자유시장 자본주의의 위기는 1929년 10월 미국 뉴욕시의 증권시장 월가의 주식가격 폭락에서부터 제2차 세계대전이 일어나는 1939년까지 10년 가까이 이어진 대공황 상황에서 시작했다. 대공황 이전까지는 산업혁명의 이론을 정립한 고전경제학파의 자유방임 사상이 시장 자본주의의 흐름을 이끌었다. 그러나 대공황이 일어나면서 사람들은 자유방임 정책을 기반으로 한 시장경제를 거의 믿지 않았다. 대공황의 피해는 국민소득과 고용, 공업생산에서 나타났는데, 시장이 불황과 호황을 오가면서 자연스럽게 문제를 해결한다는 자유시장경제 이론은 대공황 시절에는 통하지 않았다.

자본주의 위기 해결 방안으로 등장한 새로운 이론이 케인스$^{John\ M.\ Keynes}$의 거시경제학과 사무엘슨$^{Paul\ Samuelson}$의 공공경제학이다. 케인스 이론에서 가장 주목할 내용은 자본주의 위기를 해결하기 위해 정부가 개입해야 한다는 점이다. 케인스는 시장에서 수요가 부족하고 그에 따라 불황과 실업이 발생했을 때 정부가 통화발행으로 조달한 재원으로 재정지출을 확대하고 공공 사업을 벌여 수요를 늘려야 한다고 강조한다. 케인스 이론은 불황과 실업을 겪고 있는 국가에 매우 호소력이 있었고, 이를 근거로 복지국가가 등장한다. 이는 1960년대 후반까지 이어진다.

1960년대 말이 되면 주력산업들의 이윤율이 떨어지기 시작하는데 이는 새로운 기술이 도입되지 않은 상황에서 임금이 올라가고, 강화된 노동 통제로 노동생산성이 악화한 점, 기업 간 경쟁으로 투자가 과잉된 데 원인이 있다.

이윤율 하락으로 어려운 상황에 놓인 기업들은 1973년과 1978년 두 차례 석유파동을 겪으면서 더 회복하기 어려워졌으며, 케인스 이론에 기반한 복지 정책이 무너지기 시작했다. 결국 신고전학파로 불리는 신자유주의가 등장한다.

신자유주의는 복지국가의 축소, 작은 정부와 감세, 자본의 세계화라는 특징을 보인다. 이는 1970년대에 이어져 온 인플레이션을 해결하기 위한 긴축 정책으로 시작한다.

신자유주의는 다음과 같은 정책에 초점을 둔다.

    a. 시장에 대한 국가개입의 중단.
    b. 금융시장과 노동시장 규제 철폐.
    c. 금융 부문에서 이자율 상한제 관행 폐지.
    d. 자본의 자유로운 국제적 이동 보장.
    e. 노동 부문에서 고용과 해고, 임금의 자유로운 결정.
    f. 자본이동에 대한 규제철폐 요구.

g. 기업의 수익성 확보.

　미국의 레이거노믹스^{Reaganomics}, 영국의 대처리즘^{Thatcherism}이 신자유주의를 대표하는데, 영국의 대처$^{Margaret\ Hilda\ Thatcher,\ 1979년에서\ 1990년까지\ 11년\ 7개월\ 총리\ 재임}$ 수상은 사회보장 프로그램을 위한 공공지출을 줄이는 방향으로 긴축 정책을 추진한다. 그 결과 실업자가 늘어나고 정부 기관의 축소로 수많은 공무원이 해고되는 일이 벌어졌다. 신자유주의는 금융시장을 확대해 세계 경제 위기를 부추기는 역할을 했고, 그 결과 벌어진 사건이 2008년 서브프라임모기지론$^{Sub\text{-}Prime\ Mortgage\ Loan;\ 저소득층을\ 상대로\ 하는\ 미국의\ 주택담보대출제도}$ 부실로 발생한 미국의 금융위기다.[28]

2) 사회적경제의 등장 과정

사회적경제는 언제부터 시작했을까. 일반적으로 사회적경제의 기원을 16세기 길드^{Guild}와 결사체^{Association}에서 찾는다. 길드는 상품생산에 필요한 작업장을 소유하고 시장거래에 접근할 수 있는 독점 조직을 말하며, 구성원들 간 상부상조의 원리는 도시 노동자들이 협동조합을 이루는 기본 원리로 발전한다.
　유럽 협동조합의 효시는 18세기 중반, 산업혁명 이후 늘어난 노동자들이 미래 위험을 공동으로 대처하기 위해 결성한 우애조합[29]이다. 이때 유럽 대륙에서 많은 상호공제조합과 상호부조 조직들이 생겨났다. 18세기 후반과 19세기 초 영국에서는 노동자들이 열악한 생활을 해결하고자 협동조합을 만들기 시작했다. 이때 등장한 영국의 로치데일공정선구자조합$^{The\ Rochidale\ Society\ of\ Equitable\ Pioneers}$은 100년 넘게 이어온 성공한 협동조합이다.[30]
　사회적경제는 18세기 후반에서 19세기 초에 이르는 시기에 나타난 구 사회적경제, 1970년대 이후 경제위기와 함께 실업의 확산, 사회적

배제 문제를 해결하기 위해 등장한 신 사회적경제로 구분할 수 있다.[31]

대공황 당시 1930년대 미국. United Cooperative Society가 소유한 식료품 가게

사회적경제는 19세기 중반 이후 복지국가의 등장과 확산으로 서서히 모습을 감춘다. 그러나 1970년대 이후 사회 문제 해결에 국가의 역할이 약해지면서 협동조합·공제조합·결사체들이 새로운 동력으로 조직되기 시작한다. 1980년 사회적경제헌장의 제정 이후 사회적경제 조직들은 민주적 운영 조직으로 소유권과 이윤의 분배를 실현하며, 고용을 보장하고, 구성원과 사회서비스를 증진하는 조직으로 새롭게 모습을 드러냈는데 이것이 신 사회적경제다.[32]

1970년대 말부터 사회적경제가 주목받자 사회적경제가 정부 정책이

나 유럽연합의 의제 차원에서 논의되기 시작했다. 사회적경제는 1980년대 말 유럽연합에서 사회경제적 위기에 대한 해결책으로서 제시되었고, 1989년 유럽에서 정부 간 협의에 필요한 공식용어로 인정받는다. 2002년에는 사회적경제유럽헌장이 나오면서 사회적경제는 시장의 기능이 무너지고 국가의 역할이 줄어들면서 악화한 사회 문제를 해결하는 전략으로 새롭게 해석된다. 사회적경제에 관한 해석이 더욱 확장돼 전통적 사회적경제의 주체인 생산자나 소비자에게서 나아가 다양한 주체와 주체 간 연대로 새로운 형태와 운영 방식을 갖춘 사회적경제가 나타난다.[33]

📖 자료

'사회적경제유럽'[34]의 사회적경제헌장[35]
'The Social Economy Europe',
The Social Economy Charter
- Brussels, 10 April 2002 - Revised version approved
on 25 June 2015.-

[사회적경제헌장 전문]

기업 및 조직의 다른 모델, 기업가정신의 다른 유형

사회적경제 기업과 기관은 모든 경제 분야에서 활동하는 경제적·사회적 행위자다. 그들은 주로 그들의 목표와 독특한 모델에 의해 특징지어진다. 현재, 사회적경제는 다른 유형의 기업가정신, 다른 유형의 조직을 대표한다.

사회적경제는 사회적기업Social Enterprises과 같은 새로워진 유형 뿐 아니라 협동조합Cooperatives·공제조합Mutual Societies·재단Foundations·결사Associations·공동관리단체Paritarian Institutions로 구성된다. 유럽연합에는 전체 유럽 기업의 10%에 해당하는 200만 개의 사회적경제 기업 및 조직이 있다. 전체 고용의 약 6%인 1,100만 명 이상이 사회적경제 기업에서 일하고 있다. 그러나 사회적경제의 성공은 그들의 목표 달성에 필요한 경제적·재정적 성과 면에서 단독으로 측정될 수 없으며, 무엇보다도 사회적 결속·양질의 고용 창출·경제에 대한 시민 참여·연대와 지역 면에서 기여도를 기준으로 평가해야 한다.

사회적경제 기업 및 조직은 사회보장·사회 및 의료 서비스·보험·은행·재생 에너지·교육 훈련 및 연구·관광·소비자 서비스·산업·농산물·수공예품·건물·협동 주택 관련 업무·문화·스포츠·레저 영역에서 활동하고 있다.

사회적경제는 매우 혁신적인 부문으로, 불평등의 증가·지속 가능한 개발·유럽의 인구 고령화·사회적 배제 등과 같은 오늘날의 새로운 과제를 해결하기 위한 새로운 이니셔티브를 개발하고 있다.

이러한 모든 이니셔티브는 그들이 적극적으로 기여하는 유럽 정책, 즉 기업가 정신·기업·사회 문제 및 정책·고용·사회 혁신·지속 가능한 개발·교육·지역 및 지역 개발·CSR·기업 거버넌스 등의 개발 범주에 포함된다.

사회적경제는 정의 특성과 원칙 덕분에 스마트하고 지속 가능하며 포괄적인 개발의 달성과 같은 몇 가지 주요 EU 목표, 즉 양질의 고용 창출 및 유지·사회적 결속·사회적 혁신·지역 및 지역 개발·국제 개발 및 협력·환경 보호 등에 다다르는 데 기여하고 있다.

공유된 원칙과 공통의 특징으로 결합한 다양한 부문

사회적경제 기업 또는 조직이 취하는 법적 형태는 회원국마다 다를 수 있다. 그러나 사회적경제는 공유된 원칙과 공통의 특징, 특히 다음과 같은 점에서 자본 기반 기업과 구별된다.

- 사람과 사회적 목적이 자본보다 우선.
- 회원^{조합원}에 의한 민주적 통제^{회원이 없는 재단은 예외}.
- 자발적이고 개방적인 회원^{조합원} 제도.
- 구성원·사용자·사회^{일반적 관심사}의 관심사 조합.
- 연대와 책임 원칙의 방어와 적용.
- 공공기관으로부터 자율적인 관리 및 독립.
- 지속 가능한 개발 목표, 일반적인 이해관계가 있는 회원 서비스를 수행하기 위한 필수 잉여금 재투자.

부정할 수 없는 현실

사회적경제:
→ 시민권을 적극적으로 행사하는 과정에서 연대와 집단적 참여의 원칙에 기초한다.
→ 양질의 일자리와 더 나은 삶의 질을 창출하고 새로운 형태의 기업, 업무 및 책임 있는 소비에 적합한 프레임워크를

제공한다.
→ 지역과 지역 개발, 사회적 결속에서 중요한 역할을 수행한다.
→ 사회적 책임이 있다.
→ 경제 민주주의의 한 요소다.
→ 시장의 안정성과 다원성에 기여한다.
→ 보다 스마트하고 지속 가능하며 포괄적인 개발, 사회적 결속력, 완전 고용 및 빈곤과의 싸움, 참여 민주주의, 더 나은 거버넌스, 지속 가능한 개발 등과 같은 유럽연합의 주요 우선순위와 전략적 목표에 기여한다.

***

- 사회적경제는 새로운 사회적·경제적 도전에 적응하고 성장할 수 있는 능력과 경쟁력을 증명하는 동시에 광범위한 사회적 기반을 가지고 다양한 법적 형태로 활동을 수행한다.
- 그러므로 그것은 조직된 시민사회의 기본적인 구성 요소다. 시민의 삶에 영향을 미치는 정책의 개발·시행·평가에 대한 견해를 밝히고 공공기관에 의견을 제출한다.
- 사회적경제는 더 많은 참여, 더 많은 민주주의 및 더 많은 연대를 제공하는 보다 다원적인 사회의 발전에 상당한 기여를 한다.

▶ 출처: '사회적경제유럽' 홈페이지. www.socialeconomy.eu.org
　　　/the-social-economy/the-social-economy-charter

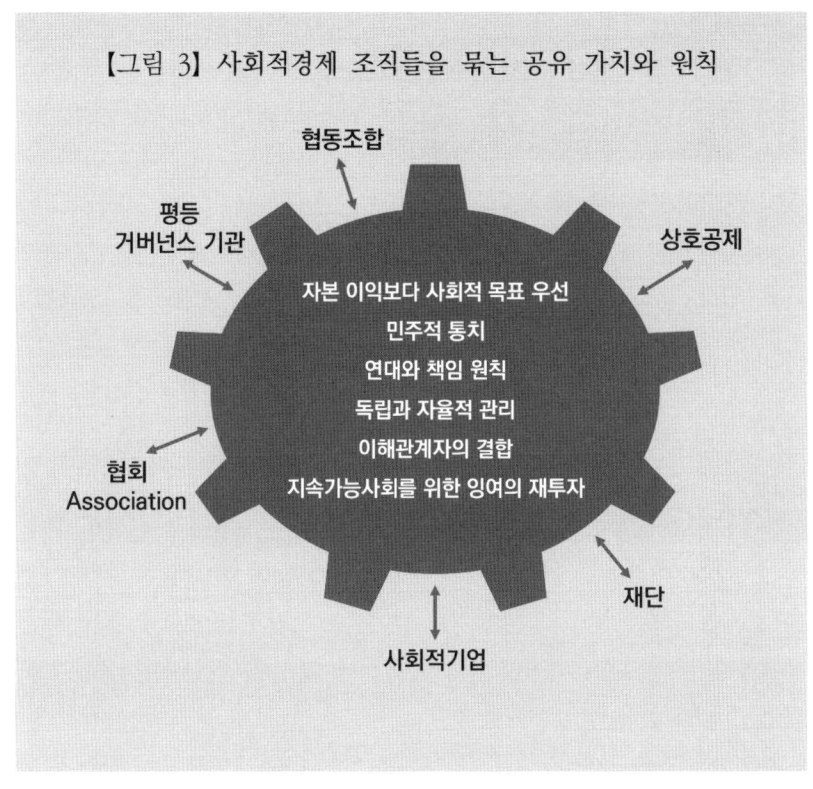

【그림 3】 사회적경제 조직들을 묶는 공유 가치와 원칙

3) 우리나라 사회적경제의 흐름

우리나라 사회적경제의 시작은 언제 즈음일까. 김정원[36]은 우리나라 사회적경제를 구 사회적경제와 신 사회적경제로 구분하고, 농협·수협·산림조합·신협·새마을금고를 구 사회적경제 영역으로, 생협·자활기업·사회적기업·마을기업·농어촌공동체회사·협동조합을 신 사회적경제 영역으로 구분했다. 그러나 일부 연구자는 국가에 의해 설립·운영돼온 구 사회적경제 조직을 사회적경제의 규범적 원칙에서 볼 때 사회적경제 영역으로 포함하기 어렵다는 견해를 제시한다.[37]

사회적경제가 협동조합의 등장과 함께 시작됐다고 보는 견해도 있다.[38] 김기섭[39]은 한국에서 '조합'이라는 명칭이 공식 등장한 것은 1907년부터로 보고, 비록 일본제국주의에 의해 설립되고 운영되었지만 지방금융조합을 협동조합의 초기 사례로 제시한다.

지방금융조합은 관제 조합의 전형적인 모습이지만 '조합'이라는 이름을 공식 사용하기 시작한 점, 일반 농민들이 조합원으로 참여해 출자하고 의사 결정 과정에 참여한 점에서 협동조합의 가능성을 드러냈다고 보았다. 금융조합이 부농과 일본인을 위한 신용 사업에 집중한 것과 달리 소비조합의 탄생은 민간 협동조합의 초창기 모습을 보여준다.[40]

관제 금융협동조합에 불만을 가진 농민들은 적은 돈으로 조합을 설립할 수 있고, 생필품을 싸게 구입할 수 있는 소비조합을 선택한다. 이는 3.1운동을 계기로 성숙해진 민족의식을 바탕으로 필요한 것을 스스로 찾는다는 협동조합 본래의 취지를 조합 설립으로 보여준 자발적 결사체였다. 소비조합은 1920년대에 목포와 경성에서 열풍이 불었고 곧이어 전국의 농촌으로 퍼져갔다.[41]

일제강점기에 열풍을 일으켰던 민간 협동조합은 1945년 해방 후 침체기에 빠져들었다. 협동조합이 이데올로기 색깔로 덧씌워졌고, 농업협동조합은 설립부터 운영까지 정부의 통제를 받았다.

1960년대 사람들이 가장 절박하게 필요했던 것은 생계를 이어갈 '돈'이었다. 사람들은 지인들과 계를 만들어 필요한 자금을 충당하거나 높은 이자의 돈을 빌려 사용했다. 그러나 고리대에 시달리고 계와 관련해 사고가 자주 일어나 이 또한 가난한 생계를 해결할 수단이 되지 못했다. 이런 상황에서 민간 협동조합의 명맥을 되살린 것은 1960년대에 시작한 신용협동조합이다.[42]

관제 금융협동조합에 대응해 민간 협동조합의 명맥을 이어가던 신협이 하나의 금융기관으로 변해가던 1980년대에 민간 협동조합의 맥을 이어간 것은 생협이었다. 초기의 생협은 1970년대 농촌과 탄광 지역에서 진행되었으나 1980년대 중반 이후 독재정권 퇴진과 대통령 직선제 쟁취를 내건 '민주화운동' 이후 친환경 생활재의 공동구매를 위해 설립된 생협이 신 사회적경제의 길을 열었다.[43]

우리나라 사회적경제의 진화 과정에서 나타난 신 사회적경제 조직들은 전통적 사회적경제의 관제적 특징과 달리 성숙한 시민사회를 기반으로 한 경제 활동 조직이다. 이를테면 생협·자활기업·사회적기업·마을기업·농어촌공동체회사·협동조합이 있다.

1990년대 후반부터 사회적경제 담론이 등장하면서 나타난 게 시민사회를 기반으로 조직된 경제 활동 조직이다. 이들 조직은 생협을 제외하고 모두 1990년대 이후 사회적경제 담론과 정책의 등장과 함께 확산했다.[44] 특히 1990년대 이후 사회적경제 관련 정책이 시행되면서 함께 성장 발전해갔다. 사회적경제가 제도권으로 들어온 계기는 1995년 김영삼 정부가 빈곤 정책의 하나로 생산자협동조합 방식을 검토하면서부터다. 이는 2007년 사회적기업육성법 제정으로 이어졌고, 2012년 협동조합기본법을 시행하기에 이르렀다.[45]

최근, 사회연대경제의 개념이 확산하고 사회적기업 인증제의 등록제 전환을 앞둔 상황에서, 디지털 플랫폼을 매개로 한 협동조합과 개인사업자인 프리랜서들의 협동조합, 시장에서 사회적 문제 해결을 목적으로 비즈니스를 하는 소셜벤처 등 다양한 조직들이 등장한다.

> 우리나라 사회적경제의 진화 과정에서 나타난 신 사회적경제 조직들은 전통적 사회적경제의 관제적 특징과 달리 성숙한 시민사회를 기반으로 한 경제 활동 조직이다. 이를테면 생협·자활기업·사회적기업·마을기업·농어촌공동체회사·협동조합이 있다.

3장
우리나라 사회적경제 조직

우리나라 사회적경제 조직들은 서로 다른 배경에서 탄생했고, 각기 다른 법적 근거를 가지고 다양한 방식으로 운영된다. 이와 같은 이유로 사회적경제 조직을 하나의 틀로 분류하는 데 한계가 있다. 우리나라 사회적경제는 일반적으로 1980년대~1990년대를 기준으로 그 이전을 구 사회적경제, 그 이후를 신 사회적경제로 구분할 수 있다.[46]

【그림 4】 우리나라 사회적경제 조직의 시대별 구분

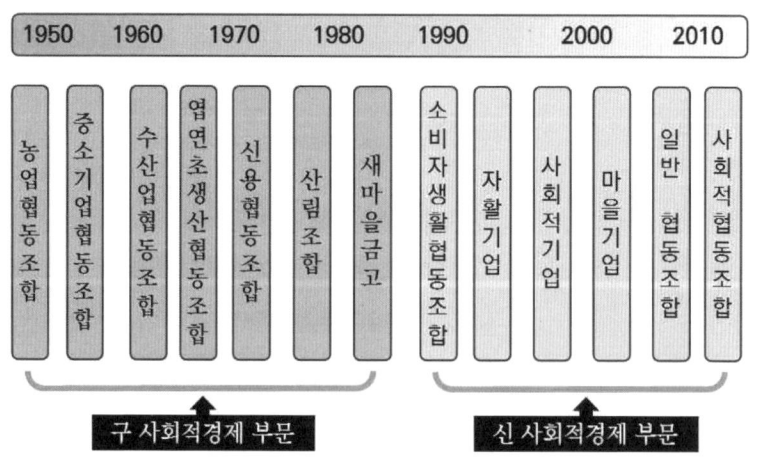

구 사회적경제 범주에는 농협·수협·산림조합·신협·새마을금고 등 특별법에 근거한 협동조합이 있다. 이들 조직은 신협을 제외하고 대부분 정부 주도로 설립·운영되는 관제 협동조합의 특징을 가지며, 사회적경제의 규범적 측면에서 사회적경제 범주로 포함할지 논쟁의 여지가 있다. 신 사회적경제 범주에는 생협·자활기업·사회적기업·마을기업·농어촌공동체회사·기본법 협동조합이 포함된다. 이들 조직은 생협을 제외하고 모두 1990년대 이후 사회적경제 정책이 등장하면서 함께 확산했다.[47]

1) 구 사회적경제 부문

(1) 농업협동조합^{농협}

농협은 1957년 농업협동조합법이 제정되면서 제도적 근거가 마련된다. 1961년 군사쿠데타 이후 정부는 1962년에 농업협동조합 임원 임명에 관한 임시조치법을 발효해 중앙회장을 대통령이 임명하고, 시군조합장과 간부 직원을 중앙회장이 임명하게 했다. 농민의 자율적 운영 조직이 아닌 정부 조직으로 역할을 해온 농협은 1988년에 법 개정으로 조합장과 중앙회장의 선출제를 도입한다.[48]

(2) 수산업협동조합^{수협}

수협은 1962년 수산업협동조합법이 시행되기까지 여러 가지 이름을 바꿔 왔다. 수협의 처음 모습은 일제강점기에 있었던 조선수산업회다. 이는 해방 후 군정청의 대리기관으로 있다가 정부 수립 후에 한국수산업회로, 1952년에는 대한수산중앙회로 이름을 바꿨고, 1962년 수산업협동조합법이 공포되면서 수산업협동조합이라는 이름을 사용하기 시작해 지금까지 이어왔다.

수협은 농협과 마찬가지로 대통령이 중앙회장을 임명하고 중앙회장이 조합장을 임면했다. 그러나 1988년 법 개정으로 중앙회장과 조합장의 직선제가 이루어졌다.[49]

(3) 산림조합

산림조합은 일제강점기의 조선산림연합회가 1949년 중앙산림조합연합에 인계되었으며, 1961년 12월 산림법이 제정되면서 산림조합과 대한산림조합연합회로 승계된다. 산림조합은 다른 관제 조합과 달리 초기에는 회장을 직접 선출했으나 1973년 산림법이 개정되면서 대통령이 회장을 임면하고 회장이 조합장을 임면하는 것으로 바뀌었다. 1989년 법 개정으로 조합장과 중앙회장이 선출제로 바뀌었다. 1993년에 임업협동조합[임협]으로 이름이 바뀌었다가 2000년 정부의 협동조합 개혁에 따라 산림조합으로 다시 시작한다. 이는 협동조합의 성격보다 정부의 산림 사업 대행의 성격이 반영된 결과다.[50]

(4) 신용협동조합[신협]

신협이 등장한 것은 1960년, 부산의 성가신용협동조합과 서울의 가톨릭중앙신용협동조합 창립부터다. 신협은 주민들의 자조적인 상호 유대를 바탕으로 설립되었고, 조합원들의 직접적인 참여를 기본 원칙으로 한 민간 협동조합의 모델이었다. 대표적인 사례는 원주의 밝음신협, 홍성의 풀무신협, 빈민운동의 하나로 조직된 복음신협, 성남주민신협, 논골신협 등이 있으며 아직도 그 명맥을 잇고 있다.

신협은 1972년 신용협동조합법이 제정된 후 제도화 과정에서 조합원 교육과 지도자 육성이 제대로 이루어지지 못한 점, 이로 인해 공동유대감이 느슨해지는 문제에 부닥쳤다. 신협은 1997년 외환위기 이후 문을 닫는 사례가 늘어났고, 공적자금이 투입되면서 제2금융권으로 전환되었다. 미흡하지만 사회적경제 영역에서 중심 역할을 하는 사례들

이 신협의 긍정적인 역사적 전통을 이어갔다.[51]

(5) 새마을금고

새마을금고는 1961년 군사쿠데타 이후 결성된 재건국민운동중앙회가 농촌지역의 마을금고를 역점 사업으로 급성장시키는 데서 출발한다. 마을금고는 1975년 재건국민운동중앙회가 해체될 때까지 그 지도를 받았으며, 1982년 새마을금고법이 제정되기까지 신용협동조합법에 따라 설립되었다. 새마을금고는 1970년대 새마을운동과 더불어 급속하게 성장했으며, 이름도 '새마을금고'로 바뀐다.

새마을금고는 박정희 정권이 무너지면서 부실해졌고, 1981년과 1985년에 정부의 공적자금을 지원받을 정도로 어려운 상황을 맞이했다. 1997년 외환위기 때 강도 높은 구조 조정을 하기도 했으나 꾸준히 성장세를 보인다.[52]

(6) 엽연초생산협동조합

엽연초생산협동조합은 1910년 담배경작 농민의 사회경제적 권익 보호와 담배 재배기술 발전을 위해 설립된 농민기관이다. 1921년 전매제도 시행 이후에 담배경작 농민들은 연초경작조합협회를 설립해 담배경작 농민 보호와 잎담배 산업 성장에 기여했다. 1989년 담배사업법이 시행된 이후 엽연초생산협동조합이 발족한다.[53]

(7) 중소기업협동조합

중소기업협동조합은 1962년에 중소기업 경영자로 구성되어 설립된 협동조합이다. 조직구성은 협동조합·사업협동조합·협동조합연합회·협동조합중앙회로 이루어져 있으며, 협동조합은 도 단위 행정구역을 업무구역으로 하는, 지역 내 같은 업종의 사업에 종사하는 중소기업 경영자로 구성되는 지방 조직이며, 연합회는 전국 동종의 협동조합과 사업조합을 회원으로 한다. 중앙회는 연합회와 전국 또는 특정 지역을 업무구역으로 하는 조합을 회원으로 하여 각 업종을 총괄한다.

중소기업협동조합의 시초는 조선 후기 장인들이 공동이익을 위해 만든 공장 조합에서 찾는다. 1954년 이후 생필품을 생산하는 광공업 분야에서 원조자금에 의해 중소기업 규모의 설비투자가 이루어지면서 근대적 협동조합운동이 일어나 협회나 공업 조합이 출현했고, 1956년 7월에 중소기업중앙단체연합이 탄생한다. 1961년 12월, 중소기업협동조합법이 제정·공포된 이후 1962년 4월, 중소기업협동조합이 설립된다.[54]

2) 신 사회적경제 부문

(1) 소비자생활협동조합[생협]

소비자협동조합이 우리나라에 등장한 것은 1920년대다. 이때 소비자협동조합의 목적은 소비자가 생산자나 도매상인과 직접 연결해 좀 더 싼 값으로 생필품을 구매하는 것이다. 이들 소비자협동조합은 목포와 경성에서 시작해 농촌으로 퍼져갔는데, 처음에는 지주와 지방 유지들에 의해 운영되어 이해당사자인 농민이나 일반 사람들이 참여하지 않아 조합원의 자발적 참여와 자율적 운영이 이루어지지 않았다. 얼마 안 가 이 조합들은 개인 상점으로 바뀌거나 도산한다.[55]

소비자협동조합의 한 유형인 생협은 신 사회적경제의 시대를 여는 시발점이었다. 초기 생협은 1970년대 중반, 농촌과 탄광 지역에서 진행되었지만 오늘날 생협의 모습은 1980년대 중반부터 나타난다.[56]

1980년대 중반, 도시 주민들과 함께하는 생협이 하나둘 조직되는데, 1985년 안양소비자협동조합,[57] 원주소비자협동조합,[58] 1986년 한살림

농산[59] 등이 초창기 모습이다. 우리나라 생협은 일본의 생활협동조합의 모델을 도입하여 '안전한 생활재의 공동구매' 조합으로 시작한다. 대부분 생협은 생산자와 소비자를 직접 연결하여 친환경 농업과 가공산업에 활력을 주고 소비자의 안전한 생활을 가능하게 한다는 사명으로 운영했다. 우리나라 생협은 '***조합'이라는 이름으로 운영하다가 1999년 '소비자생활협동조합법' 제정 이후 '소비자생활협동조합(약칭 생협)'이라는 이름을 사용하였다. 현재 우리나라 생협을 이끄는 4대 조직은 한살림, 두레생협, 행복중심생협,[60] iCOOP생협이다. 이들 조직은 우리나라 생협의 전형적인 모델이면서 각각 다른 특성을 가진다.[61] 그 특징을 네 유형으로 나눠보면 【표 3】과 같다.

생협에는 생활재 공동구매조합 외에 의료생협과 대학생협이 있다. 대학생협은 총학생회 내 학생복지위원회가 생협중앙회의 소개로 일본의 대학생협을 알게 되면서 시작되었으며, 1988년 서강대학교 소비자협동조합이 최초의 대학생협으로 탄생한다. 대학생협은 학생과 교직원이 출자하여 설립하며, 학생식당·서점·매점·카페 등을 운영해 대학생과 교직원에게 값싸고 질 좋은 상품과 문화를 제공하며, 그 이익금을 출자자에게 배분한다.

의료분야에서는 1994년 안성의료생협을 시작으로 협동조합이 설립됐다. 농촌진료 활동을 이어온 연세대학교 의과대학 기독학생회 학생들이 농민들과 7년 넘게 만나오면서 대안적 의료기관을 모색하던 중 일본의 의료생협을 접하면서 새로운 생협의 모델을 만들어냈다. 의료생협은 환자와 지역주민이 서비스의 주체라는 인식으로 치료뿐 아니라 예방에 중점을 두고 의료 서비스를 제공한다.

의료생협은 2012년 협동조합기본법 시행 이후 2013년부터 사회적협동조합으로 전환하기 시작했는데, 의료인이 아니어도 병원을 설립할 수 있는 점을 악용한 영리 추구형 생협에 대응하기 위해서다.[62] 현재 의료생협은 주로 '사무장 병원'으로 불리는 영리 추구형 조합들로 이루어져 있고, 기존의 의료협동조합운동을 이끌어온 조직들은 의료복지사회적협동조합 형태로 전환해 의료 서비스의 주체를 조합원뿐 아니라 지역주민과 서비스 사각지대에 놓인 생활환경이 어려운 주민으로 확대해 운영하고 있다.

【표 3】 우리나라 생협 유형 분류

기원	내용
신협의 농산물 직거래 활동	• 1985년 안양바른생협이 최초. • 1980년대에는 중간 유통 마진 축소 취지로 직거래 추진. • 1990년대에는 상시적인 직거래와 생명운동, 공동체운동으로서 농산물 직거래 생협 조직, 현재 두레생협 사례.
농민운동, 협동조합운동	• 한살림이 대표적 사례. • 농산물 직거래를 통해 농산물 제값 받기의 하나로 시작. • 1989년 한살림선언에 담긴 생명사상은 한국 생협운동의 중요한 이념적 지표가 됨.
시민단체의 활동 기원	• 여성민우회생협[현. 행복중심생협]이 대표적 사례 • 1987년 민주화운동 이후 종교단체와 여성민우회 등 시민단체의 활동을 모체로 설립.
민중운동의 지역운동으로의 전환	• iCOOP이 대표적 사례. • 노동·학생운동 등을 거친 활동가들이 중심이 되어 서울과 인천 등 대도시와 울산·창원 등의 공단 지역에 조직한 지역생협들이 뿌리. • 2002년 한국생협연합회[현 iCOOP]를 설립.

▶ 출처: 정은미, 2012: 316~325

(2) 자활기업

자활기업은 지역자활센터의 자활 근로 사업에서 얻은 기술을 바탕으로 2인 이상의 수급자 또는 차상위자가 협력하여 협동조합이나 공동 사업자 형태로 운영하는 기업을 말한다.[63] 자활기업은 1990년대에 도시 빈민 밀집 지역에서 조직됐던 노동자협동조합을 뿌리로 한다.[64] 노동자협동조합은 1996년부터 정부의 지원 아래 자활지원센터 시범 사업을 진행한다. 이 사업은 1999년 국민기초생활보장법의 제정과 함께 지역자활센터를 중심으로 자활 근로 사업을 벌였으며, 정해진 요건에 따라 자활기업을 창업한다.

【표 4】 자활기업 지원 요건

1	자활기업 구성원 중 기초생활보장수급자와 차상위자가 1/3 이상이어야 함. 단, 수급자는 반드시 1/5 이상이어야 함.
2	자활기업의 모든 참여자에 대하여 최저임금 이상의 임금 지급이 가능해야 함.
3	자활기업 근로일수가 조건 이행 기준을 충족해야 함. 주당 3일, 22시간 이상.
4	자활근로사업단의 자활기업 전환 시 사업의 동일성 유지.
5	창업 전 교육 및 보수 교육 이수.

▶ 출처: 한국자활복지개발원

자활기업은 국민기초생활보장법[2012]을 근거 법령으로 하여 조합이나 부가가치세법상 1인 이상의 사업자로 설립하며, 2인 이상의 수급자나 차상위자로 구성한다. 자활기업으로 인정받으려면, 구성원 중 기초생활보장수급자나 차상위자가 3분의 1 이상이어야 하며, 수급자는 반드시

5분의 1 이상이어야 한다. 자활기업은 모든 참여자에 대해 최저임금 이상의 임금을 지급할 수 있어야 하며, 주당 3일, 22시간 이상 근로해야 한다. 만일 자활근로사업단에서 자활기업으로 전환할 때는 기존 사업과 같은 업종을 유지해야 한다. 자활기업으로 인정받으면 정부^{보건복지부}로부터 직·간접 지원을 받을 수 있다.

【표 5】 자활기업 지원 내용

직접지원	• 자활기업 창업자금^{자활근로사업단 매출적립금 활용}. • 전문 컨설턴트 연계 창업컨설팅. • 기계설비 및 시설보강사업비^{인정 3년 경과된 지원 대상 자활기업}. • 우수 자활기업 지원^{인정 5년 경과된 지원 대상 자활기업 중 공모·선정}. • 사업개발비. • 수급자, 비수급자, 전문인력 한시적^{최대 5년} 인건비. • 탈수급자 사회보험료 기관 부담금^{최대 2년, 해당 기업 재직 중 탈수급 한 자}. • 자활기업 특별 보증 및 경영 컨설팅^{신용보증기금 연계}.
간접지원	• 국공유지 우선 임대. • 국가 또는 지방자치단체 실시 사업 우선 위탁. • 조달·구매 시 자활생산품 우선 구매. • 사업자금 융자. • 전세점포 임대 지원.

▶ 출처: 한국자활복지개발원

자활근로사업단 매출 적립금을 활용해 자활기업 창업자금을 지원받으며, 사업개발비와 수급자와 비수급자, 전문인력 한시적 인건비를 최대 5년까지 지원받는다. 해당 기업 재직 중에 수급자에서 벗어난 사람은 최대 2년 사회보험료의 기관 부담금을 지원받으며, 전문 컨설턴트 연계 창업컨설팅 또는 신용보증기금과 연계하여 자활기업 특별보증과 경영 컨설팅을 받을 수 있다.

국가는 간접 지원으로 국공유지를 우선 임대할 수 있으며, 국가나 지자체 사업을 우선 위탁할 수 있으며, 물품과 서비스를 조달하거나 구매할 때 자활생산품을 우선으로 하며, 사업자금 융자와 전세점포 임대를 지원한다.[65] 자활기업은 조직 형식 면에서 특정 법인격을 갖출 필요는 없으나 대체로 협동조합으로 설립해 사회적기업 인증과 마을기업 지정을 받기도 한다.

자활기업

제주희망협동조합

제주희망협동조합은 2011년에 창설한 제주수눌음지역자활센터 사회적 일자리형 '수눌음배송사업단'에서 출발한 자활기업이다.

2023년 12월에 제주희망협동조합 자활기업을 창업한 이후 제주도 내 사회적경제 물류 운송을 담당해왔으며, 2015년 예비사회적기업 인증을 받은 후 2년 후인 2017년에 제주특별자치도 사회적기업으로 인증을 받았다. 이로써 제주희망협동조합은 다중이해관계자협동조합 법인으로서 취약 계층 고

> 용 유형의 자활기업, 사회적기업의 특징을 갖는다.
> 　제주희망협동조합의 사업은 주로 지역 내 생협을 비롯한 사회적경제 물류 운송을 담당하지만 그 외에도 저소득층 정부 양곡 배송, 용달화물운송 서비스, 이삿짐 서비스를 수행한다.
>
> ▶ 출처: www.jejuhope.com/ci

(3) 사회적기업

사회적기업은 사회적 목적을 추구하면서 재화와 서비스의 생산과 판매 등 영업 활동을 수행하는 기업을 말한다. 사회적기업육성법에는 사회적기업을 "취약 계층에게 사회서비스 또는 일자리를 제공하여 지역주민의 삶의 질을 높이는 등의 사회적 목적을 추구하면서 재화 및 서비스의 생산과 판매 등 영업 활동을 하는 기업으로서 고용노동부 장관의 인증을 받은 기관"으로 정의한다.

사회적기업은 자활 사업과 2003년에 시범 사업으로 시작한 사회적 일자리 창출 사업의 경험을 바탕으로 탄생했으며, 2007년 사회적기업육성법 제정으로 제도적 근거를 마련했다.[66]

사회적기업은 주무 부처인 고용노동부가 인증하는 인증 사회적기업과 지자체가 지정하는 예비사회적기업으로 구분되며, 예비사회적기업은 지역형과 부처형 두 가지로 분류된다.

지역형 예비사회적기업은 "사회적 목적 실현, 영업 활동을 통한 수익 창출 등 사회적기업 인증을 위한 최소한의 법적 요건을 갖추고 있으나 수익구조 등 일부 요건을 충족하지 못하고 있는 기업을 지방자치단체장이 지정하여 장차 요건을 보완하는 등 향후 사회적기업 인증이 가능한 기업"을 말하며, 부처형 예비사회적기업은 지방자치단체장 대신

"중앙부처장이 지정하여 장차 요건을 보완하는 등 사회적기업 인증을 목적으로 하는 기업"을 가리킨다. 부처형 예비사회적기업은 부처 소관 분야별로 특화된 사업을 육성하기 위해 중앙부처 특성에 맞는 별도의 지정 요건을 정해 운영된다.[67] 예비사회적기업은 인증 이전의 인큐베이팅 단계의 조직 형태로 1년씩 최대 3년까지 지정 기간을 설정한다.

사회적기업과 예비사회적기업은 법적 근거를 달리하는데, 사회적기업은 사회적기업육성법에 근거해 지정·운영되며, 예비사회적기업은 지역형일 때는 지자체의 조례와 규칙에 근거하고, 부처형일 때는 부처의 지침에 근거한다.

사회적기업은 지정 과정에서 사회서비스 제공형·일자리 제공형·혼합형·지역사회공헌형·기타 창의 혁신형으로 나뉜다.

사회적기업으로 인증받으려면 다음의 7가지 요건을 갖춰야 한다.[68]

○ 조직 형태

민법에 따른 법인·조합, 상법에 따른 회사여야 하며, 특별법에 따라 설립된 법인이나 비영리 민간단체와 같은 조직 형태[69]를 갖춰야 한다. 단, 인증 사회적기업의 대표가 다른 사회적기업 인증을 신청했을 때, 신청기업 대표자나 그 가족이 별도의 사업체를 운영할 때 신청기업의 실질적 독립성을 심사한 후 결정한다. 정부출연기관, 정부공공기관의 출연기관, 자치단체의 출연을 받아 운영하는 조직, 공공기관은 사회적기업으로 인정받을 수 없다.

○ 유급 근로자 고용

1인 이상의 유급 근로자를 고용하여 영업 활동을 해야 한다.

○ 사회적 목적의 실현

취약 계층에게 사회서비스나 일자리를 제공하거나 지역사회에 공헌,

기타 혁신적이고 창의적인 사업으로 지역주민의 삶의 질을 높이는 것과 같은 사회적 목적 실현을 주된 목적으로 해야 한다.

○ 이해관계자가 참여하는 의사 결정 구조
서비스 수요자와 제공자, 일하는 사람 등 이해관계자가 참여하는 의사 결정 구조를 갖춰야 한다.

○ 영업 활동으로 수익 창출
영업 활동으로 얻는 수입이 노무비의 50% 이상이어야 한다.

○ 정관의 필수 사항
사회적기업육성법 제9조에 따른 사항을 적은 정관이나 규약 등을 갖춰야 한다.

○ 이윤의 사회적 목적 사용
회계연도 말에 발생한 배분 가능한 잉여가 발생했을 때, 잉여의 3분의 2 이상을 사회적 목적을 위해 사용해야 한다.

인증 사회적기업의 가장 큰 매력은 국가의 지원을 받을 수 있는 점이다. 이는 '사회적기업육성법' 제1조 목적에 명시돼 있다. 즉 정부는 사회적기업의 설립과 운영을 지원함으로써 육성하는 취지로 '사회적기업육성법'을 제정했고, 이를 근거로 판로를 마련하고 각종 세제 혜택과 재정 지원, 기업 경영 컨설팅 등을 지원한다. 사회적기업으로 인증되면 받게 될 여러 지원 혜택이 있다. 재정 지원을 비롯해 창업·성장·생태계 조성 등 다양한 분야에서 지원이 이루어진다. 그 내용을 요약 정리하면 다음과 같다.[70]

○ 재정 지원 사업

일자리지원	주요 내용	신규 일자리를 창출할 수 있도록 인건비 등을 지원한다.
	참여 자격	인증 사회적기업과 지역형·부처형 예비사회적기업.
	지원 기간	• 지원 개시일로부터 최소 12개월에서 최대 5년. • 예비사회적기업은 지정일로부터 3년 이내에 최대 2년 지원. • 인증사회적기업은 지원 개시일로부터 5년 이내 최대 3년 지원.
	지급 내용과 수준	• 최저임금 수준의 참여근로자 인건비와 사업주가 부담하는 4대 보험료의 일부. • 일자리 창출 사업 참여 연차별로 지원 비율 적용.
전문인력지원	주요 내용	예비사회적기업이 경영 역량 강화를 위해 기획, 인사·노무, 마케팅·홍보, 교육·훈련, 회계·재무, 법무 등 기업 경영에 필요한 특정 분야의 전문 인력을 채용하는 경우 심사를 통해 전문 인력 인건비 지원.
	참여 자격	인증 사회적기업과 지역형·부처형 예비사회적기업.
	지원 기간	• 지원 개시일로부터 '12개월'. • 예비사회적기업은 지정일로부터 3년 이내, 최대 지원 기간은 분야별로 2년. • 인증사회적기업은 해당 사업의 지원 개시일로부터 5년 이내, 최대 지원 기간은 분야별로 3년.
	지원 분야	지원 분야에 대한 지원 인원 제한은 없으나 최대 지원 인원 내에서 지원할 수 있고, 한 분야에 최대 지원 기간 지원을 받았으면 동일 분야에 대한 지원은 불가.
	주요 내용	브랜드^{로고}·기술 개발 등 R&D 비용, 시장 진입 및 판로 개척을 위한 홍보·마케팅, 제품의 성능 및 품질 개선 비용 등을 지원한다.

사업개발비지원	참여 자격	인증 사회적기업과 지역형·부처형 예비사회적기업.
	지원 기관과 한도	• 최대 지원 금액은 3억 원이며, 예비사회적기업, 사회적협동조합, 마을기업 및 자활기업은 2년, 인증 사회적기업은 3년. • 마을기업과 자활기업이 소관 부처로부터 사업비나 사업개발비 지원을 받은 경우에 1년간 최대 5천만 원을 지원. • 연간 지원 한도는 사회적기업은 1억 원, 예비사회적기업, 사회적협동조합, 마을기업 및 자활기업은 5천만 원 이내이며, 1년 이상 지속되는 사업 개발에는 총 지원 한도 3억 원 내에서 인정. • 지원 기간은 12개월 이내이며, 선정 시기와 신청 항목의 특성을 고려해 회계연도 연속 체결이 가능.
사회보험료지원	주요 내용	사회적기업 육성 및 지원을 강화하기 위해 사회적기업의 사회보험료 일부를 지원.
	참여 자격	• 고용노동부 장관이 인증한 사회적기업. • 다만, 사회적기업 일자리 창출 사업 참여 기업의 경우에는 인건비에 포함된 사회보험료를 지원받지 않는 자체 고용 근로자에만 사회보험료 지원 가능.
	지원 수준	• 지원 한도는 50명, 4대 사회보험료 중 사업주 부담분 일부를 지원. • 기업 규모 및 업종과 관계없이 최저요율 기준으로 지원. • 근로자 임금을 기준으로 보험요율을 산정하는 경우에는 소정근로시간이 40시간인 근로자의 최저임금을 한도로 지원. • 고용보험 이중 취득자로 사회적기업이 아닌 다른 사업장을 주된 사업장으로 하여 고용보험을 취득한 경우 해당 사회적기업은 고용보험을 제외한 산재보험, 건강보험과 국민연금만 지원. • 지원 한도: 4대 보험 모두 가입 시 1인당 월 178,720원
	지원	• 사회보험료는 인증받은 다음 달부터 지원할 수 있고 지

	기간	원 기간은 해당 사업의 지원 개시일로부터 5년 이내 4년이며 4년은 지원 개시일로부터 연속의 개념임. • 지원금 신청은 소급 금지를 원칙으로 함. 단, 당해 회계연도 예산이 부족하여 집행되지 못한 경우는 다음해 예산으로 집행할 수 있음. • 다만, 당해 회계연도 내의 소급 신청은 할 수 있음.
세제지원	법인세·소득세 감면	법인세·소득세 3년간 100%, 향후 2년 50% 감면 '22.12.31.까지
	취득세·재산세 감면	• 취득세 50% 감면, 재산세 25% 감면 2024년 12월 31일까지 • 사회적기업이 직접 사용하기 위해 취득하는 부동산에 대한 취득세 50%, 법인등기에 대한 등록면허세 50%, 고유 업무에 직접 사용하는 부동산의 재산세 25% 감면.
	부가가치세 면제	• 사회적기업이 제공하는 의료보건 및 교육 용역에 대하여 부가세 면제. • 사회적기업이 제공하는 의료보건 간병, 산후조리, 보육 및 교육 용역에 대하여 부가가치세 면제.
	사회적기업에 대한 기부금 인정	사회적기업에게 기부를 하는 일반 법인·개인·연계기업에 그 기부금을 법인소득의 10% 범위 내에서 손금 산입 처리.

❍ 창업 지원

소셜벤처 지원 사업	정부와 민간의 예비사회적기업가 발굴 지원과 각종 경연대회를 통해 소셜벤처 창업을 장려.
사회적기업가 육성 사업	사회적기업 창업 준비팀을 선발하여 창업의 전 과정을 지원.
사회적기업 성장지원센터^소 셜캠퍼스 온	• 사회적기업 성장지원센터^{소셜캠퍼스 온}를 조성·운영함으로써 초기 창업기업이 안정적으로 성장할 수 있도록 입주 공간과 교육 및 멘토링을 지원. • 한국사회적기업진흥원이 주관한 사회적기업가 육성 사업 출신 기업과 예비사회적기업, 사회적협동조합을 대상으로 함. • 입주 기간은 1년, 평가에 따라 1회 연장 가능. • 교육프로그램 운영으로 교육 지원, 경영·회계·세무·법률 등의 전문 멘토링 연계, 입주기업과 사회적경제기업과 협업이나 상호 교류 지원, 입주기업의 실질적 성장을 위한 내·외부 자원 연계 지원.

❍ 생태계 조성

사회적 기업 주간행사	사회적기업육성법에 의거, 사회적기업의 날^{7월 1일}과 사회적기업 주간^{7월 첫 주}을 맞아 사회적기업의 성과 확산과 생태계 활성화를 위해 다양한 행사를 개최.
사회적 기업가 아카데미	사회적경제 미래 인재 유입을 위한 청소년 교육과 전문 창업 교육, 지역과 현장 당사자의 수요를 반영한 맞춤형 교육, 사회적경제 전문 인재화 교육 등 사회적기업가 아카데미를 운영함.
네트워크 구축	지역별·업종별·전문분야별 상호 협력할 수 있는 네트워크를 구성·운영함으로써 사회적기업의 시장경쟁력을 확충하고 사회적기업 친화적 생태계를 조성.

❍ 성장 지원

판로 지원	• e-store 36.5를 통한 판로 지원. • 상품의 판로 지원을 위한 유통채널 맞춤 상품 개선으로 상품의 시장경쟁력을 강화. • 사회적경제 민간 유통 전문 조직인 '소셜벤더'를 통해 상품 발굴, 시장진단, 경쟁력 강화, 유통채널 입점 연계까지 원스톱 판로 지원을 제공. • 다양하고 지속적인 판로 확보를 위한 유통 매체별 입점을 지원. • 공공기관 사회적기업 제품 우선 구매제도.
전문 컨설팅, 경영 지원	우수한 전문 컨설팅 서비스를 제공하여 사회적기업의 생산성 향상과 경쟁력 강화를 돕고 자립 경영할 수 있도록 지원.
자원 연계	• 기업과 사회적경제기업 파트너십을 통해 공공·민간기관의 사회공헌 자원을 사회적경제기업에 효과적으로 연계하여 사회적 경제기업의 성장과 역량 강화를 지원. • 전문 자원봉사자인 프로보노와 연계하여 성공적인 경영 지원을 제공. • 사회적경제 조직의 자금 조달 방식을 다각화하고, 크라우드 펀딩을 활용해 일반 국민의 사회적 투자에 관심과 참여를 유도. • 해외 사회적기업가와 유관 기관의 상호 교류를 통해 지속적인 네트워크를 형성하고 국내 사회적기업가의 견문을 넓히고 역량을 강화하도록 지원.

(4) 마을기업

마을기업은 행정안전부의 2010년 커뮤니티 비즈니스 시범 사업과 희망근로 사업, 자립형 지역공동체 사업을 거쳐 2011년 '마을기업 육성

사업'의 하나로 설립·운영되기 시작했다.[71]

행정안전부의 '2023년 마을기업 육성 사업 시행 지침'에 따르면, 마을기업은 "지역주민이 각종 지역 자원을 활용한 수익 사업을 통해 공동의 지역 문제를 해결하고, 소득 및 일자리를 창출하여 지역공동체 이익을 효과적으로 실현하기 위해 설립·운영하는 마을 단위의 기업"으로 부처의 시행 지침에 따라 지정·운영되며 재정 지원을 포함한 정책 지원을 받는다.

마을기업은 2011년 '마을기업 육성 사업 시행 지침[2011년]'에 의해 설립·운영되다가, 법적 근거를 가진 것은 2013년 6월 4일 제정된 '도시재생 활성화 및 지원에 관한 특별법'에 마을기업이 명시되면서부터다. 이 법은 국토교통부를 주무 부처로 도시 재생 추진 체제를 구축하기 위해 제정되었는데, 마을기업은 오로지 도시 재생 사업의 참여자로서 다뤄져 사회적경제기업의 위상과 거리가 있다. 마을기업은 이 법에 따라 도시 재생 사업에 참여할 때 보조 또는 융자, 도시재생특별회계의 지원 대상에 포함된다.[72]

행정안전부의 마을기업 육성 사업은 이와 관련한 법적 근거가 없어 마을기업에 관한 기본 계획을 수립할 의무가 없다. 단 매년 발표하는 '마을기업 육성 사업 시행 지침'에 마을기업 지정과 관련한 내용과 지원 원칙이 포함된다. 마을기업은 일정한 원칙에 따라 지정·운영된다.[73]

○ 마을기업 운영 원칙
- 공동체성 원칙이 있다. 이는 마을이라는 공동체가 주도하고 출자하여 기업을 설립해야 하며, 기업 운영에 공동체가 참여하고 결정해야 한다.
- 공공성 원칙이다. 마을기업은 지역 문제를 해결하고 지역사회에 공헌해야 한다.
- 지역성 원칙이다. 마을기업은 지역의 자원을 활용하고 같은 생활권[읍·면·동]을 기반으로 거주하는 주민들이 참여해야 한다.

- 기업성 원칙이다. 마을기업은 지속가능한 수익 구조를 갖춰, 정부와 지자체의 재정 지원이 끝난 후에도 스스로 운영할 수 있어야 한다.

○ 마을기업 지정 요건
- 마을기업으로 지정되기 위해서는 지역주민 5인 이상이 출자해야 한다.
- 지역주민 70% 이상이 참여해야 한다.
- 최대 출자자 1인의 지분은 30% 이하, 특정 1인과 배우자나 직계존비속, 또는 형제자매의 지분 합은 50% 이하여야 한다.
- 마을기업은 지역 내 소재하고 있는 사업장을 기반으로 설립·운영되는 지역주민 주도 기업이다. 마을기업은 재화와 서비스를 공급해 수익을 올리는 지속 가능한 경제 조직으로 5개월 이상 법인으로 운영해 온 경우에 지정신청이 가능하다.

○ 마을기업 지원 내용
- 마을기업으로 지정되면 최대 3년간 1억 원의 지원을 받을 수 있다.
- 마을기업 지정 1차 연도에는 5천만 원별도 자부담 1천만 원 이상, 2차 연도에는 3천만 원별도 자부담 6백만 원 이상, 3차 연도에는 2천만 원별도 자부담 4백만 원 이상을 지원받는다.
- 예비마을기업은 마을기업 지정 전 준비 과정을 지원하는 제도로 1천만 원을 지원받을 수 있다.[74]

사례 마을기업

마을기업 농뜨락 농업회사법인

농뜨락 농업회사법인은 경북 의성군 비안면의 만 35세 미만의 청년들로 구성된 청년참여형 마을기업이다. 이들은 의성군의 대표적 생산물인 마늘·자두·사과를 수매해 가공·유통·판매하여 수익을 올리는 한편, 청년 창업자들에게 창업 상담과 안내를 하며, 귀농과 귀촌을 원하는 청년들을 지원한다.

농뜨락은 사과와 배즙뿐 아니라 소규모 생산 농가의 양배추와 호박을 수매하여 다양한 생산품을 가공해 상품을 확대해나갔다. 무엇보다 열악한 유통구조를 자체 가공공장을 설립하면서 개선했고, 가공생산에서 나아가 유통과 물류, 기획, 컨설팅 등으로 사업을 확대해나갔다.

농뜨락은 2018년 마을기업으로 선정된 후 6명의 직원이 2022년에 정규직 10명, 일용 고용 20명으로 늘어났으며, 2021년에는 우수마을기업 경진대회에서 최우수상을 받기도 했다.[75]

(5) 일반 협동조합과 사회적협동조합

협동조합기본법은 '협동조합'과 '사회적협동조합'이라는 두 가지 협동조합 유형을 규정한다. 여기에서 '협동조합은 "재화 또는 용역의 구매·생산·판매·제공 등을 협동으로 영위함으로써 조합원의 권익을 향상하고 지역사회에 공헌하고자 하는 사업 조직"을 가리킨다. 사회적협동조합은 앞서 정의한 협동조합 중에서 "지역주민들의 권익·복리 증진과 관련된 사업을 수행하거나 취약 계층에게 사회서비스 또는 일자리를 제공하는 등 영리를 목적으로 하지 않는 협동조합"을 말한다. '일반 협동조합'은 기본법에 명시된 이름은 아니다. 다만 사회적협동조합과 구분하기 위해 '일반'이라는 이름을 붙여 사용한다.

협동조합기본법은 사회적협동조합을 '비영리 조직'이라 못 박음으로써 다른 협동조합과 구분했으며, 사회적협동조합이 아닌 다른 협동조합에 대해서는 목적의 영리성 또는 비영리성을 구체적으로 명시하지 않았다. 이는 일반 협동조합이 사회적협동조합과 비교해 영리 목적의 조직이라는 뜻은 아니다. 오히려 사회적협동조합에 비해 사업 목적을 다양하게 규정할 수 있게 문을 열어 놓았다.

일반 협동조합은 조합의 주 운영권자에 따라 사업자^{생산자}협동조합, 직원^{노동자}협동조합, 소비자협동조합, 다중이해관계자협동조합 등 네 가지 유형으로 나뉘며, 금융^{신용}과 보험^{공제} 사업은 허용되지 않는다. 사회적협동조합은 비영리 법인으로서 공익 사업을 40% 이상 시행하며 다중이해관계자로 구성돼 있다. 의료복지사회적협동조합은 다른 사회적협동조합과 달리 조합원 500명 이상, 출자금 1억 원 이상 모아야 설립할 수 있다.[76]

(6) 소셜벤처기업

소셜벤처기업은 2000년대에 새롭게 등장한 사회적 가치 지향 조직으로 2009년 고용노동부가 주최한 제1회 소셜벤처 경연대회에서 공식적으로 그 이름을 사용하기 시작했다.[77] 소셜벤처는 "사회적기업가 정신을 지닌 기업가가 기존과는 다른 혁신적인 기술이나 비즈니스 모델을 통해 사회적 가치와 경제적 가치를 동시에 창출하는 기업"[78]으로서 모험성이 강해 높은 위험을 감수하지만 성공할 때 높은 사회적 가치와 이익을 예상할 수 있다.

소셜벤처기업은 창의적 기업가 정신을 가진 사업가에 의해 주도되는 게 특징이다. 소셜벤처기업은 사회적기업 특성과 벤처기업 특성이 결합된 조직으로 소셜벤처의 영역을 결정하는 데 모호한 측면이 있다.

소셜벤처기업은 추구하는 가치에 따라 조직 유형을 분류할 수 있는데 아래 【표 6】과 같이 사회적 가치와 경제적 가치 창출의 강약에 따라 다섯 가지 유형으로 나눌 수 있다.

【표 6】 추구 가치에 따른 소셜벤처의 영역

	소셜벤처				
A.전통적 비영리 기관	B.수익 창출 활동을 하는 비영리 기관	C.사회적 목적 추구 벤처기업	D.사회적 가치 지향 영리 벤처기업	E.전통적 영리 벤처기업
←100	75:25	50:50	25:75	100→

목적 : 사회적 가치 창출　　　　　　　　목적 : 경제적 가치 창출

▶ 출처: 김진수 외, 2019: 34

전통적 비영리 기관은 사회적 목적이 가장 강한 비영리 기관으로, 자선이나 기부금, 정부 지원과 같이 지원금만으로 운영하는 조직을 가리킨다. 수익 창출 활동을 하는 비영리 기관은 사회적 목적이 강하지만 시장에서 재무적 자원을 마련하는 조직이다.

사회적 목적 추구 벤처기업은 사회적 목적과 시장에서 경제적 이익 창출 목적을 모두 가지는 벤처기업으로 조직의 성장과 사회적 목적 달성을 위해 수익을 재투자하는 조직이다. 사회적 가치 지향 영리 벤처기업은 영리 추구를 우선 목적으로 하는 벤처기업이지만 사회적 가치 창출을 지향하는 조직이다. 전통적 영리 벤처기업은 이해관계자의 이윤을 높이는 데 기업 목적을 두는 영리 추구 벤처기업이다. 그러나 이 중에 사회적 책임이나 사회 공헌 활동을 통해 사회적 가치를 지향하는 조직도 포함된다.[79]

우리나라의 소셜벤처 기업은 사회적경제기본법이 마련돼 있지 않은 상황에서 사회적경제 조직 범주에 명확하게 포함되지 않지만, 사회적기업 인증제도가 등록제로 바뀌고 범 사회적 가치 지향 조직들을 포함하는 '사회 연대 경제'의 개념이 확산되면서 넓은 의미의 사회적경제 영역으로 포함할 수 있다는 견해도 있다.

현재 중소벤처기업부는 소셜벤처와 지원 기관을 위한 소통과 정보의 공간인 '소셜벤처 스퀘어'를 통해 소셜벤처기업 판정과 평가모형 서비스를 제공한다. 소셜벤처로서 인정받고 싶은 기업은 자가진단으로 소셜벤처 여부를 판별할 수 있고, 판별신청 절차를 진행할 수 있다. 소셜벤처로 판정되면 '벤처기업육성에 관한 특별조치법'에 따라 다양한 지원을 받을 수 있다.

공동작업 공간으로서 회사 구조

【표 7】 소셜벤처 기업 지원 제도

구분	사업명	내용
창업 지원	예비창업패키지	예비창업패키지 내 소셜벤처 트랙을 마련하여 소셜벤처 예비창업자의 시제품 제작, 마케팅을 최대 1억 원 지원.
성장 지원	소셜벤처 육성 사업	사회적·경제적 성과를 나타내는 소셜벤처 생태계를 집중 육성. ① 소셜벤처 실태조사. ② 수도권 및 비수도권 소셜벤처 육성. ③ 사회적 가치 측정. ④ 소셜벤처스퀘어 운영 등.
	창업성장기술개발 디딤돌 R&D	디딤돌 창업 과제를 통해 업력 7년 이하 소셜벤처기업의 기술 개발을 지원.
	사회적경제기업 성장 집중 지원 사업	성장 잠재력 있는 소셜벤처의 지속적 성장을 위해 기업 진단, 전문교육, 연구 개발, 판로 개척 등을 지원. ① 도약 지원[1억 원. 보조 80%, 자부담 20%]. ② 스케일업[3억 원. 보조 75%, 자부담 25%].
금융 지원	임팩트 보증	• 기술보증기금을 통해 소셜벤처에 대한 보증 특례[보증료 0.5% 감면, 100% 보증]지원. • 2022년 1월까지 954개사, 4,352억 원 지원.
	소셜임팩트 펀드	• 소셜벤처에 대한 민간 투자 유도 및 사회적 가치 투자 붐 조성. • 2,618억 원 규모 펀드를 조성[15개]하여 210개사 1,880억 원 투자.
	사회적경제기업 정책자금 융자	• 소셜벤처 등 사회적경제 기업에 대한 정책자금 융자. • 2022년 1월까지 1,384개 사 3,060억 원 지원.

▶ 출처: 기획재정부·한국사회적기업진흥원, 2022

> **사례** 소셜벤처기업

소셜벤처 수퍼빈   ß superbin

공원에 설치된 네프론. 음료 캔과 투명 페트병을 넣으면 돈으로 돌려받을 수 있다.
▶ 출처: www.superbin.co.kr/company/nephron

수퍼빈은 폐기물의 수거 시스템의 문제를 해결하기 위해 2015년 설립된 환경 소셜벤처기업[대표 김정빈]이다. 수퍼빈의 사업 핵심은 인공지능 기반의 순환자원 회수 로봇 네프론이다. 네프론은 캔과 투명 페트병을 수거하는 스마트 쓰레기통 로봇으로 2020년 초에 전국에 50여 대였던 것이 2022년에 500여 대로 늘어났다. 2021년에 세계 최초로 폐플라스틱을 가공하는 인공지능 기반의 스마트 공장 인허가를 경기도 화성시로부터 받고 2022년 7월에 준공했다.

　수퍼빈은 수익성이 낮아 일반 기업에서 진입하지 않으며 정부에서도 공급하지 않은 서비스와 제품을 생산하는 일에 나선 소셜벤처다. 수퍼빈은 정부의 용역 사업 자생적인 소셜벤처 생태계를 갖춰나가는 데 힘을 쏟는 중이다.[80]

【표 8】 사회적경제기업 정의와 근거 법령

유형	정의	근거 법령	소관 부처
협동조합	재화 또는 용역의 구매·생산·판매·제공 등을 협동으로 영위함으로써 조합원의 권익을 향상하고, 지역사회에 공헌하고자 하는 사업 조직.	협동조합 기본법 2012	기획재정부 사회적협동조합은 해당 행정부처
사회적 기업	취약 계층에게 사회서비스 또는 일자리를 제공하거나 지역사회에 공헌하여 지역주민의 삶의 질을 높이는 등 사회적 목적을 추구하면서 재화·서비스의 생산·판매 활동을 하는 기업으로서 사회적기업육성법 제7조에 따라 고용노동부 장관이 인증한 기업.	사회적기업 육성법 2007	고용노동부
마을 기업	지역주민이 각종 지역자원을 활용한 수익 사업을 통해 공동의 지역 문제를 해결하고, 소득 및 일자리를 창출하여 지역공동체 이익을 효과적으로 실현하기 위해 설립·운영하는 마을 단위의 기업.	마을기업 육성 사업 시행 지침 2011	행정안전부
자활 기업	지역자활센터의 자활 근로 사업을 통해 습득된 기술을 바탕으로 2인 이상의 수급자 또는 저소득층 주민들이 조합이나 사업자 형태로 탈빈곤을 위한 자활 사업을 운영하는 업체.	국민기초 생활보장법 2012	보건복지부
소셜 벤처 기업	혁신적인 기술과 지속가능한 사업 모델로 사회 문제를 해결하는 기업으로 사회적 가치와 경제적 가치를 동시에 창출하는 기업을 의미.	벤처기업 육성에 관한 특별조치법 2021	중소벤처기업부

▶ 참고: 한국사회적기업진흥원의 '주요 사회적경제기업' 자료를 참고로 작성

4장
우리나라 사회적경제기본법 제정 과정과 내용

1) 사회적경제기본법의 필요성

우리나라 사회적경제 영역에 있는 조직들은 각기 다른 행정부서의 관리로 서로 다른 근거법으로 운영된다. 비록 이들 조직은 사회적경제라는 공통분모를 갖지만 사회적경제 영역의 공통된 분모를 규정하는 법과 제도가 마련되지 않은 상황이다.

사회적경제기본법과 같은 상위법이 없는 상황에서 벌어지는 문제는 여러 가지가 있다. 지자체별로 제정되어 시행되는 사회적경제 관련 조례는 상위법이 없는 상황에서 사회적경제 정의와 범주, 설립과 운영을 포함한 조례의 규범적 체계의 정비가 필요하다.[81]

2) 사회적경제기본법안의 발의 과정과 내용

우리나라에서 사회적경제기본법을 제정하려는 움직임은 처음 국회 발의가 시작된 2014년부터 21대 국회까지 이어져 왔다. 그동안 사회적경제기본법안에 관한 국회 발의가 11차례 이루어졌고, 여러 쟁점을 해결하지 못한 채 표류하고 있다.

21대 국회에서는 2020년 7월부터 11월까지 윤호중·강병원·김영배·장혜영·양경숙 의원이 대표 발의하여 현재 국회 기획재정위원회에 계류돼 있다. 사회적경제 영역에서는 2014년 7월, 한국협동사회경제연대회의가 처음으로 사회적경제기본법에 관한 초안을 마련하였다. 2017년에는 한국사회적경제연대회의가 사회적경제기본법안을 작성했으며, 사회적경제기본법 제정을 위한 시민행동을 결성했다. 2020년 11월에는 사회적경제기본법 제정 촉구 캠페인을 열며 법안 마련에 힘을 보탰다.

사회적경제기본법안은 목적과 사회적경제기업의 범위 규정·계획과 조정·실행 단계에 대한 방향·기금과 공공 조달·조세 감면과 재정 지원·교육 훈련 지원에 관한 내용을 핵심적으로 담았다. 법안의 구성과 내용은 국회 발의안과 사회적경제 영역이 제안한 법안 모두 유사하지만 몇 가지 논쟁의 여지가 있다.[82]

첫째, 사회적경제기본법 제정의 필요성에 관한 견해 차이가 있다. 사회적경제기본법이 사회적경제조직 간 연대 협력을 위해 제도를 정비하고, 사회적자본을 확대해 지역경제를 활성화하며, 심해지는 양극화를 해결할 대안이 될 수 있다는 긍정적 견해가 있지만, 다양한 이해관계자와 운영 방식을 가진 사회적경제 조직들을 획일화할 수 있다는 우려와 각기 다른 근거 법령 외에 별도의 기본법을 만들었을 때 얼마나 실효성이 있을지 의문을 제기하는 견해도 있다.

둘째, 사회적경제 조직의 범위 규정에 논란이 있다. 정부 정책과 입법 차원에서 행정적·재정적 지원 대상 범위를 정하는 문제다.

한국사회적경제연대회의는 사회적경제 영역에 사회적기업·마을기업·자활기업과 협동조합기본법과 특별법에 근거한 협동조합 모두 포함한다. 이외에 범주에 나열하지 않았지만 중간 지원 기관이나 새로운 사회적경제 조직은 등록제를 활용하여 사회적경제 조직으로 등록하게 한다.

윤호중 의원 발의안은 4개 주요 사회적경제 조직[협동조합·사회적기업·마을기업·자활기업]에 농어업법인단체와 특별법에 따른 협동조합이 포함되며, 특별히 예비사회적기업을 포함한다.

김영배 의원 발의안은 윤호중 의원 발의안과 같으나 특별히 우수문화사업자, 소셜벤처를 포함한 게 차이가 있다.

셋째 사회적경제발전기금 조성과 운영에 관한 의견 차이가 있다. 현재 정부와 지자체가 운영하는 사회적경제발전기금은 원금 손실 없이 대출 위주로 운영되고 있다. 기금이 보수적으로 운영되다 보니 현장의 긴급한 자금 수요에 적절하게 대응하지 못한다는 비판을 받는다. 이에 한국사회적경제연대회의가 제안한 사회적경제기본법안은 사회적경제발전기금의 기금 조성과 관리 감독을 기획재정부가 담당하고 기금 운용을 민간 사회적금융기관에 맡긴다는 내용을 담고 있다. 그러나 윤호중 의원 법안에는 기금 설치와 조성의 주체로 정부와 지방자치단체를 명시했으나 운영에 관한 내용은 없다. 김영배 의원 법안은 정부와 지방자치단체가 기금을 설치하고 조성하는 것이 아니라 지정하게 했고, 기금운용 기관의 지정 절차를 시행령에 제시하는 것으로 했다.

넷째, 사회적경제기업에 관한 지원 내용의 차이가 있다. 한국사회적경제연대회의는 사업과 관련하여 판로와 시설비 지원을 제안하고 조세 감면·재정 지원·교육 훈련 지원을 포함했다. 윤호중 의원 법안은 좀 더 구체적인 지원 내용을 포함한다. 이를테면, 공공기관이 총 구매액의 5% 범위에서 사회적기업과 사회적협동조합이 생산한 재화나 서비스를 우선 구매하는 내용과 부지 구매나 시설비 지원 융자와 국공유재산 임대를 가능하게 했다. 국세와 지방세 감면과 함께 일반 기업이 사회적경제 조직으로 전환할 때 세제 감액이나 면제 혜택을 주도록 했다. 이어 교육 훈련과 컨설팅 지원도 포함한다. 법안 중 사회적기업과 사회적협동조합의 공공기관의 우선 구매는 현재 시행되고 있지만, 공공기관의 총 구매액 5% 범위의 제한은 새롭게 제시한 내용이다. 그러나 김영배 의원 법안은 사회적경제 기업의 생산물에 대한 구매 촉진과 판로 확대를 위한 국가와 지자체의 지원에 대해 원칙만 제시할 뿐 구체적인 내용이 부족하다.

국가와 지자체의 공적 지원은 사회적경제기업의 생존과 밀접한 연관이 있는 점에서 논쟁의 여지가 있다. 실제로 법안 통과 여부를 결정짓는 요인으로 작용할 수 있어 이에 대한 합의가 매우 중요해진다.

이외에도 사회적경제기업들이 각각 다른 부처의 관할하에 설립·운영되고, 기본계획 수립과 지원 정책 등이 통일되지 않으며, 무엇보다 사회적경제 기업이 근거법에 따라 중복지위를 얻는 문제가 있다. 칸막이 행정과 정책 시행, 사회적경제 기업의 중복 지위로 인한 비효율적 운영을 사회적경제기본법으로 어떻게 해결할 수 있을지 충분한 논의가 필요하다.[83]

ⓒ한살림

5장
사회적경제의 쟁점

1) 소셜벤처의 등장과 사회적경제의 관계

소셜벤처는 벤처기업의 사회적 목적성을 강조한 비즈니스 기업으로, 중소벤처기업부는 '벤처기업육성에 관한 특별조치법'을 개정[2021년 4월 20일]하여 소셜벤처의 법적 정의를 신설했다. '벤처기업육성에 관한 특별조치법'[제2조 제10항]은 소셜벤처기업을 "사회적 가치와 경제적 가치를 통합적으로 추구하는 기업"으로 정의한다. 이 정의에 의하면 소셜벤처를 경제적 가치를 추구하는 벤처기업과 사회적 가치를 추구하는 사회적기업과 구별하고 있다.

고용노동부에서 말하는 소셜벤처는 기술 혁신과 같은 창의적 방식으로 기업을 경영하면서 경제적 이익과 사회적 가치를 동시에 추구하는 기업의 경영 모델이다. 이때 소셜벤처는 목적과 운영 원리에서 사회적기업과 유사하지만 정부의 인증을 필요로 하지 않는 점에서 차이가 있다.[84]

소셜벤처를 무엇으로 보는지 연구자와 관련 기관들이 내린 정의를 보면, 중소기업 연구원은 '사회적기업이면서 기업가적 속성을 동시에 지닌 신생 기업'[85]으로 정의하며 정부의 인증을 받지 않는 사회적기업 모델로 간주한다.

[표 9] 소셜벤처·벤처기업·사회적기업 비교

기업	소셜벤처	사회적기업	벤처기업
법적 정의	벤처기업 육성에 관한 특별조치법 제2조 제10항	사회적기업육성법 제2조	벤처기업 육성에 관한 특별조치법 제2조
추구 가치	사회성과 혁신 성장성 동시 추구	사회성〉혁신 성장성	사회성〈혁신 성장성

▶ 출처 : 중소벤처기업부, 2021

서울연구원은 소셜벤처를 "사회 문제에 대해 창의적·효과적인 솔루션을 보유한 사회적기업가가 사회적 목적 달성을 위해 설립한 기업이나 조직"으로 정의한다.[86] 이 정의에서는 사회적기업가 정신을 중요하게 본다. 그 외의 소셜벤처에 대한 정의를 보면 대체로 창의성·도전적 벤처정신·혁신적이고 지속가능한 경제모델·사회적 가치 실현이라는 특징을 강조한다.

소셜벤처는 혁신성을 지닌 기업가에 의해 운영되는 점에서 일반 벤처기업과 유사하지만 사회 문제 해결을 사업의 목적으로 둔 점에서 차이가 있다. 이러한 특징으로 소셜벤처는 넓은 의미에서 영리 법인격·비영리 법인격 사회적경제기업을 모두 포괄한다. 그러나 소셜벤처는 '벤처기업육성에 관한 특별조치법'에 근거를 두는 기업이라 그 범주가 좁아졌다. 특히 비영리 법인격 사회적경제 조직들이 소셜벤처로 인정받기 위해서는 법 개정이 필요하다.[87]

우리나라는 사회적 가치 실현을 목적으로 하는 기업에 한 해 사회적기업으로 인증한다. 아무리 사회적 문제를 해결하기 위한 사업체라 하더라도 정부의 인증 없이는 '사회적기업'이라는 이름을 사용할 수 없다. 그동안 소셜벤처는 사회적 문제를 해결하는 사회적 목적 사업을 추구해왔지만 법적 근거가 없어 법률에 근거한 지원을 받을 수 없었다. 그러다 보니 민간 임팩트 투자기관과 일반 영리 영역의 투자 자본을 조달하여 사업을 꾸려왔다.[88]

【그림 5】 소셜벤처의 경영 모델

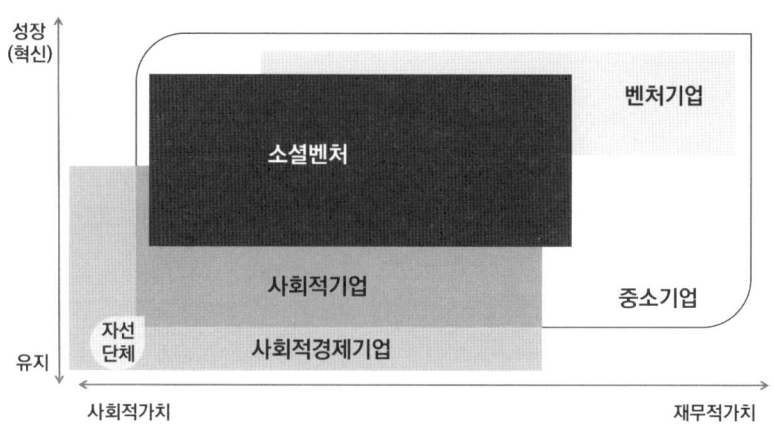

▶ 출처: 중소벤처기업부, 2021

이와 같은 상황에서 중소벤처기업부는 '벤처기업 육성에 관한 특별조치법'을 개정해 소셜벤처에 대한 정의[제2조, 10항]를 신설했고[2021년 4월 20일], 소셜벤처기업에 대한 지원 관련 조항을 개정했다[2021.12.28. 시행 2022.6.29]. 이로써 소셜벤처기업은 기술보증과 투자, 예비창업기업이나 창업기업의 발굴 육성, 그 외에 소셜벤처기업 활성화를 위해 필요한 사항을 지원받을 수 있는 법적 근거를 마련했다.

2021년 12월 말 현재, 소셜벤처기업 실태조사 결과에 따르면, 평균 업력이 7년으로 창업기업의 비율이 높은 편이다. 기업 형태는 86.5%가 주식회사 형태로 운영된다. 지역별로 보면 51.6%가 수도권에 사무소를 두고 있으며, 제조업이 39.9%로 가장 많고 그 다음이 정보통신

1부 협동조합을 품은 사회적경제

업 순이다. 자본 조달은 65.5%가 자체 자금으로 하고 있으며, 정책자금을 융자·보증받는 경우는 32.3%이며, 나머지 은행과 같은 금융기관으로부터 조달받는다. 자본 규모로 볼 때 임팩트 투자가 가장 많은 편이다.

【표 10】 소셜벤처의 법적 지위

영리 기업 벤처기업	소셜벤처 벤처기업육성에 관한 특별조치법에 근거함	영리 법인격 사회적경제 기업	비영리 법인격 사회적경제 기업	비영리 조직
	소셜벤처 벤처기업육성에 관한 특별조치법 이전 범주			
영리				비영리

▶ 출처: 이은선, 2021b

소셜벤처의 비즈니스 모델로 가장 많은 것은 취약 계층에게 직업훈련 서비스와 고용 기회를 제공하는 고용촉진형이며, 사회적 가치가 반영된 제품과 서비스를 제공하는 모델, 플랫폼 운영 순으로 나타났다.

소셜벤처 기업이 가장 큰 어려움을 겪는 사항은 자금 조달, 판로 개척, 인력 확보와 운용이다. 특히 은행 자금을 조달할 때 높은 금리와 수수료로 재정적 부담을 안게 되며, 임팩트 투자를 유치할 때 사회적 가치와 경제적 가치가 저평가되는 안타까운 일을 겪는다.

> 한걸음 더

여성기업 지정과 사회적경제

중소벤처기업부는 "경제영역에서 남녀의 실질적인 평등을 도모하고 여성의 경제 활동과 여성 경제인의 지위를 향상하여 국민경제 발전에 기여"하고자 '여성기업 지원에 관한 법률'을 제정하여 운용하고 있다.

'여성기업'은 특정의 기준에 해당하는 조건으로 여성이 소유하고 경영하는 기업이다. 여성기업은 대표권이 있는 임원으로 등기된 여성이 최대 출자자인 상법상의 회사로서 회사 대표로 등기된 여성이 2명 이상이며 그 합한 출자지분이 최대인 회사를 말한다. 또는 여성이 사업자 등록을 한 개인사업자도 포함한다. 협동조합도 여성기업에 포함되는데, 총조합원 수의 과반수가 여성일 때, 총 출자 좌수의 과반수를 여성 조합원이 출자했을 때, 이사장이 여성 조합원이며, 이사장을 포함해 총 이사의 과반수가 여성 조합원일 때, 여성기업으로 인정한다. 이로써 협동조합과 사회적협동조합, 생협 모두 이에 포함된다.

중소벤처기업부는 여성기업으로 인정된 기업에 다양한 지원을 포함한 특례조항을 마련했는데, 창업 지원·공공기관의 우선구매·자금 지원 우대·경영 능력 향상을 위한 지원·디자인 개발 지원 인식 개선을 통해 여성기업의 성장을 촉진하고 경쟁력을 강화하기 위해 우수 여성 경제인에 대한 포상과, 여성기업에 관한 홍보, 여성기업에 대한 인식을 높이기 위한 사업을 수행한다.

[표 11] 여성기업의 범위와 기준

여성기업 범위	• 상법상 회사. • 개인사업자. • 일반 협동조합. • 사회적협동조합. • 생협.	여성기업 지원에 관한 법률 시행령 제2조 ①②③.
기준	• 총 조합원 수의 과반수가 여성. • 총 출자 좌수의 과반수를 여성 조합원이 출자. • 이사장이 여성 조합원. • 이사장 포함 총 이사의 과반수가 여성 조합원.	여성기업 지원에 관한 법률 시행령 제2조 ③.

▶ 출처: 국가법령정보센터 www.law.go.kr 〉 법령 〉 여성기업 지원에 관한 법

2) 사회적기업의 인증제와 등록제

우리나라 사회적기업은 일정한 조건을 갖춰 국가와 지자체로부터 인증을 받아야 한다. 그러나 고용노동부는 사회적기업 활성화를 위해 등록제를 포함한 '제3차 사회적기업 육성 기본계획'[2018년 11월]을 마련하고, 사회적기업의 정의 규정을 확대하고 인증 요건을 완화해 등록 요건을 설정하는 내용을 포함한 사회적기업육성법 개정안을 마련했다. 이 개

정안은 2019년 8월 20일에 열린 국무회의에서 심의·의결됐다.

개정 법률안에 따르면, 사회적기업 인증 심사에서 요건만 갖추면 사회적기업으로 등록할 수 있도록 운영 절차를 간소화하고, 사회적기업의 목적과 정의에 '창의적·혁신적 방식의 사회 문제 해결'을 추가하여 사회적기업의 범위를 확대했다. 인증 과정에 포함된 실적 요건은 폐지되지만 '조직 형태, 사회적 목적 실현, 배분 가능한 이윤의 3분의 2 이상 사회적 목적 재투자'는 유지한다.

사회적기업 등록제 전환 논의는 2013년 고용노동부의 '제2차 사회적기업육성기본계획[2013~2017년]'에서 새로운 사회적기업 법인격을 검토하면서 시작됐고, 2016년 고용노동부의 사회적기업 정책 포럼의 의제로 공론화됐다. 2017년 10월, '관계부처 합동, 사회적경제 활성화 방안'에서 인증 기준을 완화하고 등록제 전환 등 진입 확대를 위한 제도 개선을 논의했고, 2018년 1월부터 대통령 직속 일자리위원회 사회적경제전문위원회의 '인증제도 및 법인격 의제 모임'에서 사회적기업의 인증제도의 개선과 새로운 법인격 도입 방안을 다뤘다.[89]

민간 차원에서는 한국사회적기업 중앙협의회가 2012년 19대 총선과 18대 대선 공약으로 사회적기업 법인격 도입과 등록제 도입을 제시했다. 2017년 19대 대선에서도 공약으로 제시했으며, 2017년에는 사회적기업 법인격 제도 법조문 작업에 들어갔다.

사회적기업 등록제 전환과 법인격 도입이 함께 논의되면서 논의의 통일을 이루지 못했으나, 2019년 사회적경제 활성화를 위한 국정과제를 수행하기 위해 등록제 전환을 담은 사회적기업육성법 개정안이 발의됐다. 그러나 국회 임기 만료로 폐기됐고, 20대 국회에서 김정호 더불어민주당 의원이 재발의했지만 여전히 국회에 계류 중이다.

고용노동부가 제시한[90] 사회적기업 인증제와 등록제의 차이를 절차와 요건, 정부 지원과 평가 부분에서 살펴볼 수 있다.

사회적기업 인증은 고용노동부에 신청[예비사회적기업은 지자체]하지만 등록제는 사무소 소재지의 지자체에 신청해 등록증을 발급받는다.

인증을 받기 위한 기본 요건은 개인기업이 아닌 정관과 규약을 갖춘 법인이어야 하며, 조직 운영에서 사회적 목적 실현, 이해관계자 참여 의사 결정 구조, 이윤의 3분의 2 이상 사회적 목적에 재투자[상법상 회사의 경우] 요건이 포함된다. 등록제는 사회적기업 인증제와 같은 요건을 갖춰야 하지만 유급 근로자 고용 요건과 영업 활동을 통한 수익 요건은 폐지된다.

정부 지원 면에서 인증제는 각 지자체에 신청하면 지자체 심사 후에 교부하며 공공기관 우선 구매 대상이 된다. 등록제는 1단계에 고용노동부의 기업 평가를 받아야 하며, 일정 기준에서 미달할 때, 지원 배제 권고를 받는다. 2단계에서 현 재정 지원이나 우선 구매 절차는 같다.[91]

사회적기업 등록제가 필요하다고 말하는 사람들은 인증을 받아야만 사회적기업이라는 명칭을 사용할 수 있는 인증제도의 결함을 지적하며, 인증제도로 인해 기업의 자율성과 독립성, 창의성이 제약받는다고 주장한다. 사회적 문제 해결을 목적으로 하고 이윤 배분 제약과 자산처분 제약을 지키는 정관을 갖추고 비즈니스를 통해 사회적 가치를 실현하려는 기업이라면 어디든 사회적기업이라는 이름을 사용할 수 있다는 주장이다.[92]

사회적기업 등록제에 비판적 견해를 제시하는 사람들은 예비사회적기업이 등록제와 유사해 등록제를 별도로 만들 필요가 없다고 주장한다. 또한 등록제든 인증제든 사회적기업에게 중요한 것은 지원 제도로서 지원이 뒷받침되지 않으면 효과가 제한적일 것이라고 주장한다.[93]

【표 12】 사회적기업 인증제와 등록제 비교표

구분	인증제	등록제
절차	고용노동부 인증신청→심사^{인증}^{소위, 육성전문위}→ 관보 게재.	주된 사무소 소재지 시도에 신청 → 등록증 발급.
요건	• 기본 요건. 법인 형태, 정관·규약 갖출 것. • 징표적 요건. 사회적 목적 실현, 이해관계자 참여 의사 결정 구조, 배분 가능한 이윤의 3분의 2 이상 사회적 목적에 재투자^{상법상 회사.} • 실적 요건. 유급노동자 고용·영업 활동 수행, 영업 활동을 통한 수입.	• 기본 요건 및 징표적 요건은 유지. • 실적 요건은 완화·폐지. - 유급 노동자 고용 요건 폐지. 단, 취약 계층에 일자리 제공을 목적으로 하는 경우 3명 이상 고용, 요건 유지. - 영업 활동을 통한 수입 요건 폐지.
정부 지원	• 재정 지원. 각 지자체에 신청 → 지자체 심사 후 교부. • 우선 구매. 인증 사회적기업 중 공공기관에서 자율 구매^{권고율 3%.}	• 1단계. 고용노동부 등록기업 평가. 평가 결과 지자체, 공공기관에 통보 → 지원에 반영. • 2단계. 현 재정 지원, 우선 구매 절차와 동일^{지자체, 공공기관.}
보고	연 2회^{4월, 10월} 사업보고서 제출^{모든 사회적기업.}	연 1회^{4월} 사업보고서 제출 및 내용 간소화^{모든 사회적기업.}
평가와 경영공시	• 사업보고서를 통해 활동, 실적 등 평가. • 자율 경영 공시^{선택사항.}	• 정부 지원 신청 기업에 한해 기존 사업보고서에 준하는 평가. • 정부 지원 신청 기업은 경영 공시 의무화.
투명성	재정 지원 사업 신청 시에만 부정수급 교육 등 의무화^{지침.}	재정 지원 및 공공기관 우선 구매 신청 시에도 부정수급 교육 등 의무화^{법적 근거 신설.}

▶ 출처: 고용노동부 보도자료, 2019.8.20

❶
유럽은 사회적경제를 민간시장 부문과 공공부문 사이에 존재하는 제3 활동 영역으로 보는 한편, 미국은 협동조합과 상호공제회를 제외한 비영리 부문을 사회적경제 범주에 포함합니다. 우리나라는 현재 사회적경제법이 제정되지 않은 상황에서 범주를 정할 기준이 세워지지 않았습니다. 우리나라는 어떤 기준으로 사회적경제 범주를 정할 수 있을까요?

❷
우리나라 사회적경제는 정부 주도로 설립·운영되는 전통적 협동조합과 1980년대 시민의식의 성장과 함께 나타난 신 사회적경제 영역으로 나뉩니다. 현재 탄생 배경과 법적 근거를 달리하는 협동조합이 공존하고 있는데 협동조합운동 관점에서 이들 협동조합이 어떻게 관계를 맺고 나아가야 할까요?

❸
소셜벤처기업은 다른 사회적경제 조직과 달리 특별한 법적 근거가 없습니다. 단지 중소벤처기업부의 판정이 이뤄지면 '벤처기업육성에 관한 특별조치법'에 따라 다양한 지원을 받을 수 있습니다. 소셜벤처기업은 우리나라 사회적경제의 성장과 발전에 어떤 의미가 있고 앞으로 어떤 영향을 미칠까요?

❹
사회적경제기본법안이 발의되었지만 국회에 계류 중인 사회적경제기본법의 필요성과 법안 내용을 주제로 토론해봅시다.

❺
사회적기업 인증제도가 등록제로 전환될 예정인데, 등록제로 전환되면 우리나라 사회적경제에 어떤 변화를 가져올까요?

2부
협동조합의 역사와 정체성

1장 함께 살아가기의 원리_협동

2장 협동조합의 역사

3장 협동조합의 정체성_정의·가치·원칙

바르베리니 씨, 당신의 5살과 7살짜리 손자, 손녀에게 협동이 무엇인지 설명한다면 뭐라고 하시겠습니까? 협동은 함께 노는 것이라고 말할 것입니다. 덧붙여 나는 초기 원시시대인들이 사냥, 어업 그리고 후에 농업을 시작하였을 때 협동으로 더 나은 결과를 얻을 수 있음을 깨달았던 이야기를 해 줄 것입니다. 그러나 실제로 협동이라는 개념을 아이들에게 설명해 줄 필요는 없다고 봅니다. 사실 아이들은 이 개념을 다른 누구보다 더 잘 실천합니다. 아이들은 협동하며 지내고 협동을 실천으로 옮기지요. 협동은 인간의 DNA 안에 내재해 있으며 우리 자신의 개인적 경험 속에서도 그 흔적을 찾을 수 있습니다. 인생에 단 한 번도 누군가와 협동하거나 무언가를 위하여 협력해 본 적이 없는 사람은 없을 것입니다.

▶ 출처: 이바노 바르베리니. 2011. 『뒤영벌은 어떻게 나는가』. 김형미 외 2명 역. 푸른나무. 17~18

- 이 장에서는 동물과 식물의 생태계에서 협동의 원리를 찾아 협동조합의 운영 원리를 설명하며, 협동조합이 세상에 등장한 이유와 그 과정을 시대별로 정리했다. 국제협동조합연맹의 협동조합 정체성 선언을 통해 협동조합이 무엇인지 어떤 원리로 운영되는지 설명하였다.
- 협동조합을 공부하려는 독자들은 협동조합의 정체성과 가치, 운영 원칙을 학습함으로써 협동조합이 무엇인지, 협동조합이 어떻게 운영되는지 설명할 수 있다.
- 협동조합의 정체성·가치·운영 원칙을 학습함으로써 협동조합이 단순히 시장을 기반으로 한 자본투자자기업과 또는 사회적 가치 실현을 목적으로 하는 비영리 조직과 어떻게 다른지 그 차이를 인식할 수 있다.

1장
함께 살아가기의 원리_협동

비 예보가 있는 어느 흐린 날, 인도의 보도블록 사이에 소복이 쌓여있는 모래알 더미를 볼 수 있다. 모래알 더미 가운데 뚫린 작은 구멍에서 줄지어 나온 개미들이 모래알을 올려놓고 다시 구멍으로 돌아가는 것을 반복한다. 땅속에서 집단생활을 하는 개미들의 정교한 노동 분업과 자발적 협동의 모습이다.

미국 프린스턴 대$^{Princeton\ University}$와 록펠러 대$^{The\ Rockefeller\ University}$ 연구팀의 개미 연구 결과에 의하면, 작은 개미 무리는 그룹 생활을 함으로써 생존에 더 유리하고 새끼들도 더 빨리 자라며, 이 모든 것이 리더가 없어도 이뤄진다고 한다.[1]

새뮤얼 보울스$^{Samuel\ Bowles}$와 허버트 긴티스$^{Herbert\ Gintis}$는 그들의 저서 『협력하는 종』에서 동물 세계의 협력 행동을 침팬지와 수컷 망토 비비, 벌에서 찾았다. 동물들은 집단생활을 하면서 새끼들을 서로 돌봐주며, 외부 침입자로부터 보호하고 상처를 입은 무리를 돌보는 대규모적인 협력을 수행한다.

식물의 세계는 어떠할까. 숲은 하늘의 빛을 저 혼자 독차지하는 듯한 키 큰 나무와 덩치 큰 나무 사이에 가늘게 비춰오는 빛으로 겨우 광합성을 해내는 작은 나무들로 차 있다. 숲을 지배하는 자연의 질서와 그 원리는 무엇일까. 중고등학교 교과 과정에서 배운 바로는 자연과 인류의 질서는 경쟁의 원리로 이루어진다. 숲속 나무들은 햇빛 쟁탈전을 벌이며 치열하게 생존경쟁을 한다.

숲에서 협동의 원리를 찾는 조홍범 교수흄 생태학자, 전 서경대 교수는 "숲을 나무와 풀들이 치열하게 경쟁하고 투쟁하는 공간으로 인식하는 사고에서 벗어나야만 한다"며 숲에서 상호 공존의 지혜를 배우자고 말한다.[2] 이 주장을 뒷받침하는 예로 1990년대 초 미국 오리건주립대학교 Oregon State University의 균류학자 수전 시머드 Suzanne Simmard 연구가 있다. 연구진들은 균근을 통해 나무 사이의 자원을 전달하는 것을 측정한 실험에서, 특정 종의 곰팡이로 이루어진 균근이 같은 종의 나무뿐 아니라 다른 종의 나무들까지 네트워크를 형성한다는 것을 알아냈다. 이 실험에서 햇빛을 받은 자작나무가 균사 네트워크를 통해 그늘진 곳의 전나무에 영양분을 공급하는 것을 발견했다.[3] 여기에서 수전 시머드는 숲의 엄마 나무 역할을 강조한 학자로, 숲에서 가장 우세한 엄마 나무가 다른 종류의 나무와 같은 종의 자식 나무들의 뿌리를 연결해 영양분을 전달해 주는 원리를 밝혀낸 것으로 유명하다.

침팬지의 협력적 집단생활　　　　　　　　　　©pixabay.com

수전 시머드의 연구에서 알 수 있듯이, 숲의 나무들은 햇빛을 두고 서로 경쟁하는 관계가 아니라 땅속에 서로 연결된 균사 네트워크로 생산 재분배를 하고 있었다. 조흥범 교수는 숲을 이렇게 말한다. "숲이란 우리 눈에는 실체를 드러내지 않았던 땅속의 거대한 네트워크를 통해 상호 긴밀히 협력하고 조절되는 거대한 공동운명체였다."[4]

종족의 집단생활을 효율적으로 해나가기 위해 본능적으로 협동의 방식을 선택한 동물과, 생존의 근거인 흙 속에서 상호 공존의 관계를 이어가는 식물의 세계는 인류의 생존 방식과 크게 달라 보이지 않는다. 다만 차이가 있다면 인류는 같은 종족이라는 유전 혈통의 범위를 넘어 대규모의 협력이 이루어진다.[5]

오랜 시간 경쟁 패러다임으로 자연 생태계를 해석해온 주류 생태학은 무한 증식의 본능을 가진 생물이 제한된 자원을 두고 경쟁하는 것은 피할 수 없는 운명과 같다고 주장해왔다. 그러나 적자생존과 경쟁의 원리를 주장해온 다윈주의자에 이견을 제시하는 생태학자들은 자연은 생물이나 자원의 규모를 조절할 수 있는 능력을 갖추며, 경쟁보다 조

땅속 균사 네트워크로 생산 재분배가 이루어지는 숲　　　©pixabay.com

화와 공존을 위해 협동의 방식으로 생태계를 유지한다고 말한다. 조홍범 교수는 그 한 예로 생명 탄생 과정을 보여준다.

조홍범 교수는 생명이 잉태되는 순간, 수억 개의 정자가 하나의 난자와 결합하기 위해 치열한 경쟁을 펼친다는 기존의 주장을 뒤엎었다. 협동의 렌즈로 생명의 탄생을 보자는 주장이다. 생명이 만들어지기 위해서는 난자와 정자의 만남이 필요하다. 그 만남은 경쟁의 원리로 설명하면 치열한 경쟁의 결과일 것이다. 그러나 협동의 관점에서 생명 잉태의 순간을 설명하면 상황이 달라진다. 정자가 난자와 결합하기 위해서는 두터운 난자의 방어벽에 균열을 내야 한다. 거대한 방어벽을 뚫기 위해서는 2천만 개 이상의 정자들의 협동작전이 필요하다.[6] 이렇듯 생명의 탄생 이야기는 단순한 경쟁 원리로 설명할 수 없는 희생과 협동의 과정을 보여준다.

호주 원주민의 이야기를 담은 '무탄트 메시지'는 자연에 대한 원주민들의 생각을 그들의 삶을 통해 보여준다.[7] 원주민들은 아침마다 자연을 향해 감사한 마음을 전하는 의식을 치르는데 그들은 "동식물은 대기의 균형을 잡아주고 인간의 친구가 되며 인간이 하는 일을 돕는 데 때론 인간에게 스승의 역할을 하기도 한다"며 인간과 동물이 자연 속에서 공존하고 있음을 말한다.[8] 그들은 "땅은 만물의 것이며, 서로 합의하여 함께 땅을 공유하는 것이야말로 진정으로 인간적인 방식이다. 소유는 한 개인의 만족을 위해 남들을 배척하는 극단적인 방식"[9]이며 함께 살아가는 터전을 소유의 대상이 아닌 공유의 대상임을 주장한다. 그들은 경쟁을 부추기는 게임을 경멸한다. 한 사람이 이기기 위해 나머지 수많은 사람이 모두 져야 하는 상황을 이해하기 어렵다고 말한다.

그들은 인류의 원시공동체의 모습처럼 무리를 지어 터전을 옮겨가며 먹이를 함께 구하고 서로 나누며, 공동의 의식을 치른다. 더 많은 것을 얻으려고 다투지 않으며, 얻은 것을 몇 사람이 독차지하는 법이 없다. 그들은 "물질은 두려움을 낳는다. 사람은 가지면 가질수록 더욱더 두려워하게 된다. 아직도 충분치 않은 것 같아 불안하기 때문이다. 그런 사람은 결국 물질의 노예가 되어 살아간다"[10]며, 독식하지 않고 적게 소비하며 고르게 나누고 비우는 삶을 실천한다.

호주 원주민의 삶에서 인류 초창기의 삶을 유추해보건대, 원시 공동체의 사람들은 먹고사는 문제를 혼자 결정하고 해결하기보다 종족 안에서 다른 사람들과 다른 지역의 종족들과 함께 풀어갔다. 이는 사람들이 의식적으로 선택한 삶이기보다 그 시대 사람들이 자연스럽게 필요로 한 삶의 방식이었다.

오늘날 사람들의 살아가는 모습도 크게 다르지 않다. 지금도 농촌에서는 공동체 농업을 한다. 봄이 오기 전에 쌀농사를 준비하며 종자를 세척하고 모판을 만들어 논에 심는 모든 과정을 농가들이 모여 함께한다. 수확해서 출하하는 일도 공동체별로 한다. 공동체 농업을 하는 이유는 효율성이다. 종자 세척에서부터 출하에 이르기까지 들어가는 모든 비용을 줄이며, 안정적으로 판로를 확보할 수 있기 때문이다.

사람들의 문화생활도 협동의 원리로 이루어진다. 구기 종목들은 여러 명이 자신의 역할을 수행함으로써 공동의 성과를 이뤄낸다. 연극 영화 등 무대예술, 음악 활동 등 협력 체제 안에서 이루어질 때 최고의 성과를 낸다.

오늘날 협동조합은 자발적으로 모인 사람들의 필요에 대응하는 비즈니스 모델로 탄생했다. 본능적 선택이기보다 필요에 의한 의식적 선택이다. 그러나 새뮤얼 보울스와 허버트 긴티스의 말대로 인간이 협력의 종이라면 협동조합은 사람들에게 가장 자연스럽고 효율적인 비즈니스 모델이다. 그럴 때만이 지속해서 생존해갈 수 있다. 협동조합은 자본주의 시장경제에서 큰 비중을 차지하지 않는다. 그만큼 짧은 역사를 지녔다. 그러나 사람들은 자연스럽게 협동의 가치를 발견하고 하나의 사회·경제적 단위로 협동조합을 선택하고 더 많은 사람이 그것을 이어가고 있다.

협동의 가치를 실현하는 한살림 공동체 농업 별방공동체 ⓒ한살림

2장
협동조합의 역사

1) 협동조합 역사 일반

협동조합은 사회적경제 영역에서 가장 오래된 형태로 산업혁명 이후 발생한 사회 문제를 해결하는 방편으로 19세기 초에 등장한다. 협동조합이라는 말은 처음부터 보편적으로 사용되지 않았다. 19세기 초에 나타난 협동조합 유형의 조직들은 프랑스에서는 노동과 연대·상호 부조·결사체주의를 담은 '노동자 결사체'라는 표현을 사용했으며^{사례: 1831년 파리 목공노동자결사체}, 1844년 설립한 영국의 로치데일공정선구자조합도 협동조합의 용어인 'Cooperatives' 대신 'Society'라는 조합 또는 협의회, 단체라는 개념을 사용했다. '협동조합'이라는 용어는 영국에서 시작되었고, 19세기 초에 다른 나라에까지 확산되었다.[11]

협동조합운동을 시기별로 구분하면 첫 단계는 유토피아 시기, 두 번째 단계는 경험^{실험}의 시기, 세 번째는 성찰의 시기다.[12]

첫 단계 유토피아 시기는 19세기 초에서 중반 이후까지로, 이때 대표적인 협동조합운동가는 영국의 로버트 오언^{Robert Owen}, 프랑스의 앙리 드 생시몽^{Comte Henri de Saint-Simon}과 샤를 푸리에^{François Marie Charles Fourier}, 루이 블랑^{Louis Jean Joseph Charles Blanc}이다.

두 번째 경험의 시기에는 프랑스의 필립 뷔셰^{Philippe Buchez}, 영국의 윌리엄 킹$^{\text{William King}}$과 로치데일의 공정개척자, 독일의 프리드리히 라이파이젠$^{\text{Friedrich Wilhelm Raiffeisen}}$과 헤르만 슐체 델리치$^{\text{Hermann-Schulze-Delitzsch}}$가 등장한다.

마지막 세 번째 단계는 성찰의 시기로서, 19세기와 20세기 초에 다양한 사상적 흐름을 가진 이론가들의 작업이 종합적으로 나타난다.

존 레스타키스$^{\text{John Restakis}}$는 그의 저서 『협동조합은 어떻게 세상을 바꾸는가』^{2017}에서 협동조합운동을 5단계로 구분한다.[13]

1단계는 1817년에서 1840년 사이 기간으로 미래 사회 구상의 중심에 협동이 있었던 시기다. 로버트 오언의 협동공동체가 세계 각지에서 수백 개가 건설되었는데 대부분 실패로 돌아갔다.

2단계는 1844년에서 20세기 초에 이르는 기간이다. 공상적이고 이상적인 세계가 아닌 현실적인 실용성으로 초점이 전환된다. 이때 역사적으로 가장 성공적인 사례로 손꼽히는 로치데일공정선구자조합$^{1844년\ 설립}$과 국제협동조합연맹$^{\text{ICA: International Co-operatives Alliance, 이하 ICA}}$이 등장한다. 1895년 영국 맨체스터에서 창립한 ICA는 로치데일공정선구자조합이 세운 협동조합 원칙을 바탕으로 1937년에 협동조합 7원칙을 채택한다. 이 원칙은 1966년에 오스트리아 빈에서 열린 ICA 총회에서 협동조합 6원칙으로 개정되며, 1995년 ICA 창립 100주년을 맞아 열린 맨체스터 총회에서 협동조합 정체성 선언과 함께 협동조합 7원칙을 채택한다.

3단계는 1차 세계대전부터 1960년대까지 기간이다. 국민경제의 모든 부문에서 수많은 형태의 협동조합이 설립된 시기다. 이를테면, 북유럽의 농업 부문 협동조합, 프랑스의 노동자협동조합과 소비자협동조합, 캐나다와 미국의 신용협동조합과 소비자협동조합, 농업마케팅 협동조합 등이 이 시기에 등장한다.

4단계는 1960년대 이후 소비자협동조합이 주도하던 상황에서 생산자협동조합과 같은 새로운 유형의 협동조합이 등장하던 시기다.

5단계는 협동조합운동의 새로운 단계가 시작되는 시기다. 생산자협동조합과 소매업 중심 협동조합을 넘어서서 사회서비스 부문으로 협동조합의 길을 열어 가던 시기다. 1980년대와 1990년대는 국가의 재정 긴축과 민영화가 일반화되던 시기에 국가는 공공서비스 지원을 축소한다. 이때 협동조합들이 인적서비스와 사회서비스의 공백을 채우게 된다. 특히 사회적 돌봄서비스 관련 새로운 협동조합 분야가 빠르게 성장한다.

미국 미시시피주 사료·종자·비료·정원제품 공동구매 협동조합 Copiah County Cooperative의 초창기 매장

로치데일공정선구자조합
The Rochidale Society of Equitable Pioneers

협동운동의 실천 모델을 만들어내다

로치데일공정선구자조합^{이하 선구자조합}은 영국 랭커셔^{Lancashire} 주의 중심도시인 로치데일^{Rochdale} 토드 레인^{Toad Lane} 지역 노동자들이 만든 생필품 구매 조합이다. 식재료를 속여 비싸게 파는 유통 상인들의 횡포에서 벗어나고 적은 임금으로 최소한의 생필품을 값싸게 구매하기 위한 선택이었다.

1844년 선구자조합 창립 당시 로치데일 인구는 약 2만5천 명 정도였다. 로치데일은 수직 플란넬과 면방직이 유명한 직물 산지였으며, 방적기계 생산을 위한 제철소와 기계공장이 많았다. 수직기로 짜는 플란넬 직물업은 이곳 사람들의 주요 직업이었다. 그러나 플란넬 산업은 1830년대와 1840년대를 거쳐 만성적 불황에 빠졌고, 노동자들은 지속되는 불안정한 고용과 소득에 생활의 어려움을 겪어야 했다.

선구자조합이 탄생하기 전 영국의 경제 상황은 1836년부터 불황이 시작돼 1843년까지 심각한 공황으로 이어졌다. 선구자조합이 탄생한 1844년은 경기가 회복된 시기로, 1846년까지 호황이 이어지면서 선구자조합 매장이 자리 잡기에 매우 좋은 여건이었다.

선구자조합은 노동운동의 연장선에서 등장했다. 1843년 말,

플란넬 제조업이 호황을 누리면서 고용주들은 그동안 불황기의 손해를 만회할 뿐 아니라 이윤을 두둑하게 챙긴다. 그러나 노동자들은 여전히 낮은 임금에 곤궁한 생활을 이어가야 했다.

플란넬 직공들은 고용주들에 맞서 임금인상을 요구하면서 지속해서 협상을 이어갔지만, 고용주들은 임금인상 요구를 거부하고 노동자들을 해고하기에 이른다. 노동자들은 자신들의 처지를 개선하기 위해서는 환경을 바꿔야 한다는 사회개혁가들의 사상에 감화되어 공장을 스스로 운영하기 위해 매주 '2펜스 모금'을 이어간다. 노동자들은 토론과 학습을 통해 협동운동 실천으로 문제를 해결하기로 했고, 여러 차례 회의를 거친 후 협동조합 매장을 열기로 한다.

로치데일공정선구자조합 설립자들

영국에서 협동조합은 1760년 울리치^{Woolwich}, 채텀^{Chatham}의 조선소 노동자들로부터 시작한다. 이들은 지역 독점 제분업자들의 가격담합에 반대해 제분소를 직접 만들면서 제분과 제빵 영역에서 협동조합운동을 시작한다. 그 후 직공들은 지속해서 생활필수품을 구매하기 위해 협동조합을 만들었다.

1826년과 1828년 사이에 협동조합이 새로이 만들어지기 시작하다가 1829년에서 1835년 사이에 비약적으로 증가한다. 협동조합은 런던^{London}·랭커셔^{Lancashire}·요크셔^{Yorkshire}·이스트 미들랜드$^{East\ Midland}$·버밍엄^{Birmingham} 주변에 가장 많았고, 웨일즈^{Wales}를 제외하고 모든 산업지역과 도시에 자리를 잡았다. 선구자조합은 그 가운데 하나였다.

선구자조합은 1844년 8월 15일에 창립했다. 그해 10월 24일, 맨체스터 직공들의 '질병·장례조합 규약'을 활용하여 규약을 만들어 '로치데일공정선구자조합' 이름으로 등기를 한다. 선구자조합은 당시 영국에 협동조합의 법적 근거가 마련돼 있지 않아, 1793년에 제정된 우애조합법$^{Friendly\ Societies\ Acts}$에 따라 법적 지위를 확보한다. 우애조합법은 정부 법무관의 인증과 치안 판사에 대한 복종을 요구하는 법으로서 협동조합에 대한 보호가 거의 없었다. 우애조합법은 조합이 농장용 땅을 구입하거나 비조합원과 거래, 정부 증권 외의 자금 투자를 금지했다.

'로치데일공정선구자조합'은 협동조합을 뜻하는 'Co-operatives' 대신 'Society'라는 이름을 사용한다. 'Society'는 '조합'이나 '협회'로 번역되는데, 1800년대 '조합'은 유럽에서 목표를 달성하기 위해 도시에서 일하는 많은 사람이 모여 조직한 특별한 협회로 이해되었다$^{강정혜,\ 2021}$. 이름에서 '공정^{Equitable}'은 로버트 오언의 사상에 영향을 받은 것으로 자본주의 착취를 배제하고, 공정하게 재화를 교환한다는 의미를 담았다. '선구자^{Pioneers}'는 제임스 모리슨^{James Morrison}이 발행하던 신문 「Pioneer」에서 가져온 것으로 새로운 것을 시작하는 뜻을 포함한다.

 1844년 12월 21일, 선구자조합은 로치데일의 토드 레인에 있는 창고 건물 1층에 생필품 구매 협동조합 가게를 연다. 선구자조합은 우애조합에 등기한 후 40여 명의 조합원으로부터 한 사람 당 매주 2펜스를 모았으며, 중간에 3펜스로 올려 28파운드를 모아 이 자금으로 매장을 운영하기 시작한다. 건물 임대료는 3년 계약으로 연 10파운드를 냈으며, 물품은 밀가루·버터·사탕·귀리뿐이었다. 매장은 일주일에 두 번 여는데, 월요일은 저녁 7시에서 9시까지, 토요일은 저녁 6시에서 11시까지 운영한다. 개장 시간은 1845년 초에 매일 저녁에 여는 것으로 확대했고, 물품도 면허가 필요한 홍차와 담배를 추가했다. 매장 운영 시간은 마침내 1851년에 종일 여는 것으로 바뀌었다.

 1844년 설립 초창기 규약에 따르면, 조합원으로 가입하려면 1계좌에 1파운드, 4계좌 출자금을 내야 한다. 한꺼번에 낼 수도 있고, 사정이 어렵다면 먼저 1계좌에 3펜스 이상씩 내고 매주 3펜스 이상 낼 수 있다. 자기 몫인 이자와 이윤배당금은 합계액이 4계좌 4파운드가 될 때까지 모두 조합에 유보한다는 데 동의해야 한다. 재난이나 실직, 질병 외의 이유로 조합비를 내지 않으면 벌금을 내야 하며, 재난으로 어려움에 부닥칠 때는 1계좌만 남기고 나머지 계좌를 양도할 수 있다. 조합원 가입 때 그 여부를 총회에서 결정한다. 임원의 임기는 6개월로 연임 1회가 가능하다. 이사회는 감사·조합장·회계 담당·사무국장·평의원 3명·이사 5명으로 구성되며 매주 수요일 밤 8시에 회의를 연다. 평의원이나 이사가 이사회에 참석하지 않으면 6펜스의 벌금을 낸다.

성공적인 협동운동으로 성장

선구자조합은 매장 운영을 시작하면서 여러 가지 어려움을 겪는다. 우선 취급하는 물품이 많지 않아 조합원의 수요를 충분히 반영하지 못했다. 이는 물품을 다양하게 갖출 만한 자본금이 충분하지 못했기 때문이다. 그러다 보니 품질이나 가격에서 일반 매장보다 불리했다. 조합원의 이용률이 늘지 않은 또 하나의 이유는 노동자들인 조합원들이 일반 상인과 채무 관계에 놓여 있었다는 점이다.

선구자조합 매장을 시작하기 전, 노동자들은 일반 매장에서 물품을 외상으로 구매해왔다. 가뜩이나 부족한 임금에 현금으로 생필품을 구매하기 어려웠던 노동자들은 외상으로 생필품을 구매하다 보니 외상 금액이 늘어났고 부채 관계를 해결하지 않고는 다른 매장을 이용하기 어려웠던 터였다.

선구자조합은 일상적으로 이루어져 온 외상 구매가 노동자들의 생활환경을 더욱 어렵게 한다고 지적하며 처음부터 현금 거래를 원칙으로 정했다. 초기 저조한 물품거래와 관련하여 이용하지 않은 조합원을 제명하자는 의견이 제기되었지만 선구자조합은 이윤 확대보다 도덕적 거래에 중점을 두는 만큼 조합원의 자유로운 의사를 존중하기로 결의한다.

매장 개설 1년 후인 1845년 말, 조합원 수는 80명을 넘어섰고, 총 출자금은 28파운드로 시작해 181파운드 12실링 3펜스가 되었으며 차입금 이자는 2.5%에서 4%로 인상했다. 선구자조합은 차입금 이자와 관리비를 제외한 모든 이윤을 이용액에 비례해 조합원에게 배당한다.

차입금제도와 배당에 대해 조합원들은 일반 매장에 빚을 지는 대신 자연스럽게 예금할 수 있는 저축제도로 여겼다. 그와 관련한 사건으로 1849년 저축은행 도산이 이어지자 선구자조합으로 돈이 몰렸다. 이때 조합원이 140명에서 390명으로 늘어났고, 거래액과 출자금이 3배 이상, 잉여금도 5배 가까이 늘어났다.

선구자조합 매장이 꾸준히 성장세를 유지할 수 있었던 데에는 남다른 이유가 있었다. 선구자조합은 마을 상인들과 좋은 관계를 유지했으며, 가격을 일반 시장에 맞추고 이용자를 유인하는 행위를 하지 않고 공정한 거래를 통해 공장주와 상류계급 사람들로부터 호감을 얻었다. 무엇보다 조합원들의 저축은행 역할로 자본력을 확보할 수 있었다. 특히 1849년 로치데일 지역의 공립저축은행이 파산해 노동자들이 손해를 입었을 때, 선구자 조합은 저축은행보다 더 나은 조건의 편의와 높은 이자를 제시하자 노동자들의 배당이 조합으로 유입됐다. 선구자조합은 1844년 말 토드 레인 매장을 운영하기 시작한 후 16년 동안 급속하게 성장했다. 매장 개설시 몇 가지밖에 안 된 물품이 점차 늘어나 1845년에 정육 사업을 시작했고, 1847년에는 의류사업부를 개설해, 1849년에는 양복 재단 사업을 시작한다. 1852년에는 부츠와 나막신 제화사업부를 시작한다. 이외에도 1848년에 매장 공간을 확장해 신문열람실을 운영하기 시작했고 이듬해에는 도서사업부를 시작한다. 1853년에는 신문열람실과 도서실 운영과 관련해 사업잉여금의 2.5%를 운영비로 사용하기 시작했으며, 무료로 개방했다. 여기에서 2.5%는 교육기금의 시작을 의미하며, 사업잉여금이 늘어나면 운영 유지비가 늘어난다.

영국협동조합운동에서 선구자조합의 역사적 기여

선구자조합이 현 영국협동조합운동에 크게 기여한 점은 도매 사업의 기원을 마련했다는 점이다. 1850년, 선구자조합은 매주 월요일 1시에 도매를 위한 매장을 열면서 작은 도매 사업을 시작한다. 1853년에는 도매 사업 조항을 삽입하는 규약을 개정하며, 1855년에 물품 대량 구매와 요크셔·랭커셔 조합 매장 공급을 위한 도매 사업 특별위원회를 신설한다. 이 과정에서 선구자조합은 현금 판매 원칙을 철저하게 지켜갔다.

1860년에는 조합원이 3,450명에 이르렀고, 매장이 6개로 늘어났다. 선구자조합은 영국의 다른 지역에도 매장을 개설했고, 1863년에는 연합체인 도매업협동조합이 만들어졌다. 이는 현재 영국의 가장 큰 소비자협동조합 연합체인 Co-operatives Group의 전신이다.

선구자조합은 굴곡이 많았던 시절을 보내면서도 꾸준히 자본력과 조합원 규모를 키워왔는데 1867년부터 3년간 성장통을 겪는다. 1860년대는 미국의 남북전쟁으로 면화 공급이 부족한 상황이었다. 대부분 방직·방적공장 노동자들로 이루어진 선구자조합은 오히려 면업에 의존하기보다 양모업을 병행했던 탓에 고통의 시간은 길지 않았고, 1862년부터 실적이 올라 자본력이 향상됐다.

자본력이 향상되면서 조합의 성장통이 시작된다. 사용할 수 있는 자본이 늘어나면서 자본의 초과분을 어떻게 활용할지 다양한 의견들이 제기되었다. 자본이 늘어나면 자본에 대한 이자가 늘어나 노동 배당이 줄어들 수 있다. 이에 노동 배당 삭감에 대한 노동자들의 불만이 생길 수 있다. 그렇다면 초과 자본을 외부에 투자해야 할지 고민거리였다.

로치데일공정선구자조합의 초창기 매장 모습.
▶ 출처: cc-by-sa/2.0 - ⓒ David Dixon - geograph.org.uk
   /p/7433086

1869년, 선구자조합은 비생산적 자본을 줄이기 위해 비구매 조합원과 질병 조합에 그들의 예금을 인출하라고 통지하는 동시에 자체 주택건설을 시작하기로 한다. 이는 노동자들의 거주 공간을 확보하는 의미도 있었지만 자본초과분의 생산적 용도를 찾는 의미가 컸다.

선구자조합은 운영 과정에서 많은 성장통을 겪어왔지만 그들만의 원칙을 엄격히 적용함으로써 조합원의 신뢰를 얻었고, 협동조합

도매연합회^(CWS, Co-operative Wholesale Society)를 세워 독자적인 유통 사업 시스템을 마련했다. 이는 오늘날 영국협동조합그룹을 형성하는 데 주춧돌이 되었고, 소비자협동조합 역사의 전설로 남아 있다.

※ 참고: 조지 제이콥 홀리요크. 2013. G.D.H.콜, 2015

영국협동조합도매연합회건물.
▶ 출처: Co-Operative Wholesale Society Limited, Corporation Street. by David Dixon, CC BY-SA 2.0 〈creativecommons.org/licenses/by-sa/2.0〉, via Wikimedia Commons

 자료

로치데일공정선구자조합
최초 규약의 실천적 기초를 제공하는
기본 원칙

1. 민주적 통제의 원칙
각 조합원은 하나의 투표권을 가져야 하고 일반 회사처럼 자본 투자액에 비례하여 여러 개의 투표권을 가져서는 안 된다.

2. 개방적 조합원제도
누구라도 평등한 조건에서 가입할 수 있다. 그러나 생산자협동 조합에서는 개방적 조합원 문제를 처리할 수 없는 약점이 있다.

3. 출자금에 대한 이자의 고정 또는 제한
조합에 투자한 자본에 고정 배당금을 지불한다는 원칙은 오언의 원칙에 기원을 둔다. 오언의 협동마을인 뉴라나크에서 자본에 대한 고정 수익을 넘어서는 모든 이윤은 피고용인의 복지를 위해 써야 한다고 했다.

4. 잉여금 분배 원칙
이자와 공동비용을 뺀 나머지를 이용액에 비례하여 분배하는 것을 말한다.

5. 현금 거래 원칙
어려운 상황에 놓인 조합원이 자신의 출자지분을 인출할 수 있지만 외상거래는 금지됐다. 선구자조합 이전의 조합들이 조합원의 외상거래 탓으로 사업을 접어야 했던 아픈 경험이 있기 때문이다. 임금이 낮고 경기 변동이 심한 상황에서 노동자에게 외상은 필요했다. 그러나 선구자조합은 경기가 좋을 때 절약해 급할 때 사용할 수 있는 예비금을 준비하게 한다는 점에서 노동자들에게 이익이 될 것이라고 믿었다.

6. 순정하고 불순물을 섞지 않은 물품만을 판매하는 원칙

1844년 당시 가짜 제품이나 비위생적인 상품에 소비자가 대응할 법적 보호조치가 없었다. 가난한 노동자들은 가짜 제품을 알면서도 살 수밖에 없었다. 이에 선구자조합은 질 좋은 생필품을 조합원에게 공급하는 것을 중요한 원칙으로 삼았다.

7. 조합이 상호 거래의 수단만이 아니라 조합원을 교육하는 수단으로 기여해야 하는 원칙

선구자조합은 노동자들을 조합원으로 가입하게 하는 것뿐 아니라 조합원을 훌륭한 협동조합인으로 성장하게 하는 데 목표를 두었다. 선구자조합은 전문교육과 조합원 자녀교육에도 힘을 쏟았다.

8. 정치·종교적·중립성 원칙

▶ 출처: G.D.H.콜, 2015: 133~151

 자료

로치데일공정선구자조합 정관
1844년 10월24일

우리 조합의 목적은 조합원의 경제적 이익과 가정과 사회의 상태를 개선하기 위해 여러 시설을 갖추는 데 있다. 이를 위해 각자 1계좌 1파운드씩을 출자하여 충분한 자본을 모으고 다음과 같은 계획을 실행하고 시설을 설치한다.

- 식료품, 의류 등을 판매하기 위한 매장을 연다.

  초기 협동조합이 가장 시급하게 생각한 것이 생필품 구매를 위한 매장을 여는 일이었다.

- 가정과 사회 개선을 위해 조합원이 살 집을 건축, 매입한다.

  1868년에 선구자조합은 조합원을 위한 주택을 짓기 시작했다. 그러나 초기 목적에 담긴 공동체 생활이라는 취지는 사라지고 적절한 집세를 받고 반듯한 주거를 제공하기 위해 집을 지었다.

- 실업 또는 계속되는 임금 체불로 고통받는 조합원에게 일자리를 제공하기 위해 조합이 결정한 물품을 직접 생산한다.

  생산 사업은 어려운 처지에 놓인 조합원에게 일자리를 제공하는 의미로 마련됐는데 1830년대 초기의 '공동작업장'에서 유래했다. 당시 선구자조합은 생산자협동조합과 소비자협동조합을 구분하지 않았으며, 생산자와 소비자를 겸한 협동마을을 지향했음을 알 수 있다.

- 조합원의 행복과 안전을 높이기 위해 실직 중이거나 임금을 충분히 받지 못하고 있는 조합원이 경작할 약간의 땅을 사거나 빌린다.

  선구자 조합은 공동체를 마련하기 위해 가장 먼저 할 일을 토지 확보로 보았다.

- 우리 조합은 가능한 한 신속하게 생산·분배·교육·자치에서 힘을 갖추도록 한다.

  즉, 공통의 이익에 기초한 자급자족의 국내 거주지^{공동체}를 건설하고 다른 조합이 이러한 공동체를 만들고자 할 때는 지원을 해준다.

- 금주를 위해 금주호텔을 연다.

  금주호텔은 실행되지 못했으나 매장에서 알콜 음료를 취급하지 않음으로써 애초의 목표를 수행한 셈이다.

▶ 출처: 조지 제이콥 홀리요크, 2013: 44~45 ; G.D.H.콜, 2015: 154~155

 자료

로치데일공정선구자조합
1854년 연감에 기록된 협동조합 규약

조합과 매장 운영을 위한 규약으로서 총 33개 항목으로 구성됐다. 제2조에서 제24조까지 협동조합 운영에 대한 일반적 사항을 규정하며, 제25조에서 제34조까지는 매장 운영에 관한 규정이다. 일부 규약을 소개하면 다음과 같다.

제2조 조합에 가입하려면 조합원 2명의 추천과 동의를 받아야 하고, 다음 총회에서 승인받아야 한다. 추천을 받고 2개월 안에 나오지 않은 사람은 가입금을 돌려주지 않고, 다시 추천이 없으면 가입할 수 없다. 가입을 허가받은 사람은 그날 밤 회의실에 나와 1계좌 1파운드의 출자 5계좌를 인수하고, 조합의 규약을 지키며 1실링 이상 저축을 한다는 의사를 밝혀야 한다.

제3조 조합원의 출자금은 50계좌를 넘을 수 없다.

제4조 조합의 자본은 1계좌 1파운드의 출자금에서 조달한다.

제5조 조합원은 조합 출자 5계좌를 갖기까지 매주 3펜스, 혹은 분기별로 3실링 3펜스 이상을 내야 한다. 질병이나 재난, 일자리를 잃었을 때를 제외하고 출자금을 제때 내지 않으면 벌금 3펜스를 내야 한다.

제6조 조합원 출자 중 2파운드는 고정 자본으로 한다.

제7조 조합원 출자 중 3파운드까지는 이사회의 승인을 받아 인출할 수 있다.

제8조 조합원은 출자금 5파운드를 넘는 금액에 대해서 다음 공지 기간에 따라 인출할 수 있다. 1파운드 5실링은 이사회에 신청하면 바로, 1파운드 5실링에서 2파운드 10실링까지는 2주, 금액이 커지면 공지 기간도 길어진다. 40~45파운드까지는 12개월 전에 공지해야 한다.

제16조 1월·4월·7월·10월의 첫 번째 월요일에 4분기 회의를 연다. 이때 직원은 4분기 보고를 하고, 조합 출자금과 보유 재고액을 조합원에게 알린다.

제23조 조합 직원은 어떤 상황에서도 외상거래를 해서는 안 된다. 이 규약을 어긴 직원은 벌금 10실링을 내고, 직무를 상실한다.

제32조 조합이 실현한 이윤은 4분기 시작 전까지 다 낸 출자금에 대해 연 5%의 이자를 지급, 나머지 금액은 4분기 중 이용액에 비례하여 조합원들에게 배당한다.

▶ 출처: 조지 제이콥 홀리요크, 2013: 285~287

 자료

로치데일공정선구자조합의 운영 원칙
-로치데일조합의 1860년 연차보고서 요약-

선구자조합이 설립 초기에 작성한 정관은 협동조합 원칙을 모두 다루진 않았다. 조합 운영 원칙은 1845년과 1854년에 개정됐으며 1860년에 9개 조항으로 완성됐다.

① 자금은 자체 조달하고 이자율은 고정해야 한다.
② 조합원들에게 조달 가능한 범위에서 가장 순정한 물건만을 제공해야 한다.
③ 저울이나 자를 속이지 않고 정확한 양을 제공해야 한다.
④ 시장가격으로 판매하고 외상은 주지도 요구하지도 말아야 한다.
⑤ 이익은 각 조합원이 구매한 양에 비례해서 분배해야 한다.
⑥ 운영에서 1인 1표 원칙을 지켜야 하고, 조합원들은 성별로 차별받지 않는다.
⑦ 조합의 경영은 정기적으로 선출한 임원과 위원회가 맡는다.
⑧ 일정한 비율의 이윤은 교육에 할당해야 한다.
⑨ 수시로 사업보고서와 대차대조표를 조합원들에게 보여줘야 한다.

▶ 출처: 에드가 파넬, 2012: 30

2) 우리나라 협동조합의 흐름

(1) 협동조합의 기원과 일반적 흐름

○ 1919년~1920년대 초 : 자율적 결사로서 협동조합의 등장

우리나라 협동조합은 언제부터 시작했을까. 오늘날 협동조합과 유사한 형태는 언제 나타났을까. 협동조합의 기원에 관해서는 연구자마다 의견 차이가 있을 수 있다. 우리나라의 계나 두레와 같이 농업사회에서 일상적으로 이루어지는 협동의 전통에서 협동조합의 기원을 찾을 수 있고, '조합'이나 '협동조합'이라는 명칭을 사용한 데서 시작점을 찾을 수 있다.

우리나라에 '조합'이라는 명칭이 공식 등장한 것은 1907년부터로, 대한제국이 조선의 영세한 농민을 위한 금융기관으로 지방금융조합을 설치하면서부터다. 이는 오늘날 자율적 결사로서 협동조합과 다른 정부주도형 조합이다. 당시 우리나라 전체 인구의 85%가 농민들이었고, 대부분 소작농이었다. 만성적으로 생활고에 시달려야 했던 농민들은 그나마 한 가닥 도움을 받을 수 있으리라 기대했던 금융조합이 사실상 부농들과 일본인들에게만 특혜를 주는 관제 조합임을 알게 된다. 금융조합의 횡포에 화가 난 농민들은 자신들이 필요한 것을 스스로 찾기 위해 협동조합을 만들어가기 시작했고, 그때 나타난 것이 소비조합이다.[14]

자발적으로 모인 사람들의 자율적인 결사로서 협동조합이 등장한 것은 1919년 3.1운동 이후 설립된 소비조합들이다. 대표적으로 1920년 4월과 5월에 각각 설립된 강계공익조합과 목포소비조합이 있다.[15] 우리나라 협동조합운동의 원년을 1919년으로 주장하는 사람들은 1919년에 이미 협동조합 설립을 준비하기 위한 자발적인 움직임이 있었음을 근거로 든다. 그러나 이를 검증하기 어려운 이유는 협동조합 설립 준비 움직임을 알려줄 매체가 당시 없었고, 주요 신문사인 조선

일보와 동아일보가 1920년대 4월과 5월에 각각 창립됐기 때문이다.[16]

우리나라에서 협동조합운동이 공개적으로 논의되기 시작한 것은 동아일보[1920년 4월 1일 창간]가 창간 직후 소비조합 관련 논설과 기사를 게재하면서부터다.[17] 1920년 전후로 나타난 소비조합운동은 당시 물산장려운동과 결합하면서 일반 대중의 자조적이면서 경제적 민족운동의 특성을 보인다.[18] 1920년대 초반에 시작된 물산장려운동은 일본 상품을 대체할 상품을 생산하는 토착기업육성운동이었다.

기업육성운동은 저축조합이나 소비조합을 통해 소자본을 모아 기업을 설립하고 소비조합에서 저렴한 상품을 판매해 생활경제를 지원하는 민족적 자립경제를 만들자는 쪽과 토산품장려운동으로 조선인 상공회사의 상품판매망을 확장하는 기업운동으로 나뉘었다. 그러나 1924년 물산장려운동이 움츠러들면서 자연스럽게 소비조합도 경영난을 이기지 못해 문을 닫는 사례가 늘어났다.[19]

○ 1920년대 중반~1930년대 초반

종교 계열의 협동조합운동

1920년대 중반부터 1930년대 초반에는 이전과 달리 조직적인 협동조합운동이 전개되는데, 이때 나타난 것이 기독교·천도교·협동조합운동사·사회주의 계열의 협동조합이었다.[20] 기독교 계열 협동조합은 1925년 조선 YMCA연합회의 농촌 사업부터 시작했고, 저축조합 조직이라는 초보적 형태에서 벗어나 이론적 체계를 갖추기 시작했다.[21] YMCA 농촌 사업이 협동조합을 조직하기 시작한 것은 1927년 무렵이다. YMCA가 추진하고자 했던 협동조합의 형태는 전통적인 소비조합이 아니라 독일 라이파이젠[Raiffeisen]식 산업신용조합이었다.[22] YMCA 농촌부는 농민들의 고리대를 해결하기 위해 금융업무를 실시하고 이를 매개로 구매·판매·이용·생산 사업까지 함께 이어가고자 했다. YMCA 농촌부의 협동조합운동은 농민의 고리대의 압박과 상인자본의 착취에서 벗어나는 것을 목표로 했다. 즉 담보 능력이 없는 소농민들에게 신용대출을 해주는 협동조합을 설립해 농민 금융을 실현하고자 했다.[23]

　YMCA 농촌부와 함께 기독교 계열의 농촌운동을 대표하는 또 하나의 축은 장로회 총회 농촌부다. 장로회 총회 농촌운동을 이끌어간 것은 기독교농촌연구회로서 농촌선교에 관심 있는 숭실전문 학생들이 중심이 되어 1929년 6월에 결성됐다. 농촌연구회 그룹은 예수촌 건설을 목표로 농촌 복음화와 농사지식을 보급하고 협동조합 조직의 사업을 전개했다.[24] 기독교농촌연구회는 일본의 가가와 도요히코賀川豊彦의 기독교사회주의를 수용하여 자본주의의 경제 논리를 극복하는 협동조합운동을 펼친다.[25]

　천도교계는 1925년 10월 29일 천도교 청년당의 주도로 조선농민사를 창립해 농민들의 복리 증진과 농촌사회의 상호 부조를 원리로 하는 농민공생조합을 조직한다.[26] 농민공생조합은 조선농민사가 농민의 복리 증진을 위해 필요한 이익을 얻을 목적으로 진행해오던 알선부 사업을 확장하여 1931년부터 공생조합으로 이름을 바꿔 활동을 펼쳐갔다. 농민공생조합은 중간 상인에게서 이윤을 착취당하지 않고 현 경제 제도의 결함을 고치려는 데 목적이 있었다.[27] 농민공생조합은 조선농민사의 사원만을 조합원으로 하며, 5가지 사업을 계획했다. 즉 농촌의 생필품을 공동구입하여 배급·판매하는 소비부, 농업창고와 생산공장을 경영해 생산품을 위탁하거나 공동판매하는 생산부, 조합원의 농자 융통과 저금의 편의를 마련하는 신용부, 주요 농구를 비치하고 일반 조합원에게 이용하게 하는 이용부, 의원·목욕장·이발소를 설치해 일반 사원의 건강과 편의를 제공하는 위생부다. 농민공생조합은 소비부 사업에 국한해 활동했다. 농민공생조합운동은 1930년대 중반 일제의 농촌 통제 정책이 심해지면서 힘을 잃어갔다.[28]

민족·사회운동으로서 '협동조합운동사'의 협동운동

기독교 천도교 계열의 협동조합운동이 종교 조직의 한계로 더 확장하지 못한 반면, 1926년 5월, 일본 유학생들이 자발적으로 결성한 '협동조합운동사協同組合運動社'는 협동조합을 이름에 넣고 '대중의 연대에 기초한 협동사회 실현'을 목적으로 내세우고 활동했다. 이들은 자본주의를 비판하면서 자본주의와 사회주의를 넘어서는 제3의 길이자 새로운 사회를 전망하는 민족운동·사회운동으로서 협동조합운동을 전개했다.[29] '협동조합운동사'는 창립 당시 140여 명의 회원 조직으로 출발했으며, 민중에 의한 산업의 육성·관리·교육을 목적으로 했다.[30] '협동조합운동사'는 종교계의 협동조합운동이 기존의 종교 조직을 발판으로 농촌운동에서 출발해 협동조합으로 나아간 것과 달리 처음부터 협동조합이라는 이름을 내걸고 활동을 시작한 게 특징이다. 1930년 전후로 사회주의운동에 대한 일제의 감시와 탄압이 심해지면서 이들의 활동은 위축되었고 그 이후 조직적 활동이 드러나지 않았다.[31]

사회주의 계열의 협동조합운동과 여성들의 소비조합운동

사회주의 계열 사람들은 협동조합운동을 독립적으로 전개하지 않고, 계급에 대한 자각과 권리 획득을 위한 활동으로 사회주의 이념을 확산해나갔다. 이들 활동으로 1921년 조선노동공제회에서 설치한 소비조합, 1922년 5월에 원산노동회가 설립한 원산소비조합, 1929년 함남 정평농민동맹이 설립한 정평소비조합 등이 있다. 원산소비조합은 원산 지역의 최대 소비조합으로 성장했는데, 창립할 때 조합원 100명이 5원씩 출자해 자본금을 마련했다. 원산소비조합은 곡물과 잡화를 취급했으며 조합원에게 2~4% 정도 싼값에 물품을 공급했다. 원산소비조합은 원산노련의 파업 기간에 조합원인 노동자들에게 생필품을 저렴하게 안정적으로 공급하는 등 소비조합의 본연의 역할을 충실히 수행했다.[32]

1920년대 소비조합은 노동운동의 한 흐름으로 나타나기도 했다. 1920년대 도시에는 농촌을 떠난 농민들이 자유노동자나 토건 노동자, 공장노동자로 생활하는 사례가 늘어났다. 초기 노동운동 조직인 조선노동공제회는 1921년 소비조합을 통해 노동운동을 활성화하려고 했고, 그 목적으로 소비조합을 설립한다.

조선노동공제회는 1920년 9월 1일 경성에서 전국 지부장 회의를 열어 소비조합 설립을 결의하고 정관과 규약을 마련한 후 1921년 7월 15일, 경상 관수동에 직접 조선노동공제회 소비조합을 개설한다.[33] 한 사례로 원산노동연합회의 소비조합은 23개 노동조합과 2,200여 명의 조합원을 포함한 대규모 조직이었는데 곡물부와 잡화부를 두고 값싼 생활재를 공급하고 구제부를 설치해 관혼상제와 재해에 대비하는 상호부조 활동을 했다.[34]

1929년에는 근우회를 중심으로 지식 여성들의 경성여자소비조합이 만들어졌으며, 이는 1933년 저소득 여성들의 교양 교육과 생계를 위한 공동생산 조직을 갖춘 조선여자소비조합으로 발전한다.[35]

소비조합이 이곳저곳에서 나타난 배경에는 농민들과 도시 서민들의 가난한 살림살이가 있다. 특히 상인의 중간 착취를 줄여 값싸고 품질 좋은 물품을 살 수 있게 하는 소비조합은 절박한 생활 문제를 해결하는 데 필요한 수단이었다.

1926년에 일본에 의해 산업조합이 설립되었는데, 독일 라이파이젠의 농촌 신용조합을 내세웠지만 농민에 대한 신용 사업을 금지하고 조합원의 민주적 운영이 제대로 이루어지지 않은 한계를 드러냈다.[36]

일제강점기 초기에 설립된 금융 관련 조합은 '조합'이라는 명칭을 달고 있었지만 일본인이나 부농의 신용 사업에 치우쳐 있었다. 1920년대에 등장해 열풍을 일으켰던 금융조합과 소비조합은 점점 농민들의 참여가 배제된 채 일반 은행 또는 개인 상점으로 변질됐고, 협동조합의 흐름은 어느 순간 그 맥을 놓치게 된다. 협동조합의 맥이 되살아난 것은 1960년대 이후부터다.[37]

○ 1930년대 중반~1940년대 : 협동조합운동의 탄압과 관 주도의
  협동조합으로

1930년대 중반 이후 협동조합운동은 일본의 전쟁 준비를 빌미로 가해

진 통제 정책으로 탄압의 대상이 되었다. 심지어 일본은 예부터 내려오던 계와 두레 같은 협동의 관행을 장려하는 동시에 이를 노동력으로 동원했다. 금융조합과 식산계는 철저히 관제 조합으로 역할을 했고, 민간 협동조합운동은 공백기에 들어간다.

1945년 해방 후 협동조합운동은 전국 곳곳에서 소비조합의 설립으로 1930년대 중반 이후에 나타난 침체기에서 벗어나는 듯했다. 그러나 기독교계의 기독교신민회협동조합이 창립했으나 1949년 이후 활동이 중단되었고, 천도교계는 협동조합을 재건했으나 유명무실했으며, '협동조합운동사'가 다시 조직을 세웠으나 국가권력과 결합해 반공주의 노선을 취하면서 협동조합 본래의 의미에서 벗어났다. 사회주의 세력은 계급 연합적이면서 '인민들의 생활개선을 추구'하며 협동조합의 중요성을 내세웠으나 미군정의 탄압으로 좌절되었다.

이렇듯 해방 이후 일제 탄압은 사라졌지만 협동조합운동은 극심한 이념 대립으로 자발적이며 자율적인 운동을 이어갈 수 없었으며 분단이 확고해지면서 관 주도의 협동조합으로 흐름이 바뀌었다.

○ 1950년대 말~1960년대 중반 : 다시 살아난 협동조합운동

1960년대는 군사쿠데타 정권에 의한 관제 협동조합과 지역을 기반으로 한 민간 협동조합운동이 싹을 틔우는 시기다.

1961년 군사쿠데타 정권은 1958년에 설립된 농업은행과 농협을 통합해 종합농협을 발족한다. 이는 신용 사업·경제 사업·지도 사업을 포괄하는 것으로, 국가가 협동조합의 형식을 빌려 농업 개발 정책을 펼쳐보고자 하향식 농협을 조직한 것이다.[38] 이와 유사한 정책으로 1970년대 군사쿠데타 정권은 새마을운동의 하나로 마을마다 관제 마을금고를 설립한다.

민간 협동조합운동은 1950년대 말, 부산과 서울, 홍성지역에서 다시 시작된다. 캐나다의 안티고니시^{Antigonish} 운동[39]을 통해 신협운동을 접한 부산의 메리 가브리엘라 수녀와 서울의 장대익 신부는 1960년 성가신

협과 가톨릭중앙신협을 각각 창립한다. 조합원은 주로 신자들로 구성되었으며, 가까운 지역의 천주교회로 확산된다.

부산의 성가신협은 협동조합 활동가를 양성했으며, 1963년 서울로 옮겨 협동조합 활동가를 양성했던 협동조합 교도 봉사회를 협동교육연구원으로 전환해 신협운동을 실질적으로 이끌어갔다.[40]

메리 가브리엘라 수녀   장대익 (루꼬비꼬) 신부

▶ 출처: 청운신협_www.choungun.co.kr/choungun/index.php?mid= history &document_srl=1048

1960년대 전반에 부산·서울·제주·충북에서 신협의 지역별 평의회가 설립되었고, 이를 기반으로 1964년 4월, 한국신협연합회가 창립된다. 한국신협연합회는 법 제정운동을 전개해 1972년 8월에 신협법 제정을 마침내 이루어낸다. 한국의 신협은 가톨릭 계열에서 출발했지만 지역과 직장을 기반으로 한 신협으로 확대되었다.

민간 협동조합의 한 흐름으로 홍성의 풀무협동조합이 등장한다. 평북 정주에서 협동조합운동을 해온 이찬갑과 홍성지역의 유지인 주옥로가 1958년 홍성 홍동면에 풀무학교라는 작은 농촌학교를 세운다. 이때 학생들의 학용품을 취급하는 구판장을 설립하는데 1959년 9월, 이를 풀무협동조합이라는 이름으로 운영하기 시작했다. 풀무학교의 구판부는 비록 학용품을 취급하는 작은 가게였지만 사회개혁이라는 목표 아래 협동조합의 원칙을 충실하게 지켰다. 풀무협동조합은 지역의 다른 가게보다 싼값의 학용품과 생필품을 원했던 학생들의 바람을 담아 취급 물품을 도매로 구입해서 적은 이윤만을 남기고 시세보다 싼값으로 학생들에게 공급했다. 풀무협동조합은 교사와 학생이 공동으로 참여했으며, 교사는 조합의 기본 자금과 지도를, 학생은 조합에 물건을 공급하는 일을 담당했다. 풀무협동조합은 학용품만 취급하는 문방구로 시작했지만 이후 생필품과 농기구까지 취급 물품 종류를 늘려갔다. 1969년 3월 2일, 풀무협동조합은 '풀무학교소비조합'으로 이름을 바꿔 풀무학교 안에 머물지 않고 지역주민도 함께 참여하는 협동조합으로 나아갔다.[41] 풀무협동조합은 현재 풀무소비자생활협동조합^{풀무생협}으로 홍성지역을 기반으로 한 지역생협으로 운영되고 있다.

○ 1960년대 후반~1980년대 : 생명살림운동과 협동조합

작은 구판장에서 협동조합을 경험한 풀무학교 졸업생들은 1969년 1월, 졸업생 모임에서 신협 설립을 논의하기 시작했다. 1969년 11월 20일, 교사와 졸업생 18명이 출자금 4,500원을 모아 풀무신용협동조합을 시작했다. 당시 신협은 도시에서 교회와 직장을 단위로 설립되었는데 풀무신협은 농촌의 작은 면 단위에서 학교를 근거로 신협을 시작했다는 점이 특징이다. 1969년 11월 당시 풀무학교에는 풀무소비조합, 풀무도서협동조합, 풀무신용조합 3개의 협동조합이 운영되었다. 풀무신협은 1972년 8월 1일 신협법이 제정된 이후 그해 10월 8일에 창립 총회를 열고 법적 근거를 가진 신협으로 자리를 잡아갔다. 풀무신협은 1975년 3월 1일, 학교를 나와 지역주민에게 더 가까이 가기 위해 홍동면에 사무실을 얻었으며, 이후에 생협과 도서조합이 학교에서 설립된 후 지역으로 나와 조합원의 범주를 확대해갔다.[42]

   민간 협동조합의 또 하나의 흐름은 원주에서 시작한다. 1965년 가

톨릭 원주교구가 세워지면서 이 지역 주교인 지학순과 지역 유지인 장일순, 박재일 등으로 구성된 원주그룹에 의해 협동조합운동이 펼쳐진다.

한살림이 시작한 곳, 한살림농산 　　　　ⓒ한살림

　1966년 원주그룹은 원주신협을 창립하고 이어 밝음신협, 협동교육연구소, 신협 강원지구평의회를 설립해나간다. 1973년 8월 남한강 유역 대홍수를 계기로 재해대책사업위원회가 만들어지고 남한강 유역 수해 복구 사업과 한우 지원 사업을 통해 강원·경기·충북지역 내 농촌마을과 탄광 지역에서 90여 개의 농촌신협과 광산신협이 만들어진다. 원주그룹은 1970~1980년대에 신협의 부대 사업으로 구판장과 소비조합을 설립하는데 이때 등장한 게 원주소비조합이다. 원주그룹 구성원이었던 박재일은 서울 동대문구 제기동에 한살림농산[1986년 12월 4일 개설]이라는 쌀가게를 열어 가톨릭농민회 소속 농민의 생산물을 도시 소비자에게 공급하는 직거래 사업을 시작했다. 한살림농산의 친환경 생산물 직거래에 참여한 소비자들은 1988년 4월 21일 한살림공동체소비조합을 창립하는데, '생명의 세계관 확립과 협동적 생존의 확장'이라는 원주보고서를 기초로 생명운동을 선언한 점에서 특징적이다.

원주 지역의 생명협동운동은 한국사회의 새로운 사회운동의 길을 열었으며, 생명공동체운동·생명평화운동·생명살림운동 등 다양한 생명운동을 전개할 수 있는 사상적·운동적 기반을 제공하였다.[43]

○ 1980년대 이후 : 법적 뒷받침으로 성장해간 협동조합

한살림을 비롯한 도농 직거래를 운영하고 있던 소비자협동조합중앙회의 회원 조직들은 1994년 소비자생활협동조합으로 이름을 바꾸고 새로운 물류 조직을 설립해 사업을 확장해간다. 친환경 생활재 공동구매 조합이 전국적으로 확대되고, 공동물류 조합들이 연합회를 만들어 협동조합운동의 주류를 형성해가자 정부는 친환경 농업생산물 직거래와 공동구매를 목적으로 하는 소비조합을 통해 친환경 농업을 육성하려는 목적으로 1999년 2월 5일에 소비자생활협동조합법을 제정[1999년 8월 6일 시행]한다. 소비자생활협동조합은 법 제정으로 법의 테두리에서 운영해야 하는 불편함과 제약을 안고 있었지만 높아진 대외 공신력과 국가의 제도적 뒷받침으로 좀 더 안정적으로 성장해 갈 수 있었다.

이리하여 1980년대 중반 이후 우리나라에 소비자생활협동조합이 자리 잡게 되는데, 한살림을 비롯해 여성민우회생협[현 행복중심생협. 1989년 설립], 두레생협[1997년 설립], 아이쿱생협[1997년 설립]이 우리나라 소비자생활협동조합의 맥을 이어가고 있다. 소비자생활협동조합은 친환경 생활재 공동구매뿐 아니라 대학의 교원과 직원, 학생들이 출자해 구성원들의 다양한 복지서비스를 목적으로 운영되는 대학소비자생활협동조합, 예방의료와

진료권의 확보를 목적으로 한 의료협동조합, 부모들의 협동 사업으로 이루어지는 공동육아협동조합이 소비자생활협동조합의 한 흐름으로 이어갔다.

2000년대에 이르러 협동조합운동은 그동안 협동조합의 법적 근거가 되었던 8개 협동조합법을 제외하고 새로운 법적 기틀을 마련하는데, 그것이 2012년 1월 26일에 제정되고 그해 12월 1일에 시행된 협동조합기본법이다. 협동조합기본법은 세계협동조합의 해를 맞이해 기존의 협동조합 법제의 한계를 해결하며, 새로운 분야의 협동조합 활동의 길을 텄다는 데 의미가 있다.

【표 13】협동조합의 흐름

년도	내용
1919년 이후	소비조합의 등장.
1919년도	• 한국 민간 협동조합운동의 원년. • 민중이 근대적 주체로 등장한 시기, 동시에 자립을 위해 협동조합을 세우는 조직 활동 시작.
1920년대	소비조합운동, 일반 대중의 자조적 활동이면서 경제적 민족운동의 성격
1920년 5월	목포소비조합, 「동아일보」에 등장, 1919년부터 조합 만들기 시작.
1924년부터	물산장려운동 휴지기 → 소비조합운동 퇴조.
1920년대 중반~ 1930년대 초반	조직적 협동조합운동 등장, 기독교 천도교 등 종교계가 주도.
1925년	• 조선 YMCA연합회의 농촌 사업 시작. 이론과 체계를 갖춘 협동조합운동. • 감리교.YMCA측 농촌운동가: 독립 자영농 육성을 추구

	하는 근대주의적 관점. • 장로교측 농촌운동가 : 기독교사회주의적 관점 표명. • 천도교-조선농민사 창립^{천도교청년당 핵심간부 주축} 농민공생조합 이름으로 협동조합운동 일으킴.
1926년	• 협동조합운동사^{協同組合運動社} : 일본 유학생들의 자발적 결사로 출범.
1930년대	• 일본 통제 정책 강화로 협동조합운동 시련에 봉착. • 조선총독부 협동조합운동 억압, 해체. • 계·두레를 노동력 동원에 악용. • 금융조합 식산계는 일제 농촌 통제 정책을 실현하는 도구가 됨.
1945년	분단과 전쟁 시련 속에서 좌절.
1950년대 후반	• 선각자에 의해 새롭게 출발. 충남 홍성군 홍동면 풀무학교 설립. • 기독교인 이찬갑, 무교회 집회를 통해 홍동면 유지 주옥로를 만나 의기투합. 교내 구판장 운영으로 소비조합 경험. 졸업생들이 풀무신용협동조합 설립. 홍동협동조합운동의 출발.
1950년대 말~ 1960년대 초	• 협동조합운동의 부활과 압축적 근대화 시작. • 4월혁명 후 민주당 정부 시기, 협동조합이 민생 회복과 경제살리기의 주요 수단으로 간주됨. • 박정희 정권, 농업협동조합중앙회 창립으로 대다수 협동조합 정부 통제하에 둠. • 신협 활성화에 신협법 제정, 새마을금고 설립 지원으로 정부 개입 강화.
1960년	• 성가신용조합, 부산에 설립. 메리 가브리엘라 수녀에 의해 설립됨. • 가톨릭중앙신협, 장대익 신부에 의해 서울에 설립. 한국의 신용협동조합운동의 시작.
1970년대	• 생명운동과 협동조합운동의 접점. 원주와 홍성군

	홍동. • 원주는 인간과 자연의 공생을 강조, 홍동은 개인의 자각과 공동체적 삶의 실현을 강조.
1980년대~ 2000년대	• 친환경 생활재 공동구매 협동조합의 전국 확산. • 소비자생활협동조합법 제정[1999]으로 생활재 공동구매, 의료예방, 공동육아 등 소비자생활협동조합의 큰 흐름을 형성해감. • 협동조합기본법 제정[2012]으로 새로운 분야의 협동조합 운동의 길 열다.

▶ 참고: 한국협동조합운동100년사 편찬위원회 엮음, 2019

(2) 금융조합의 흐름
- 농업협동조합과 신용협동조합 중심으로

① 농업협동조합운동의 흐름[44]

○ 일제강점기 금융조합

일제강점기 초기에 등장한 금융조합은 신용 사업 중심의 지방금융조합[1907년 설립]이다. 이 조합은 일제 식민 정책을 시행하기 위한 관제 조합으로 총독부의 감독을 받았다. 이어서 조선금융조합연합회가 1933년에 등장한다. 이 조합은 723개 금융조합과 63개의 산업조합을 포함한 대규모 조직이었다. 이들 금융조합은 농업인을 위해 설립했다는 명분을 내세웠지만 실제로 일제 식민지의 저축동원기관의 역할을 했다.

   산업조합은 1926년 1월에 제정된 조선산업조합령에 의해 금융조합보다 20년 늦게 만들어졌다. 산업조합은 신용 사업을 중심으로 하는 협동조합과 달리 판매·구매·이용 사업을 하는 협동조합의 성격을 띤다. 산업조합은 중산층 이하 상공인이나 농민들의 경제적 기반을 마련하기 위해 만들어졌으며, 유한 책임제·조합원의 가입과 탈퇴의 자유·

임원의 총회 선출·1인 1표의 원칙과 같은 협동조합의 원리에 따라 운영했다. 산업조합은 비록 총독부의 관리를 받았지만 생산자 보호에 성과를 보였다. 그러나 경영 손실이 쌓이고 지방 상인과 금융조합의 갈등으로 1942년에 해산한다.

○ 해방 후 농업은행과 농협의 이원 체계에서 종합농협 출범까지

해방 후 정부는 농민이 스스로 협동조합을 만들 수 있도록 돕는 지도요원을 선발해 각 지역에 파견했다. 그 결과 등장한 것이 농촌실행협동조합이다. 이 조합은 농산물과 생활용품을 물물교환하는 공동구판장을 운영했다. 이들 조합은 1955년까지 꾸준히 증가하다 1957년 농업협동조합법[이하 농협법]이 제정되면서 해산했다.

1956년 3월, 이승만 정부는 그동안 정부가 마련한 법안이 국무회의에서 합의점을 찾지 못하자 농업자금을 원활하게 공급하기 위한 명분으로 주식회사 농업은행을 설립하라고 지시한다. 이는 국회의 심의도 거치지 않고 정부가 일방적으로 결정한 일로 한국은행법과 일반 은행법에 근거해 설립하게 된다. 주식회사 농업은행은 농업금융 업무가 중심이었지만 일반 은행과 다를 바 없었다. 오히려 농민들에게 필요한 1년 이상의 중장기 자금의 차입과 대출에 제약이 있으며, 농업인을 위한 대출금리 인하나 무담보 신용대출, 융자조건 완화와 같은 정책을 시행할 수 없었다.

1957년 2월 2일에 농업은행법이 제정되면서 이를 근거로 1958년 4월에 농업은행이 정식으로 발족한다. 농협법은 1956년 말부터 국회에서 논의하기 시작해 1957년 2월 1일에 국회를 통과한다. 다음날 2월 2일에는 농업은행법도 국회에서 통과되었다.

농협법의 주요 내용을 보면, 이동조합[里洞組合]을 여신업무만 취급하는 종합농협으로 하고, 시군농협과 기타 원예 축산계 특수조합은 경제 사업만 하도록 했다. 농업은행법과 농협법의 제정으로 신용업무를 전담하는 농업은행과 경제 사업을 담당하는 농업협동조합[이하 농협]의 이원적

체계가 만들어졌다.

농협법의 제정으로 1958년 5월 7일에 농협중앙회가 창립했고, 그해 10월 20일에 업무를 개시한다. 농업은행과 농협이라는 이원적 조직 체계는 업무의 효율성보다는 경제 사업과 자금 조달이 통합적으로 이루어지기 어려운 문제를 낳았다. 농업은행은 농민뿐 아니라 농협이나 농업단체의 자금 조달에 일정 정도 역할을 하기로 했으나 대체로 농민에게 직접 융자하면서 농협에는 자금 지원을 제대로 하지 않았다. 농협은 전국 조직망을 갖춘 체계 있는 조직으로 보였지만 정부나 농업은행의 자금 지원을 받지 못해 어려움을 겪는다.

1960년 4·19혁명 이후 민주당 정권이 들어서면서 농협과 농업은행을 통합 개편하는 논의가 이루어지기 시작했다. 통합 논의는 1961년 군사쿠데타 이후 진전을 보였고, 1961년 7월에 국가재건최고회의가 농협법과 농업은행법을 폐기하고 두 조직을 통폐합하는 농협법을 공포한다. 그 결과 오늘날 농협의 기원이 되는 종합농협이 세워진다. 종합농협은 마을 단위의 이동조합里洞組合, 이동조합의 시군단위 연합 조직인 시군조합, 전국 단위의 연합 조직인 중앙회의 3단계 계통조직 체계를 갖춘다.

1962년에는 농협 민주화를 추진하는 데 가장 중요한 걸림돌이 됐던 '농업협동조합 임원 임면에 관한 임시조치법'이 제정된다. 이 법의 핵심은 대통령이 중앙회장을 임명하고, 중앙회장이 농림부장관의 승인을 얻어 군 농협장을 임명하고, 농협중앙회 도지부장이 리·동 농협장을 임명하는 내용이었다. 이는 조합장과 중앙회장 직선제가 이루어지는 1988년까지 이어진다.

○ 1980년대-중앙회장과 조합장 직선제 도입

1980년 12월 30일에 농협법이 개정된 이후 농협은 단위조합-시군조합-중앙회의 3단계 체계에서 단위조합-중앙회의 2단계 체계로 바뀐다. 단위조합은 농기구 서비스센터, 농산물 판매시설과 같은 사업시설 운영과 같은 각종 사업을 추진하며, 중앙회는 단위조합의 사업을 지원하는 종합기획·지도 교육·조사연구 사업 중심의 연합 기능을 강화했다. 1981년에 축산업협동조합^{이하 축협}이 분리되어 축협중앙회가 독립적으로 설립된다.

1980년대 농협의 획기적인 변화는 중앙회장과 조합장의 직선제 도입이다. 1988년 12월 17일에 조합장 직선제 등을 다룬 농협법 개정안이 국회 본회의를 통과했고, 1962년에 도입된 '농업협동조합 임원 임면에 관한 임시조치법'은 12월 31일에 폐지됐다. 농협은 직선제 도입과 아울러 중앙회 사업계획에 대한 정부의 승인과 지방행정기관의 감독권이 폐지돼 1980년대 초부터 운영의 자율성을 확보해갔다. 1980년대 말에는 중앙회 신용 사업에 대한 규제가 완화돼 경영 기반을 마련하는 기회를 얻었고, 조합원 자격 제한을 풀어 농민이 아닌 지역주민에게 준조합원 가입을 허용해 조합원을 확대할 수 있었다.

○ 1990년대 2000년대 사업 확장

1994년 12월 농협법 개정으로 중앙회장 자격이 조합원으로 한정되고, 1가구 2인까지 조합원 가입이 가능한 복수조합원제도가 도입됐다. 1995년 5월, 농협은 유통을 위한 자회사로 ㈜농협유통을 설립하고, 1998년 1월에 양재물류센터를, 5월에 창동유통센터를, 9월에 청주유통센터를 개장하여 새로운 농산물 유통 사업을 시작했다.

농협은 2000년 7월, 1997년 외환위기를 겪은 후 경영의 어려움을 안고 있던 축협중앙회와 인삼협중앙회를 농협중앙회와 통합해 새로운 농협중앙회를 발족한다. 2011년 3월, 농협중앙회·금융지주회사·경제지주회사의 3개 조직으로 분리하는 내용을 포함한 농협법 개정으로 농협중앙회의 경제 사업과 신용 사업을 나눠 농협경제지주회사와 농협금융지주회사를 새로 설립했다. 농협경제지주회사는 농축산물 판매·유통·가공·농자재 생산을 담당하고 농협금융지주회사는 은행·보험·증권·캐피탈 등 신용 사업을 맡는다.

농협은 현재 교육 지원 사업, 농업과 축산 경제 사업, 상호 금융 사업과 농협금융지주^{종합금융그룹} 세 그룹으로 운영된다. 농협은 일찌감치 ICA에 가입해 세계적으로 한국의 대표적인 협동조합으로 인정받아왔다. 그러나 태생부터 정부 의존성이 강한 특성과 일반 금융회사와 크게 다를 바 없는 금융 사업, 실제로 농민 조합원의 주체성이 결여된 점에서 정체성에 의문을 제기하는 견해가 있다.

② 신용협동조합_민간 금융협동조합의 명맥을 이어감

○ 1960년, 자조 금융의 시작

신협이 등장한 시기는 한국전쟁의 여진이 이어지던 때인 1960년. 정치적 혼란기와 함께 사람들에게 먹고사는 문제가 가장 절실했던 상황이었다. 외국의 구호물자와 해외 원조가 조금이나마 사람들의 배고픔을 달래주었지만, 일자리를 찾아 도시로 몰려든 사람들의 생계를 책임지지 못했다. 하루 벌어 하루를 살아가는 사람들은 필요한 돈을 계나 높은 이자를 물고 구할 수밖에 없었다. 높은 이자를 갚지 못해 고통을 겪는 사람들이 늘어나자 그에 대한 자구책으로 신용협동조합이 등장한다.[45] 신협은 조합원이 스스로 돈을 모으고 돈이 필요한 조합원이 그 돈을 빌리는 자조금융 방식의 은행이다. 이는 상업적 은행의 높은 문턱을 넘을 수 없었던 사람들에겐 삶의 희망이었다.

우리나라 신협의 출발은 메리 가브리엘라 수녀^{Sister Mary Gabriella Mulherin}가 주도해 만든 부산 성가신용조합^{1960년 5월 1일 창립}이다. 가브리엘라 수녀는 캐나다의 성 프란시스 자비에르 대학^{St. Francis Xavier University}에서 안티고니시운동^{Antigonish_Movement}에 관해 공부하고^{1957년 12월~1958년 1월} 우리나라에 들어와 신협의 필요성을 널리 알리며 신협 설립 작업을 했다.[46]

가브리엘라 수녀가 세운 부산의 성가신용조합에 이어 1956년에 성 프란시스 자비에르 대학에서 신협운동을 공부한 장대익 신부가 1960년 6월에 가톨릭교회 내 협동경제연구회 회원들과 함께 서울에 가톨릭중앙신협을 설립한다[1960년 6월 26일]. 초기 신협은 순수 민간 조직으로 자율적으로 만들어져 운영되는데 일반 대중이 아닌 서로 잘 알고 신뢰할 수 있는 구성원을 중심으로 공동유대를 형성한 점이 특징이다.[47]

○ 1972년 신용협동조합법 제정 이후 제도금융으로 성장

1972년 8월, 신용협동조합법[이하 신협법] 제정으로 민간 자율 운영 협동조합인 신협이 법의 보호를 받는 제도 금융으로 자리잡는다. 신협법은 1980년대 초까지 새마을금고 설립과 농협의 신용 사업을 포괄했다. 신협법이 제정되면서 신협의 수신업무는 다양해졌는데, 출자금 외에 보통예탁금이나 정기예탁금, 정기적금과 자유적금 등 수신 종류를 늘려갔다. 출자금 수납은 조합원에게 재산증식이나 저축 수단으로 이용되는 기본적인 조합 업무였다.[48]

신협법이 제정된 1970년대에는 종교계, 학교, 정부 부처, 공기업 등에서 신협을 설립하는 사례가 늘어났다. 특히 천주교와 개신교, 불교와 원불교 등 종교지도자들이 신협운동에 관심을 가지고 단체 신협을 설립했는데, 이들 종교계 신협은 전체 신협에서 큰 비중을 차지했다. 신협은 설립 초기에는 여신·수신 업무 중심으로 서민에게 금융 편의를 제공하는 협동조합 은행의 역할을 중시했지만 연합회 설립 후에는 신협의 경제 사업을 함께 펼쳐간다.

신협은 신협법에 제시된 '조합원의 경제·사회적 지위 향상을 위한 교육 및 지역사회 개발 사업'[제31조]을 근거로 공동구매 사업·공동판매 사업·공동이용시설 사업·기타 부대 사업 등을 추진한다.[49] 소비자조합의 초창기 모습인 구판장은 신협이 추진한 경제 사업의 한 영역이었으며, 오늘날 일부 소비자생활협동조합으로 성장·발전해왔다.

○ 1980년대~1990년대 성장제일주의 흐름에 편입

1980년대 신협은 정부의 금융 자율화 정책에 따라 생겨난 투자금융회

사나 상호신용금고, 투자신탁회사 등과 경쟁하며 금융권의 성장 제일주의 흐름에 편입해간다. 그 결과 수많은 신협이 만들어지고 사라지는 일이 벌어진다. 그러나 신협은 하나의 금융권으로서 성장해가는데 1986년에 자산 1조 원을 달성하고 조합원 수도 120만 명에 이른다. 1990년에는 1,315개 신협이 운영되었으며, 자산 3조6천억 원에 조합원 수는 189만 명에 이르렀다. 이러한 성장세는 1997년 외환위기 때까지 이어진다.[50]

1980년대에서 1990년대 초반까지 신협의 성장세는 가파른 오름세를 보였다. 그러나 그 이면에는 사회금융기관으로서 정체성이 무너질 만한 도덕적 해이와 금융사고가 급증한다. 이는 정부가 민간 주도형 금융기관으로서 신협을 통제하는 핑곗거리가 되었다. 1980년대 신협은 자조금융 기관으로서 자율성을 지키고자 애를 썼지만 내부 회계사고와 부실 운영으로 정부의 규제와 통제를 강하게 받으면서 조합의 자율성을 지키지 못하는 상황을 맞이한다.[51]

○ 1997년 외환위기 이후 2000년대 신협 정체성의 갈림길

신협도 1997년 외환위기를 비껴가지 못했다. 1998년 이후 2003년까지 330개 조합이 파산하고 150개 조합이 해산하는 등 최대 위기를 겪었다.[52]

2000년대 초반까지 신협은 자산 성장률이 떨어지고 대출이 감소했으며 부실채권이 늘어나는 등 1999년부터 2001년까지 3년 연속 당기순적자를 기록했다. 1999년 금융감독원의 강도 높은 구조 조정의 압박으로 589개의 조합이 퇴출당하기도 했다. 신협은 1998년 1월 신협법 개정으로 조합-중앙회 2단계 체제로 전환하며 내부 구조를 정비했지만 악재를 피할 수 없었다.

신협은 2002년부터 흑자로 돌아서며 안정적인 수익구조를 찾아갔다. 2003년 7월 신협법 5차 개정으로 중앙회는 자체 예금자보호제도를 운영하고 비조합원 대출이 가능해져 경영의 건전성을 확보해갈 수

있었다.[53]

정부는 2000년대에 들어와 신협의 구조 조정에 개입한다. 정부는 1997년에서 2017년 3월까지 신협법을 열세 차례 개정했다. 특히 1997년에서 2003년까지 이루어진 네 차례 개정이 신협에 큰 영향을 주었다. 신협은 법 개정 과정에서 자산운용에 관한 규제가 완화되고 책임 경영 체계가 도입되었으며 지배구조도 크게 개편되었다. 특히 정부는 신협에 대해 일반 상업적 금융기관과 비슷한 수준의 감독권을 행사했다.[54]

민간 금융협동조합으로 출발한 신협은 1980년 이후 지역운동과 결합이 약해지고, 협동조합의 상호 부조 성격이 약해져 일반 금융회사와 크게 다르지 않다는 비판을 받고 있지만 2008년 세계금융위기 이후 조합원 수와 자산규모 면에서 성장을 이루어가고 있다.[55]

(3) 소비자생활협동조합

소비자생활협동조합이하 생협은 1999년에 제정된 '소비자생활협동조합법'에 근거하여 설립·운영되는 협동조합이다. 생협은 생활인들이 뜻을 함께하는 사람들과 일상생활에서 필요한 것을 충족하고자 설립·운영하는 조직으로, 다양한 생활의 필요가 생협 사업의 주제가 될 수 있다. 이를테면, 친환경 농산물과 가공생산품의 공동구매, 질 좋고 공평한 의료, 건강하고 안전한 육아 등 생활인들이 겪는 다양한 어려운 문제를 협동조합을 통해 해결한다.

생협으로 가장 잘 알려진 것은 친환경 생활재의 공동구매 생협과 의료생협, 대학의 학생·교수·직원의 복지향상과 필요를 해결하기 위해 설립한 대학생협 등이다. 친환경 생활재 공동구매 생협은 소비자 조합원의 규모가 가장 크고 경제 조직으로서나 사회운동 조직으로서 활발한 활동을 보인다. 의료생협은 2012년 협동조합기본법 제정 이후 의료복지사회적협동조합으로 전환했거나 전환을 준비하고 있다.

생협의 역사는 일제강점기의 소비조합과 1970년대의 작은 규모의 구판장 형태의 직거래, 1980년대 이후 친환경 농업과 가공 생산물의 직거래 방식을 통한 생산자·소비자협동운동으로 이어진다. 오늘날 대표적인 생협으로는 농민운동·지역의 협동조합운동·생명운동의 흐름으로 등장한 한살림, 지역의 소규모 직거래 사업과 종교·여성운동의 맥락에서 나타난 두레생협과 행복중심생협[전 여성민우회생협], 노동운동과 학생운동에 몸담았던 활동가들이 시민운동의 차원에서 설립해 이어온 iCOOP생협이 있다. 소비자생활협동조합의 역사적 흐름을 시기별로 살펴보면 다음과 같다.

○ 일제강점기_농촌과 도시에서 소비조합 결성

우리나라에 처음 등장한 소비자협동조합은 1920년 5월 15일에 설립한 목포소비조합으로 알려져 있다.[56] 1920년대에 토지조사 사업 이후 토지를 빼앗긴 농민들은 도시로 밀려들었고, 도시 서민들은 일본 상인들의 횡포와 비싼 생필품으로 생활고에 시달렸다. 이런 환경에서 농촌과 도시에서 경제적 자립을 위해 소비조합을 결성하기 시작했다. 목포소비조합을 시작으로 1921년에 조선노동공제회에서 소비조합을 설립했고, 조선물산장려운동과 천도교와 YMCA 등이 협동조합운동에 적극적으로 참여했다.[57] 이즈음 전국 각지에서 소비조합들이 만들어지는데 대체로 경영상의 미숙함으로 지속하지 못하고 문을 닫는다. 이들 조합은 협동조합이라는 틀을 가지긴 했지만 조합원의 공동출자와 민주적 통제 등 조합원 중심의 조직 운영이기보다는 자본투자자 의존성이 강했다.[58] 일제강점기에 나타난 소비조합은 전시체제에 들어간 1930년대 후반에 움츠러들었으나 해방 후 신협과 생협의 형태로 다시 등장한다.

○ 1960년대-1970년대_생협 탄생을 위한 태아기

1960년대 소비조합의 불씨는 풀무신협과 풀무생협에서 피어났다. 북한에서 협동조합운동 경험을 가진 이찬갑이 풀무학교를 통해 협동조합운동을 시작한다. 1960년대는 가톨릭의 농민운동 진영에서 생산자와 소비자를 연결하는 직거래를 시작하거나, 한국노총 계열의 단위노동조합이 소비조합과 신협을 운영한다. 1966년 이후에는 영등포산업선교회가 주택조합과 신협을 비롯해 소비조합을 운영한다.[59]

1970년대는 1980년대 이후 생협 탄생을 위한 태아기였다. 원주천주교재단의 협동조합 활동가와 가톨릭 농민운동가들이 중심이 된 소비조합운동은 1986년 한살림을 태어나게 한 씨앗이 되었다.

○ 1980년대 중반 이후_한국형 소비자생활협동조합의 등장과 성장

현재 생협의 모습은 1970년대 유기농업운동과 생산자·소비자의 직거래운동을 배경으로 나타났다. 1980년대 중반 전후로 우리나라는 농산물 시장의 개방으로 심각해진 식량 자급의 문제, 농약과 화학비료의 과다 사용으로 인한 농민들의 건강 악화와 도시 소비자의 먹을거리의 불안이라는 사회 문제를 안고 있었다. 이와 같은 상황에서 농민과 도시 소비자의 건강하고 안전한 삶을 위해 생산자와 소비자가 함께 참여하는 협동조합운동이 확산하는데 생협이 그 중심에 있었다.

우리나라 생협이 탄생하는 데 일본 생협의 영향이 컸다. 1970년대부터 우리나라 시민단체는 일본 시민단체와 교류하면서 일본 생협을 만난다. 우리나라 시민단체 활동가들은 소비자가 조합원으로 가입해선 주문 후 공급 방식으로 공동구매 활동을 하는 일본 생협 모형을 국내에 소개하고, 실제로 만들어간다.

비록 우리나라 생협은 일본 생협을 모델로 만들어졌지만 운영 철학과 내용에 차이가 있다. 두 조직 모두 소비자가 조합원으로 가입해 생활재를 공동으로 구매하는 방식은 같으나 일본 생협이 질 좋고 저렴한 물품을 요구하는 소비자 조합원의 욕구를 중시하는 반면, 우리나라 생협은 친환경 생산·가공품(화학 식품첨가물 배제·무농약·유기농)을 취급하는 원칙을 고수한다.

우리나라 생협의 흐름은 네 갈래로 나뉜다.[60] 첫 흐름은 신협을 주축으로 한 농촌 도시 직거래 사업을 기원으로 나타난 생협이다. 신협은 1974년 이후 조합원을 대상으로 농산물 공동구매와 판매 업무를 시작했는데 안전한 먹을거리를 원하는 사람들은 늘어났으나 만만치 않은 유통관리 비용으로 경영의 어려움을 안게 되었다. 이 문제를 해결하고자 시작한 게 생산자와 소비자의 직거래다. 신협은 1980년대에 들어서서 중간 유통 마진을 줄이기 위해 생산자와 소비자의 직거래를 추진했으며 이를 기반으로 지역 생협이 탄생하는데 대표적인 게 경기도 안양의 지역생협인 바른생협이다. 바른생협은 1983년부터 준비하기 시작해 1985년에 창립한다. 최초로 공동구매와 공급 방식을 도입한 생협의 전형적인 물류 방식을 만들어냈다.

두 번째 흐름은 농민운동과 협동조합운동을 기원으로 한 생협이다. 대표적으로 한살림이 있다. 한살림은 1986년 12월 4일에 문을 연, 농산물을 도시 소비자에 연결하는 직거래 가게인 '한살림 농산'에서 시작한다. 한살림을 시작한 사람들은 원주에서 가톨릭농민회와 신용협동조합, 소비자협동조합운동에 몸담았던 사회운동가들이었다. 한살림은 농민들의 생산물을 제값으로 거래함으로써 생활 안정을 돕고 친환경 생산물의 판로를 마련해 농민들이 건강하고 안전하게 농사를 지으면서도 잘 살 수 있게 하는 데 목적이 있었다. 한살림운동은 소비자가 당시 심각했던 환경오염으로 인한 먹을거리 불안감을 해소하는 데 중요한 역할을 했다. 한살림이 사회운동가가 중심이 되어 생산자와 소비자를 연결하는 사업으로 시작했지만 한살림 내에 생산자 그룹은 자체적으로 생산 조직을 결성하였고, 한살림의 도시 소비자로 인연을 맺은 사람들이 1988년 4월 21일에 한살림공동체소비자협동조합을 결성한다. 한살림은 일반 가게에서 출발해 생산자와 소비자의 제휴 관계로서 한국 특유의 생협 역사를 써 내려간다.[61]

세 번째 흐름은 시민단체 활동을 기반으로 한 생협이다. 1987년 민주화운동 이후 시민운동의 성장과 더불어 YMCA, 천주교, 불교 등 종교단체와 여성운동 단체인 여성민우회 등이 새로운 활동 영역을 만들어간다. 1990년대 초반에는 환경오염과 농업 문제에 관심을 가진 가톨릭, 원불교, 불교 등 종교단체의 활동이 지역 곳곳에서 소규모 지역생협^{우리농, 인드라망생협}으로 나타나기 시작한다.

네 번째 흐름은 노동운동이나 학생운동 출신의 활동가들이 중심이 되어 설립한 지역생협이다. 이들은 생협운동을 매개로 대중운동을 확대해가는 것을 목표로 서울과 인천과 같은 대도시, 울산과 창원 등 공단 지역에서 생협운동을 펼쳤다. 이들의 생협운동은 친환경 물품의 도농 직거래뿐 아니라 지역을 기반으로 한 '살기 좋은 지역 만들기' 활동도 함께 펼쳐갔다.

1980년대 중반 이후 생협운동은 김대중 정부의 친환경 농업 정책과 먹을거리 안정성에 관한 대중들의 높은 관심을 기반으로 사회경제적으로 급속하게 성장해갔으며, 각 생협이 생협연합회를 설립해 물류연합과 연대를 이뤄갔다.

🖑 한걸음 더

친환경 생활재 공동구매 소비자생활협동조합 사례

한살림　🜢 **한살림**

　한살림의 역사는 1986년 12월 4일에 서울 동대문구 제기동에서 문을 연 작은 쌀가게 '한살림농산'에서 시작한다. 원주 지역에서 협동조합운동을 해오던 사회운동가들이 도시와 농촌, 생산자와 소비자가 만나고 연결하고 연대해가는 운동을 시작했다. 한살림은 1987년 회원 규모가 800여 세대로 증가하면서 5가구 이상 모인 공동체 중심으로 물품공급을 시작했다. 이는 1990년대 중반 세 가구로 기준이 완화됐으며 1990년대 말부터 개별 공급으로 전환됐고 동시에 매장 공급이 시작됐다.

　한살림농산이 문을 연 지 1년이 넘어 회원 규모가 800여 세대를 넘어가자 1988년 4월 21일에 소비자 회원 중심으로 '한살림공동체소비자협동조합'을 발족한다. 당시 소비자협동조합의 법적 근거가 없어 소비자협동조합중앙회의 지부격으로 승인받아 사업을 시작했다. 이는 한살림이 소비자생활협동조합으로 나아가는 시작점이었다. 1993년이 되자 한살림 생산 조직과 한살림모임이 통합하여 '한살림 생활협동조합'으로 이름을 바꿨다. 이때 생활협동조합이라는 이름을 한살림이 최초로 사용했다.

　한살림은 소비자협동조합중앙회에서 독립해 1994년 6월, 독립법인인 '사단법인 한살림'으로 전환하여 수도권 중심 조직과 물류 사업, 생산 조직, 한살림연구모임 기능을 통합한다. 1999년 2월 5일 소비자생활협동조합법 제정[1999년 8월 6일 시행] 이후 지역별 한살림 조직들은 각각 소비자생활협동조합이라는 독립법인으로 독립해갔으며 2002년 한 살림 물류 사업 전문기능을 수행하는 ㈜한살림사업연합을 설립한다.

한살림은 2011년에 지역 한살림생협이 모여 '한살림연합'을 창립한다. 이어 2014년에 현재 한살림물류를 담당하고 있는 안성물류센터를 준공한다. 한살림은 사업의 효율성을 살리고자 지역생협 별로 이루어지던 주문공급 시스템을 통합해 2020년 한살림조합원상담실을 개소해, 개별 공급을 위한 주문과 상담을 전국 단위로 통합했다. 2022년에는 한살림 전체 조합원 중 절반 이상을 차지하는 한살림서울이 5개 지역생협으로 분화돼 한살림동서울, 한살림서서울, 한살림남서울, 한살림북서울, 한살림경인 지역생협으로 다시 태어났다.

▶ 참고: 모심과살림연구소, 2020; 한살림연합 www.hansalim.or.kr

아이쿱생협 iCOOP

아이쿱은 경인지역의 작은 생협 조직들의 연대 조직으로 시작한다. 1998년 3월, 경인지역생협연대 준비위원회에 참여한 7개 회원 조합과 4개 준회원 조합이 참여해 '21세기 생협연대'[이하 생협연대]를 창립한다. 생협연대는 2000년 1월에 사단법인으로 법인격을 얻었으며, 2001년 6월에 사단법인 한국생협연대로 이름을 바꾼다.

2006년 2월, 생협의 사업 조직을 별도의 법인으로 독립해 ㈜자연드림^현 ㈜쿱스토어을 설립한다. ㈜자연드림은 일산 후곡1호 매장부터 시작해 매장 내 카페나 휴식공간을 갖춘 유통매장으로 규모를 키워갔다.

㈔한국생협연대는 2008년 총회에서 ㈔iCOOP생협연대로 이름을 바꿔 지금의 'iCOOP'생협의 이름을 이어오고 있다. 아이쿱생협은 2008년 12월, 생협 중에서 유일하게 ICA정식 회원으로 가입한다.

아이쿱생협은 다양한 영역으로 사업과 활동을 펼쳐갔다. 그 예로, 2009년 11월 성공회대학교에 협동조합경영학과 대학원을 신설하여 협동조합의 일꾼을 육성하는 데 일조를 했으며, 2010년 12월에는 ㈶아이쿱행복나눔재단^{현iCOOP씨앗재단}을 설립한다.

iCOOP생협연대는 2011년 9월, iCOOP생협사업연합회로 이름을 변경한다. 아이쿱생협은 괴산^{2018년}과 구례²⁰¹⁴에 클러스터를 설립한다. 이는 소비자, 1차 생산자, 가공생산자, 직원이 공동출자해 만든 것으로 도시와 농촌이 함께 살아가는 '드림파크'로 조성됐다.

현재 아이쿱생협은 소비자조합원의 아이쿱생협·연합회·공동사업법인으로 구성된 아이쿱생협그룹으로 이루어져 있으며, 생산자협동조합·농업회사법인·농민투자법인으로 구성된 파머스쿱그룹과 구례와 괴산자연드림파크 입주 기업들의 협의회인 세이프넷 협동기업협의회·협동조합과 사회적기업, 재단법인과 사단법인, 학교로 구성된 사회적경제기업/비영리 조직과 함께 '세이프넷 SAPENet'이라는 네트워크를 형성했다.

▶ 참고: 신효진, 2019; SAPENet sapenet.net/icoop_history

두레생협   ⓓ 두레생협

1996년 수도권지역 6개 생협은 물류 사업의 발전 방향을 논의하면서 사업연합의 필요성을 제기하였다. 이들 생협들은 일본 생협을 돌아보는 등 전문사업연합 설립을 준비해갔다. 그 결과 1년 뒤인 1997년 7월 12일, 7개 생협[바른두레·경기두레·안양YMCA·부천YMCA·광명YMCA·주민·한우리]이 모여 '소비자생활협동조합 수도권사업연합회[현 두레생협연합회]'를 설립했고, 이후 자체 물류 사업을 본격적으로 시작하였다.

수도권사업연합회는 2005년 '두레생협연합회'로 이름을 바꿔 지금까지 이어오고 있다. 2022년 12월 말 기준 회원 조합 수는 24곳이며, 조합원은 24만 세대다.

두레생협은 2004년부터 필리핀 네그로스 섬의 마스코바도 생산자들과 교역을 시작하고, 그 해에 민중교역을 담당할 무역회사 '㈜에이피넷[Aletrnative People's Network for Peace and Life: APNet]을 설립한다. 민중교역은 두레생협의 특징적인 활동으로 다른 생협과 연대를 통해 확산해가고 있다.

▶ 참고: 신효진, 2019; 두레생협연합회 dure-coop.or.kr

행복중심생협

행복중심생협은 한국여성민우회^{이하 민우회}가 1989년 12월 16일에 설립한 '함께가는생활소비자협동조합'^{이하 함께가는생협}에서 시작된다. 이는 민우회 주부분과 내 소비자문제위원회가 여성운동의 한 영역으로 시작한 일이다. 함께가는생협은 1991년 임시 총회에서 한국여성민우회 생활협동사업부로 개편되어 운영되어오다 1998년 11월 민우회에서 개별 조직으로 독립했으며, 1999년 생협법 시행 이후 2000년 7월 한국여성민우회소비자생활협동조합^{이하 민우회생협}으로 다시 태어났다. 민우회생협은 2005년 2013년 3월, '행복중심생협'으로 이름을 바꿔 지금까지 이어오고 있다.

▶ 참고: 신효진, 2019; 행복중심생협연합회 www.happycoop.or.kr

3개 생협의 공동브랜드
'생협함께'

(4) 노동자협동조합

노동자협동조합은 일하는 사람들이 출자하여 공동 운영하는 노동자 소유 기업이다. 협동조합기본법의 표준 정관례는 '직원협동조합'이라는 이름을 사용한다.

우리나라 노동자협동조합은 언제부터 존재했을까. 협동조합의 역사에서 노동자협동조합의 기록이나 이를 서술한 자료가 금융이나 소비조합보다 상대적으로 많지 않다. 그 이유는 법적 근거가 없는 상황에서 노동자협동조합의 정체성을 가진 사례를 별도로 분류해 연구하는 데 제한이 있었고, 외환위기 이후 노동자협동조합이 자활 사업에 연결되거나 사회적기업이라는 제도적 틀로 흡수되었기 때문이다.[62]

우리나라 노동자협동조합의 모습을 1970년대 노동자인수기업에서 찾는 견해가 있다. 노동자인수기업의 사례는 1973년 한국모방의 부도 사태에 대응해 노조 중심의 자주 관리 경영을 이루어낸 경우와 부도난 기업을 노동조합이 인수하여 운영한 1988년 마산의 광동택시가 있다. 이 사례들은 조합원들이 출자하거나 신협에서 대출을 받아 회사 주식을 인수해 경영에 참여한 경우다. 도산기업을 노동자들이 인수하여 스스로 경영하는 형태의 노동자자주기업의 사례는 1990년대 외환위기 전후로 100여 개가 나타났으며, 현재 대표적으로 운영되는 사례로 우진교통이 있다. 우진교통은 2005년 부도난 버스회사를 노동자자주기업으로 전환해 운영되고 있다.[63]

노동자자주기업은 노동자들이 공동출자해 노동에 참여함과 동시에 임원을 선출하고 사업 운영에 의결권을 행사하는 전형적인 노동자협동조합의 모습은 아니다. 그러나 노동자가 경영에 참여해 민주적 자주관리를 통해 성과를 낸 점은 의미가 있다.

우리나라 노동자협동조합이 본격적으로 등장한 것은 1990년대 초 도시 빈민지역에서다. 대표적인 사례로 '봉제협동조합인 실과 바늘'[1992년 설립], 서울 하월곡동의 '건축일꾼 일꾼두레'[1992년 설립], 인천 송림동의 전자제품을 조립하는 '협성'[1993년 설립], '명례방협동조합'[1993년 설립], '나섬건설'

과 '나레건설'[1994년 설립], 인천의 '봉제협동조합인 옷누리'[1994년 설립], 서울 구로구의 '봉제협동조합인 한백'[1995년 설립], '논골의류생산협동조합'[1998년 설립] 등이 있다. 이 사례들은 빈민지역 사회운동가들과 주민들이 결합하여 스스로 일자리를 만들어내는 생산공동체의 형태로 형성되었다.[64]

1990년대에 설립된 노동자협동조합들은 주로 건설과 봉제 업종이었는데, 이들 업종에 종사하는 사람들이 취약 계층이라는 점과 관련이 있다. 당시 취약 계층들은 대체로 빈민 밀집 지역에 거주하며, 봉제 업종이나 건설 노동과 같이 큰돈 들이지 않고 쉽게 접근할 수 있는 일을 주로 했다. 그러나 이들은 협동조합을 만들어가는 과정에서 협동조합의 원리나 운영 방식 등을 학습하고 협동조합 설립 준비 과정에 직접 참여하였다.[65]

1990년대 노동자협동조합은 법적 근거가 마련돼 있지 않은 상황에서 주식회사나 유한회사와 같은 상법상 법인 형태로 운영됐다. 조직 운영 원리와 방식은 협동조합이었지만 일반 상업적 회사와 다를 바 없었다. 그러나 노동자협동조합이 협동조합으로 인정받을 기회가 생기는데 바로 1996년에 처음 등장한 자활지원센터 시범 사업이다. 이는 정부가 빈민들의 자립을 지원하기 위한 정책에 불과하다. 그러나 자활지원센터들은 지역주민들을 규합하거나 이미 존재했던 생산공동체와 함께 노동자협동조합으로서 정체성을 찾아가는 데 지원 역할을 했다. 자활지원센터는 등장 당시 노동자협동조합 지원 조직으로 알려졌고, 자활생산공동체 조직들은 노동자협동조합으로 분류됐다.[66]

1990년대 생산공동체로서 노동자협동조합을 표방한 조직들은 대체로 자활지원센터와 연계하는 등 제도권 안으로 들어오게 된다. 그 사례로 '아름다운 세탁나라'[1996년 설립], '푸른환경 코리아'[1995년 설립], '나눔물산'[1996년 설립] 등이 있다. '아름다운 세탁나라'는 마포자활지원센터가 추진한 공동작업장 1호였으며, '푸른환경 코리아'는 1995년 관악구 자활지원센터와 만나 협동조합으로 사업을 시작했으나 경영 미숙과 조합원들의 이탈로 재정이 나빠지자 1999년에 주식회사로 독립하고, 2008

년에 사회적기업으로 인증받고, 2011년에 종업원 공동대표제를 채택했다.[67]

노동자협동조합은 두 갈래로 발전해가는데 하나는 도시 빈민지역이나 저소득층의 생산공동체가 자활기업이나 사회적기업의 길로 나가는 한편, 다른 하나는 2011년 협동조합기본법 제정 이후 노동자 소유의 협동조합으로서 직원협동조합으로 전환한다.[68]

(5) 의료협동조합[69]

의료협동조합이 우리나라에 처음 등장한 것은 1968년 5월 창립한 청십자의료보험조합이다. 1963년에 의료보험법이 제정되었으나 국가 재정 부족으로 제대로 시행되지 못한 상황에서 부산지역 저소득층의 의료 활동을 펼치던 장기려 박사가 협동조합 형태의 의료보험조합을 시작했다. 청십자의료보험조합은 1930년대 미국에서 시작된 것으로 대공황 상황에서 치료비가 없어 병원에 갈 수 없는 사람들을 안타깝게 생각한 텍사스 주 베일러대학$^{Baylor\ University}$의 부학장 킴발^{Kimball} 박사가 시작한 사례다. 청십자의료보험조합은 723명의 조합원으로 부산에서 창립했으며, 조합원은 가입비 100원과 보험료 60원을 내면 조합원 자격을 얻을 수 있었다. 청십자의료보험조합은 우리나라 의료보험이 제대로 작동하지 않은 상황에서 의료보험의 역할을 했으며, 전 국민의료보험[70]이 실시$^{1989년\ 7월}$되기 바로 전에 해산됐다.

의료협동운동은 1970년대에 도시 외곽에서 의사나 종교인, 사회운동가들에 의해 이어졌다. 그 예로 성남시 '주민의료협동회'^{1972년}, '난곡희망의료협동조합'$^{1976년\ 설립}$, 한국노총의 항운노조가 세운 인천의 '복지병원' 등이 있다. 1980년대 초에는 인천산업선교회의 무료 주말 진료를 계기로 '민들레의료협동조합'이 설립됐다.

국민의료보험이 실시되기 전까지 의료보험 역할을 한 청십자의료보험조합 ⓒ건강미디어
▶ 출처 www.mediahealth.co.kr/news/articleView.html?idxno=49

1990년대는 의료진과 주민이 함께 의료와 건강 문제를 해결하는 방식의 의료협동조합이 본격적으로 추진되는 시기였다. 그 첫걸음은 지역주민과 의료인이 함께 운영하는 병원 개념의 안성의료생활협동조합이다. 이 조합은 1987년 연세의대 기독학생회의 농촌 주말 진료 활동에서 출발했다. 농민회와 의료인들은 먼저 안성농민한의원을 개설했으며, 조합원 250여 명과 1억 2천만 원의 출자금으로 안성의료생활협동조합을 창립[1994년 4월 21일]해 그해 5월부터 농민의원과 농민한의원 진료를 시작했다.

1996년에는 기독청년의료인회 회원이 중심이 돼 설립한 산재 직업병 상담소를 겸한 인천평화의원이 '평화의료생활협동조합'으로 전환한다. 이는 안성의료생활협동조합에 이어 두 번째 설립된 의료생협이다.

앞선 두 의료협동조합은 의료인들이 주축이 되어 만들었다면 안산의료생활협동조합은 지역 사회운동단체와 주민들이 주도하여 세운 사례다. 안산의료생협은 1991년 '생명과 환경을 생각하는 시민의 모임'과 '동의학 민방연구회'가 지역의 환경과 건강 문제를 해결할 목적으로 1996년에 한의원을 열었고 의료협동조합 준비 과정을 거쳐 2004년 4월에 창립한다. 안산의료생협은 1999년 생협법 제정 이후 의료생협 법인 1호로 등록됐다.

1999년 소비자생활협동조합법 제정으로 법적 제도적 환경이 마련된 상황에서 다양한 협동조합운동 경험이 모여져 2003년 6월에 의료생협연대가 창립되었으며 지역 기반 의료생협이 탄생할 수 있는 여건을 다져갔다.

2000년대 중반 의료생협은 영리 추구형 의료협동조합의 증가로 보건의료와 예방의료, 주민들의 건강 증진을 위한 협동 방식의 의료 활동이라는 정체성을 의심받는다. 의료생협은 사무장이 소유하는 병원과 유사한 의료협동조합이 증가함으로써 경영의 어려움을 겪게 된다. 이에 의료생협연대는 생협연합회 설립 근거를 마련한 생협법 개정안을 근거로 한국의료생협연합회를 창립[2011년]했으며 협동조합기본법 제정[2012년] 이후 사회적협동조합연합회로 전환한다. 기존의 의료생협은 영리형 의료협동조합과 분명히 다른 정체성을 가져야 한다는 원칙으로 '의료복지사회적협동조합'으로 전환하거나 새로 설립히는 방식으로 의료협동조합의 조직 체계를 바꿔나갔다.

3장
협동조합의 정체성_정의·가치·원칙

협동조합이 이 세상에 등장한 것은 '필요' 때문이다. 데로시[Deroche71]는 협동조합이 자본주의 사기업 부문과 국가가 해결해주지 못하는 중요한 필요에 해결책을 제시하려고 탄생한 '필요의 딸'이라고 말했다. 이에 드푸르니[1995]는 필요뿐 아니라 집단으로 해결하도록 사람들을 결속하는 것이 있어야 한다고 운명공동체 정신을 강조한다. 협동조합을 경제적인 면에서 기능과 역할을 강조한 것은 자마니[Zamagni72]다. 그는 협동조합은 산업의 발전으로 생긴 일종의 예상치 못한 결과로 간주, 더욱 발전된 사회에서 기업가 방식의 쇄신을 이루는 징후로 볼 수 있다고 했다.[73]

협동조합을 기업 조직 면에서 보면, 협동조합은 사업을 이용하거나 일하는 사람과 소유권을 가진 사람이 일치하는 특성이 있다. 자본투자자기업은 투자한 자본으로부터 이윤을 최대로 얻어내는 것을 목적으로 하는 자본투자자가 소유자이지만 협동조합은 협동조합을 통해 얻고자 하는 다양한 목적을 가진 이해관계자가 이용하고 소유한다. 이를테면 생산자 중심의 협동조합, 재화의 공동구매와 서비스의 공동이용을 위한 소비자협동조합, 일하는 사람들의 안정적 일자리와 일하는 사람들의 존중과 가치를 인정받고자 하는 노동자협동조합, 금융기관으로부터 소외된 사람들 자금의 상호 유통을 위한 금융협동조합, 취약 계층의 일자리 마련과 사회서비스 제공, 지역 현안을 해결하고자 하는 사람들의 공익과 연대를 위한 사회적협동조합 등이 있다. 이렇듯 협동조합은 다양한 이해관계자들의 자발적·집단적 참여를 통해 시장 기반의 영리사업을 하는 사업체라는 이중적 성격을 갖는다.[74]

협동조합을 연구하는 학자들은 협동조합이 무엇인가 하는 질문에 다양한 의견을 내놓았다. 그러나 협동조합이 무엇이고 어떤 가치를 담고 있는지, 어떻게 운영되는지 언어로 명확히 정리한 것은 1995년 ICA 탄생 100주년 기념 대회에서 채택한 '협동조합의 정체성, 가치, 그리고 원칙에 관한 선언문'이하 협동조합 정체성 선언문이다.[75]

협동조합의 정의·가치·원칙은 법 제도와 같이 명시적이고 반드시 지켜야 하는 것은 아니다. 협동조합운동을 해왔고, 현재 그 흐름에서 협동조합에 몸담은 사람들이 암묵적으로 받아들인 약속과 같다. 고정불변의 것이 아닌 언제든지 다른 형태와 내용의 협동조합도 있을 수 있다. 단지, '우리 이 정도의 정의와 가치, 원칙을 가지고 협동조합운동을 해나가자'는 일반적 합의를 따를 뿐이다.

협동조합의 정의·가치·원칙에 관한 선언은 어떤 조직에서도 찾아볼 수 없는 위대한 업적이다. 어쩌면 이 선언이 협동조합운동의 범주와 내용을 규정해 좀 더 자유롭고 폭넓게 협동조합을 운영하는 데 족쇄가 될 수 있다고 생각할 수 있지만 오히려 협동조합이 일반 자본투자자기업과 구별되고, 사람들의 필요를 해결하는 데 든든한 믿음을 줄 수 있는 점에서 의미가 있다.

1) 협동조합의 정의

협동조합의 개념을 정의한 '협동조합 정체성 선언문'은 1995년 ICA 창립 100주년 기념 맨체스터 대회에서 처음 선포됐으며, 협동조합의 정의와 협동조합운동의 가치, 사업과 조직 운영의 지표가 되는 협동조합 원칙을 담았다.

협동조합 개념을 처음으로 정의한 '협동조합 정체성 선언문'은 협동조합에 대해 다음과 같이 정의한다.

> 협동조합은 공동으로 소유하고 민주적으로 통제되는 사업체를 통해 공통의 경제·사회·문화적 필요와 염원을 충족하고자 자발적으로 결합한 사람들의 자율적인 결사다.
> A cooperative is an autonomous association of persons united voluntarily to meet their common economic, social and cultural needs and aspirations through a jointly-owned and democratically- controlled enterprise.[76]

'협동조합 정체성 선언문'은 협동조합의 주체와 목적, 수단이라는 키워드로 협동조합이 무엇인지 설명한다. 우선 협동조합의 주체는 자발적으로 모인 사람들의 자율적인 결사^{Association}다. 즉 개인이 아닌 서로 연결된 사람들을 가리킨다. 조합원과 조합의 관계가 느슨해지면 조직이 해체될 수 있을 정도로 '결사'는 매우 중요한 요소다. 만일 협동조합 사업이 잘 안 될 때 조합원의 결속 여부를 살펴야 한다. 사업이 잘 되는 시기에도 조합원의 관계, 조합원과 조합의 관계가 느슨해지면 사업의 위험 신호로 인식해야 한다. 이처럼 조합원의 유대 강도는 사업의 위기를 극복할 수 있고 조합을 위험에 빠뜨릴 수 있다.

'협동조합 정체성 선언문'은 정의에 "공통의 경제·사회·문화적 필요와 열망을 충족하기 위해"라는 협동조합 목적을 담고 있다. 사람들이 겪는 문제를 해결하고자 하는 욕구·필요·열망은 여러 방면에서 제기된다. 현재의 필요와 미래에 기대하는 열망을 충족하기 위해 사람들은 협동조합을 선택한다. 협동조합은 그 시대의 사회적 요구를 담아내는 그릇이다. 협동조합이 세상에 등장할 때 그 시대 사람들이 필요한 일이 있었고, 해결하고자 한 문제가 있었다. 그 필요와 열망은 시대에 따라 다르게 나타난다.

[표 14] 협동조합 정의

구분	협동조합 정의
협동조합기본법 제2조	협동조합이란 재화 또는 용역의 구매·생산·판매·제공 등을 협동으로 영위하는 사업 조직.
국제협동조합 연맹[ICA]	공동으로 소유하고 민주적으로 통제되는 사업체를 통해 공통의 경제·사회·문화적 필요와 염원을 충족하고자 자발적으로 결합한 사람들의 자율적인 결사.
EU 협동조합조합법	공통의 이해를 가진 개인들이 자발적으로 모인 공동 소유체 조직으로 자주적이고 민주적인 방식으로 운영되는 기업.
미국 농업부[USDA]	회원들이 소유 통제하고 회원들의 이익을 위해 수익을 비율적으로 분배·운영하는 조직.
미국 뉴욕 협동조합법	비영리 조직으로 조합원들의 상호 자족·협동·경제적 이익을 증진하기 위해 활동하는 단체.

▶ 출처: 이대중, 2013

협동조합은 사람들의 필요와 열망을 충족하기 위해 '공동으로 소유되고 민주적으로 관리되는 기업'으로서 자본에 통제되는 자본투자자기업과 정부에 통제되는 공기업과 구분된다. 즉 협동조합은 조합원의 경제·사회·문화적 혜택을 얻기 위해 시장에 개입하는 비즈니스 기업이지만, 명목상의 동업이 아닌 각자 같은 결정권과 책임을 지는 사람들이 공동 소유하고, 이들이 조합원으로서 조합 운영에 참여해 의사 결정을 하는 민주적 통제가 이루어지는 사업체다.

우리나라 협동조합기본법[제2조1항]은 협동조합을 '재화 또는 용역의 구매·생산·판매·제공 등을 협동으로 영위함으로써 조합원의 권익을 향상하고 지역사회에 공헌하고자 하는 사업 조직을 말한다'고 정의한다. 협동조합 정의는 국가마다 다르지만 이들 정의의 공통된 내용은 협동조합은 협동조합의 소유권자인 조합원이 공동으로 소유하고 민주적으로 통제하는 사업 조직이라는 점이다.

【그림 6】 협동조합의 정의

협동조합이란 무엇인가?

| 누가
(주체) | 자발적으로 결합한 사람들의
자율적인 결사 |

| 무엇을 위해
(목적) | 공통의 경제·사회·문화적 필요와
염원을 충족하고자 |

| 무엇으로
(수단) | 공동으로 소유하고 민주적으로 통제되는
사업체를 통해 |

> 한걸음 더

ICA 협동조합 10년을 위한 청사진[77]
BLUEPRINT FOR A CO-OPERATIVE DECADE

ICA는 2012년 10월 영국 맨체스터에서 열린 ICA 총회에서 유엔이 정한 '세계협동조합의 해'를 기념하여 앞으로 10년간 협동조합의 성장 청사진을 제출했다. '청사진'에서 제시한 '2020 비전'은 협동조합 비즈니스의 확실한 성장을 이뤄낼 전략을 담고 있으며, 앞으로 10년간 협동조합이 어떤 방향으로 나아갈지, 활동해 나가는 데 확실한 구심점을 제공한다.

'청사진'은 '2020 비전'을 "2020년까지 협동조합 형태의 기업이 사회·경제·환경 분야에서 지속가능성을 창출할 수 있다는 것을 인정받고 시민이 선호하는 기업모델이자 가장 빨리 성장하는 기업모델을 이루어내는" 데 두고, 이를 추진하기 위한 다섯 가지 전략을 제시한다.

첫째, 조합원제도와 지배구조에서 참여를 새로운 수준으로 끌어올린다.

둘째, 협동조합을 지속가능성을 창출하는 모델로 각인시킨다.

셋째, 협동조합의 메시지를 만들고 협동조합의 정체성을 확보한다.

넷째, 협동조합이 성장할 수 있도록 지원하는 법률 체제를 보장한다.

다섯째, 조합원 통제를 보장하면서 믿을 만한 협동조합 자본을 확보한다.

'청사진'은 협동조합이 무엇을 할 수 있는지 상상하지 못하는 전 세계를 향해 협동조합의 메시지를 명확히 하고 널리 알리는 게 중요한 목표라고 강조한다. 이를 위해 각국의 전국 단위협동조합 조직과 개별 협동조합, 협동조합 비즈니스 방식을 믿는 모든 사람의 지속적인 지지를 호소한다.

ILO 협동조합 활성화를 위한 권고문[78]
Promotion of Cooperatives Recommendation, No.193' 2002년

국제노동기구[ILO]는 1919년 국제연맹의 자매기관으로서 탄생했다. ILO 창립자들은 당시 산업화 국가의 노동자 착취가 심해지는 상황에서 사회 정의가 중요함을 인식하고 노동과 관련한 각국의 협력이 필요하다고 보았다.

ILO는 노동 문제를 다루는 유엔의 전문기구로서 187개 회원국이 참여한다. 이 기구는 국제 노동기준을 설정하고 정책을 개발하며 양질의 일자리를 촉진하는 프로그램을 개발하고 제공한다. ILO는 협동조합과 오랜 협력 관계를 이어왔는데, 1919년 ILO 설립 당시 프랑스 협동조합운동 출신의 알베르 토마[Albert Thomas]가 초대 사무국장을 맡아 협동조합 간 협동의 하나로 협정 체결에 나섰다. 1920년에는 ILO 조직 내에 협동조합 전문 부서를 설치했으며, 이후 지속해서 협동조합과 협력 관계를 이어나가고 있다. 'ILO 협동조합 활성화를 위한 권고문'은 2002년 ILO의 제90차 총회 협동조합증진위원회를 열어 채택한 문서다. 이 권고문은 1966년에 제출된 권고 제127호 〈개발도상국의 협동조합에 관한 권고[Co-operatives Developing Countries Recommendation]〉를 개정한 것이다.

권고문은 다섯 챕터에 모두 19항으로 구성돼 있으며, 권고 대상의 범위와 협동조합의 정의, 권고의 목표를 가장 먼저 제시한다. 이어 정책 체계와 정부의 역할, 협동조합 활성화를 위한 공공 정책의 이행, 고용자 단체와 노동자 단체·협동조합 조직의 역할과 관계성, 국제협력 등 다섯 개 주제의 내용을 담았다.

사회 발전을 위한 협동조합에 관한 유엔 결의문[2009][79]

Cooperatives in social development Resolution adopted by the General Assembly on 18 December 2009 64/136

'사회 발전을 위한 협동조합 Cooperatives in Social Development'은 2009년 12월 18일 제65차 유엔 총회에서 채택한 결의문 64/136호[이하 유엔 결의문]이다. 유엔 결의문은 1992년 제47차 총회에서 제출한 90호 결의문을 시작으로 2009년 136호까지 아홉 차례 제출되었다. 그 가운데 2009년에 제출된 136호는 2012년을 세계협동조합의 해로 선언한 점에서 주목을 받았다. 유엔 결의문은 모두 12항으로 구성돼 있으며, 구체적인 내용을 요약 정리하면 다음과 같다.

첫째, 2012년을 세계협동조합의 해로 선언한다.

둘째, 세계협동조합의 해를 계기로 모든 가맹국과 유엔 및 관계 기관에 협동조합을 촉진하고 협동조합의 사회경제 발전 공헌에 대한 인식 증진을 장려한다.

셋째, 각국 정부에게 협동조합 활동에 관해 적절한 세제 우대 조치와 금융 서비스, 시장 접근 면에서 타 기업과 사회적기업 사이에 동등한 활동의 장을 부여함으로써 협동조합의 성장과 지속가능성을 증진토록 장려한다.

넷째, 각국 정부, 관련 국제기관, 전문기관에 대해 국내 및 국제협동조합 조직과 협조하여 협동조합이 빈곤 퇴치와 완전하고 생산적인 고용 창출, 사회통합 증진이라는 역할을 충분히 활용하고 확대한다. 빈곤 생활자와 여성, 청년이나 장애인, 고령자와 같은 취약 계층이 자발적으로 협동조합에 참가하게 하며, 각국 정부와 협동조합운동의 효과적인 파트너십을 발굴하고 협동조합 법 제도화와 연구 등 협동조합 발전을 지원하며, 협동조합에 관한 포괄적인 연구와 통계자료를 작성하여 국내 정책 형성을 활성화한다.

다섯째, 협동조합 역량 개발 강화를 위한 프로그램을 개발하고, 새로운 기술에 접근할 수 있도록 프로그램을 도입하고 지원한다.

여섯째, 각국 정부와 국제기관에 대해 협동조합 조직과 협력하여 이용하기 쉬운 금융 서비스를 제공함과 동시에 금융협동조합의 성장을 활성화한다.

일곱째, 각국 정부, 관련 국제 조직, 전문기관, 각 지역과 국내외 협동조합 조직에 대해 유엔 총회 결의 47/90호에 따라 매년 7월 첫 번째 토요일을 세계협동조합의 날로 정할 것을 요구한다.

여덟째, 유엔 사무총장에 대해, 협동조합과 관련된 유엔 및 타 국제 조직, 국내외 지역의 조직과 협력하여 협동조합의 발전을 지원하는 환경을 만들어갈 수 있게 가맹국을 지원하고, 인재 개발이나 기술 자문, 연수를 지원하며 회의나 워크숍, 세미나를 통해 경험과 모범사례 교류를 촉진하도록 요청한다.

아홉째, 유엔 사무총장에게 '유엔 결의문' 실행에 관한 보고서를 세계협동조합의 해에 기존의 자원 내에서 행해야 할 활동 제안을 포함해서 제66차 총회에 제출하도록 요청한다.

※ 2023년 11월 3일에 열린 유엔 총회^{대한민국 주최}는 '사회 발전을 위한 협동조합에 관한 2023년 결의안^{The 2023 Resolution on}

Cooperatives in Social Development'을 통해 2025년을 2012년에 이어 두 번째 세계협동조합의 해로 선포할 것을 요구하였다.[80]

2023년 11월 3일에 2025년을 2012년에 이어 두 번째 '세계협동조합의 해'로 선포할 것을 채택한 유엔 총회 ©UN

 자료

【표 15】 협동조합·주식회사·유한책임회사 비교[81]

구분		일반 협동 조합	사회적 협동 조합	주식회사	유한책임회사 2011년 신설
소유제도	소유자	조합원		주주	출자한 사원
	출자 한도	총출자금의 30% 이내		없음	없음
	지분 거래	없음		가능 지분양수도, 증여, 상속 등	사원 전원의 동의 필요.
	가치 변동	없음		주식시장에서 수시 변동.	-
	투자 상환	상환책임 있음		상환책임 없음.	-
통제제도	의결권	1인 1표		1주1표 주식수에 비례	1인 1표
	의결 기관과 경영 기구	• 조합원이 선출한 이사회 • 이사회가 선출한 경영자 또는 선출직 상임 조합장		• 주주가 선출한 이사회. • 이사회가 선출한 경영자 또는 대주주의 자체 경영	• 사원 총회는 임의기관 필수기관이 아님. • 이사회 없음. • 전 사원이 선출한 업무 집행자가 회사 경영 전담. • 모든 결정은 업무집행사원의 동의 또는 전사원의 동

				의 거쳐야 함.
수익처분제도	내부유보	잉여금의 10% 이상 의무유보. 법정적립금	잉여금의 100% 유보	제한적	사원 총회의 결의로 결정.
	이용배당	• 출자배당보다 우선 • 전체 배당의 50% 이상이 원칙.	배당금 지급	없음	없음
	출자배당	• 시중 금융기관의 금리 수준에서 배당. • 총회에서 출자배당률 결정. • 의무 사항 아님.	배당금 지급.	제한 없음.	각 사원의 출자 좌수, 즉 출자금액의 비율에 따라

※ 유한책임회사는 주식회사와 달리 협동조합과 유사한 면이 있다. 유럽의 에너지협동조합의 경우 유한책임회사 법인으로 운영되는 사례가 있다. 유한책임회사는 2011년 상법 개정으로 신설된 것으로 출자자가 소유자이며 출자금의 규모와 상관없이 1인 1표의 의결권을 가지는 점에서 협동조합과 동일하다.

▶ 참고 : 유종오, 2014; 협동조합기본법; 사회적기업육성법

【표 16】 사회적협동조합·비영리 사단법인·

사회적기업의 비교

구분	법인		인증기업
	사회적 협동조합	비영리 사단법인	사회적기업
조직 구성	일정한 목적을 위해 결합한 사람으로 구성됨.		회사 형태에 따라 다양.
의결권	1인 1표		1인 1표, 1주 1표
사업 목적	지역주민들의 권익 복리 증진 관련 사업 수행, 취약 계층에게 사회서비스나 일자리를 제공하는 등 영리를 목적으로 하지 않는 협동조합.	학술, 종교, 자선, 기예, 사교 등 영리가 아닌 사업.	취약 계층에게 사회서비스 또는 일자리를 제공, 지역사회에 공헌함으로써 지역주민의 삶의 질을 높이는 등의 사회적 목적을 추구하면서 재화 및 서비스의 생산 판매 등 영업 활동을 하는 기업.
설립 방법	• 소속 행정부처 인가. • 법령에서 정하는 주 사업을 40% 이상 수행하는 조건.	허가	• 고용노동부 인증자격 부여 • 독립된 조직 형태. • 유급 근로자 1명 이상 고용. • 사회적 목적을 조직의 주된 목적으로 일자리 제공형·사회서비스제공형·혼합형·지역사회공헌형·창의혁신형 중 하나에 부합. • 이해관계자가 실질적으로 참여하는 의사 결정 구조 갖출 것.
설립	5인 이상, 서	2인 이상	개인사업자가 아닌 비영

조건	로 다른 이해관계자 2명 이상 포함.		리법인·단체·조합·상법상 회사 등으로, 조직의 주된 목적이 취약 계층 일자리 제공인 경우 전체 근로자 중 취약 계층 비율이 30% 이상, 주된 목적인 취약 계층 사회서비스 제공인 경우 서비스 수혜자 중 취약 계층 비율이 30% 이상 등.
배당	배당 불가	이익 배당 개념 없음.	배분 가능한 잉여 발생 시 잉여의 2/3 이상을 사회적 목적을 위해 사용.
이사회	필수	필수 아님.	
경영공시	의무	의무 아님.	회사 형태에 따라 다양.
잔여재산	잔여 재산 처리에 관한 사항을 법으로 규정.	잔여재산 처리를 정관에서 자유롭게 정함.	

▶ 참고: 유종오, 2014; 협동조합기본법; 사회적기업육성법

2) 협동조합의 가치[82]

협동조합은 다른 조직 형태와 달리 협동조합운동의 가치를 실현하는 조직이다. '협동조합 정체성 선언문'은 협동조합과 조합원이 가지는 가치에 대해 다음과 같이 서술한다.

    협동조합은 자조·자기책임·민주주의·평등·공정·연대의 가치

를 기초로 한다. 협동조합 조합원은 선구자들의 전통에 따라 정직·공개·사회적책임·타인에 대한 배려라는 윤리적 가치를 신념으로 한다.^{www.ica.coop/en/cooperatives/cooperative-identity}

협동조합의 가치는 구성원들의 자발성과 자기책임을 강조하며 자율적인 운영 조직임을 명확히 한다. 무엇보다 협동조합이 조합원들의 참여와 통제로 운영되며, 평등하고 공정한 참여를 강조하며, 조합원과 조합, 조합과 조합의 두터운 연대를 중요시한다.

【그림 7】 협동조합의 가치 The Cooperative Values

협동조합의 가치	조합원의 윤리적 가치
• 자조 Self Help • 자기책임 Self Resopnsibility • 민주주의 Democracy • 평등 Equality • 공정 Equity • 연대 Solidarity	• 정직 Honesty • 공개 Openness • 사회적책임 Social Responsibility • 타인 배려 Caring for Others

협동조합의 가치는 조합원 조직의 한계인 폐쇄적인 집단이 되지 않도록 개방성과 투명성을 강조하며, 협동조합이 사회적 문제에 눈을 돌려 자신만의 이익과 목적을 위해 사업을 하지 않도록 한다. 조합원에게 자신만이 아닌 옆 사람, 지역 사람들을 돌보는 생활 태도를 강조하며, 나와 조직 안에 매몰되지 않고 사회적인 사람으로 살아갈 수 있도록 중심을 세우라고 강조한다. 협동조합의 가치는 협동조합이 얼마나 협동조합다운가를 평가하는 지표가 된다.

3) 협동조합 7원칙[83]

(1) 협동조합 원칙 변천의 시대적 배경

협동조합운동은 1966년 ICA 빈 총회 이후 경영 효율화에 속도를 내기 시작했고, 다국적기업과 경쟁이 심해지면서 전문 경영인의 역할을 강조했다. 협동조합은 시장에서 대기업과 경쟁하기 위해 통합과 합병으로 조직의 규모를 키웠고, 전국 단위의 연합 조직화로 계열화를 진행했다. 그동안 잉여금을 내부 준비금으로 적립해온 협동조합은 탄탄한 재정적 기반을 갖추게 되었다. 그러나 비조합원 이용이 늘어나면서 조합원의 자발적 모임인 결사로서 협동조합의 정체성이 흔들렸고, 조합원의 자조 조직이 아닌 직원의 관리로 운영되는 경영 중심의 조직으로 변하기 시작했다. 결국 협동조합이 주식회사로 전환하는 사례가 빈번해졌다.

1980년, 협동조합 진영은 협동조합 정체성의 위기감을 느끼며 ICA 모스크바 총회에서 레이들로[A. F. Laidlaw] 박사가 작성한 '서기 2000년'의 미래를 점치는 보고서, 『레이들로 보고서, 서기 2000년의 협동조합』[84]을 제출한다. 이 보고서는 1979년 초부터 1980년 3월까지 이어진 연구 작업의 결과로서 앞으로 20년간 일어날 일을 예측하기보다 현재 안고 있는 문제가 계속 이어진다면 당장 어떤 변화가 필요한지 과업에 대한 안내와 지침을 제공하는 것을 목적으로 한다. 이후 4년마다 열리는 ICA 총회에서 그해 협동조합 진영이 처한 고민과 대안을 마련하기 위한 논의를 이어갔다.

(2) 협동조합 원칙 변천 과정과 특징

협동조합 원칙은 협동조합의 가치를 현실에 적용하는 지침이며, 운영 및 경영의 지표다. 오늘날 협동조합 원칙의 모태가 된 것은 1860년에 마련된 로치데일공정선구자조합의 원칙[이하 로치데일 원칙]이다. 로치데일 원칙은 1844년 로치데일공정선구자조합 설립 이후 여러 차례 만들어져 실제 운영에 적용되었지만 현재 협동조합 원칙에 영향을 미친 것은 1860년에 완성된 8원칙이다.

로치데일 원칙을 구체적으로 살펴보면, 다음과 같다.

첫째, 민주적 통제로서 각 조합원은 하나의 투표권을 가져야 한다.
둘째, 개방적 조합원 제도로서 누구라도 평등한 조건에서 가입할 수 있다.
셋째, 출자금에 대한 이자의 고정 또는 제한.
넷째, 잉여금 분배에서 이자와 공동비용을 뺀 나머지를 이용액에 비례하여 분배한다.
다섯째, 현금으로만 거래한다.
여섯째, 불순물을 섞지 않은 순정한 물품만을 판매한다.
일곱째, 협동조합의 원칙을 교육하기 위해 적립한다.
여덟째, 정치적·종교적 중립성을 지킨다.

이 가운데에서 1원칙^{조합원 민주적 통제로서 1인 1표}, 2원칙^{개방적 조합원제도}, 3원칙^{출자금 이자 제한}은 1995년 ICA의 '협동조합 정체성 선언'에서 채택한 7원칙에 반영되었다.

로치데일 원칙의 특징은 조합원 평등권과 현금 거래, 조합원 교육의 지속성을 위한 원칙이다. '조합원 평등권'은 협동조합의 민주적 운영의 상징이 되었다. 당시 여성의 참정권이 거부당했던 시절에 로치데일공정선구자조합이 여성 조합원에게 투표권을 줬다는 것, 출자지분과 상관없이 누구에게나 한 표의 의결권을 부여한 점은 민주주의의 선구적인 실천이었다.

'현금 거래 원칙'은 로치데일공정선구자조합의 생존을 위한 자구책이었다. 당시 많은 협동조합이 외상 거래금을 회수하지 못해 문을 닫는 사례가 많았다. 그 위험성을 잘 알고 있는 로치데일공정선구자조합은 외상거래를 금지하면 조합원이 줄어들 것이라는 우려가 있었지만 결국 조직이 살고 조합원에게 이익이 된다는 믿음으로 그 원칙을 지켜갔다.

'교육에 대한 원칙'은 로치데일공정선구자조합에게 가장 절실한 문제, 즉 조합원의 문맹률을 낮추는 데 매우 필요했다. 조합 설립 후에 조합 운영에 참여하는 많은 조합원이 협동조합의 회의 문서와 회계자료를 읽거나 이해하지 못해 조합 활동을 제대로 수행하기 어려웠다. 선구자조합은 이 문제를 해결할 뿐 아니라 조합 운영과 협동조합 운영 방식에 대한 이해를 높이기 위해 교육이 필요했고, 교육을 위한 비용을 고정적으로 책정해갔다.

협동조합 원칙은 로치데일 원칙을 기본 모델로 1937년 ICA 파리 총회에서 최초로 제정된다. 1937년 협동조합 원칙은 로치데일 8원칙에서 '순정하고 불순물을 섞지 않은 물품만을 판매'하는 여섯째 원칙을 제외하고 7개 원칙을 그대로 이어갔다. 협동조합 원칙은 1966년 ICA 빈 총회에서 6개로 축소·개정된다. 개정된 내용은 '현금 거래 원칙'과 '정치적·종교적 중립 원칙'이 제외되고 '잉여금 공정 분배의 원칙'과 '협동조합 간 협동의 원칙'이 처음 포함되었다. '정치적·종교적 중립 원칙'은 1966년 당시 자본주의 진영과 사회주의 진영이 정치적 중립 여부를 두고 갈등이 심해져 항목에서 제외됐으나 공개의 원칙 안에 포함되었다. 1966년 개정된 원칙의 특징은 다국적기업과 심한 경쟁이 있었던 당시 상황에서 협동조합 간 협동을 강화하는 전략이 필요했다는 점, '잉여금 분배의 원칙'에서 이용고 배당의 비중을 줄이고 협동조합 내 준비금을 형성하는 방향으로 나아갔다는 점이다.

협동조합 원칙은 1995년 ICA 맨체스터 총회에서 일곱 가지 원칙으로 2차 개정이 이루어지는데 이때 개정된 원칙은 현재까지 한 차례의 개정 없이 이어졌다.

1995년에 개정된 원칙은 기존 원칙과 비교해 좀 더 포괄적인 내용을 담았다. 1995년 2차 개정 내용에는 조합원의 경제적 참여 원칙[3원칙], 자율과 독립의 원칙[4원칙], 지역사회에 대한 기여 원칙[7원칙]이 처음 채택되었다. '자율과 독립의 원칙'은 협동조합이 국가에 의해 통제되지 않는, 조합원에 의한 민주적 관리를 강조하는 의미를 담았다. '지역사회에 대한 기여 원칙'은 협동조합이 지역사회를 생태적으로 지속가능한 사회로 만들어가는 역할을 강조한다. 1원칙인 '자발적 개방적 조합원제도'는 이전에 없었던 성과 인종의 차별금지를 명기하였고, 특히 여성 조합원의 차별금지를 명시한 점에서 사회적 지향성을 보인다. 기존 '출자금 이자 제한의 원칙'과 '잉여금 분배의 원칙'은 3원칙인 '조합원의 경제적 참여'의 원칙에 포함됐으며, 사업 운영의 주체가 조합원이라는 점을 명시하였다.

【표 17】 협동조합 원칙 변천 과정

구분	원칙	해설
1860년 로치데일 원칙 운영 원칙	① 민주적 통제의 원칙. ② 개방적 조합원제도. ③ 출자금에 대한 이자의 고정 또는 제한. ④ 잉여금 분배 원칙. ⑤ 현금 거래 원칙. ⑥ 순정하고 불순물 섞지 않은 물품만을 판매하는 원칙. ⑦ 조합이 상호 거래의 수단만이 아니라 조합원을 교육하는 수단으로 기여해야 하는 원칙. ⑧ 정치·종교적 중립성.	• 시작 → 1844년 로치데일 공정선구자조합의 협동조합 경영 원칙. • 1860년 로치데일 8원칙 완성. • 시대적 배경. - 자산가에게만 민주주의 행사 권리 부여. - 노동자 여성 투표권 제약. - 소매 점포의 횡포 - 계량 눈속임. - 협동조합, 외상 판매로 경영 파탄. - 노동자, 외부 차입에 대한 높은 이자.
1937년 ICA 총회 최초 제정	① 문호 개방. ② 민주적 운영: 1인 1표. ③ 이용고에 따른 잉여금 배당. ④ 출자금에 대한 이자 제한.	⑤ 정치적·종교적 중립은 1966년 개정 때 공개의 원칙 안에 흡수. • 자본주의 진영과 사회주의 진영이 정치적 중립 여부를 두

	⑤ 정치적·종교적 중립. ⑥ 현금 거래. ⑦ 교육 촉진.	고 갈등이 심해 ⑤항을 폐지. • 1966년 개정으로 유럽 생협 위주의 원칙에서 전세계 협동조합을 포괄하는 원칙으로 발전하는 계기가 됨. • 1937년 전후, 소비자협동조합 증가로 로치데일 원칙 중 협동조합 점포의 경영에 대한 것 중심으로 추상화, 간결화.
1966년 ICA 총회 1차 개정	① 공개의 원칙 : 자유 의사에 의한 가입, 문호 개방, 사회·정치·종교적 차별 금지. ② 민주적 관리의 원칙 : 조합원에 의한 임원 선출, 평등한 의결권. ③ 출자금 이자 제한의 원칙 : 출자금이자, 제한된 이율로 지불. ④ 잉여금 분배의 원칙 : 조합원 귀속, 균등한 분배, 조합 발전 준비금, 공동서비스 준비금, 이용고 배당으로 분배. ⑤ 교육 촉진의 원칙. ⑥ 협동조합 간 협동의 원칙 : 지역, 전국, 국제적 차원 협력.	• 특징. - 다국적 기업과 심한 경쟁으로 협동조합 간 협동 강화 방향. - 이용고 배당 비중 줄이고, 조합 내 준비금 형성 중시 방향으로. - 임직원 전문적 교육 중시. - 6원칙 협동조합 간 협동의 원칙 처음 채택.
1995년 ICA 총회 2차 개정	① 자발적 공개적 조합원 제도 : 성·사회·인종·정치·종교 차별금지. ② 조합원에 의한 민주적 관리 : 동등한 투표권 부여. ③ 조합원의 경제적 참여	• 특징. - 로치데일공정선구자 조합 탄생 150주년 기념 ICA 멘체스터 총회에서 의결. - 2차 개정. - 조합원 지향, 사회적 지향 모두 담김.

: 자본 형성에 공정하게 참여, 출자액에 따라 제한된 배당, 원칙에 따라 잉여금 배분/잉여금은 비분할 적립, 조합준비금, 이용고 배당, 기타. ④ 자율과 독립 : 조합원에 의해 관리되는 자조 조직. ⑤ 교육·훈련·정보 제공. ⑥ 협동조합 간 협동. ⑦ 지역사회 기여.	- 3원칙은 1966년 원칙 중에서 출자금 이자 제한 원칙과 잉여금 분배 원칙을 통합한 것. - 4원칙과 7원칙은 처음 채택.

(3) 1995년에 채택된 원칙 들여다보기

① 1원칙

자발적·개방적 조합원제도 Voluntary and Open Membership

협동조합은 자발적인 조직으로서, 협동조합의 서비스를 이용할 수 있고 조합원의 책임을 받아들일 의지가 있다면 성·사회·인종·정치·종교의 차별을 두지 않고 모든 사람에게 열려 있다.

1원칙은 조합원의 자유 의사와 평등한 투표권을 인정하는 것으로 1937년 협동조합 원칙을 처음 제정할 때 제1원칙으로 세울 만큼 중요한 의미를 담고 있다. 1원칙은 로치데일 원칙에서 그대로 이어진 것인데, 19세기 영국에서 여성에 대한 참정권이 없던 시절 로치데일공정선구자조합은 성별을 가리지 않고 조합원을 받아들였고, 여성의 의결권과 투표권을 인정하는 등 사회적으로 진보적인 모습을 보였다.

우리나라는 협동조합기본법에서 1원칙을 적용하고 있다. 협동조합기본법은 제20조^{조합원 자격}에서 "조합원은 협동조합의 설립 목적에 동의하고 조합원으로서 의무를 다하고자 하는 자"로 자격을 규정하며, 제21조^{가입} ①항에서 "협동조합은 정당한 사유 없이 조합원의 자격을 갖추고 있는 자에 대하여 가입을 거절하거나 다른 조합원보다 불리한 가입 조건을 붙일 수 없다"며 공통의 요구 사항을 가진 사람들이라면 성이나 인종, 정치와 종교와 상관없이 누구나 협동조합에 자유롭게 참여할 수 있다고 명시한다.

> 개방적 조합원제도는 조합원만이 조합의 서비스를 이용할 수 있을 때 해당하는 원칙이다. 그러나 유럽의 대규모 소비자협동조합의 경우 사업의 성과를 올리기 위해 비조합원의 이용을 허용하며, 협동조합이 아닌 다른 사업체를 자회사로 운영하면서 비조합원과 거래하는 사례가 있다. 우리나라 소비자생활협동조합도 마찬가지로 비조합원의 이용을 확대하는 법 개정을 추진한 바 있다.

이처럼 협동조합은 조합원으로 참여하고자 하는 사람에게 임의로 제한을 가할 수 없지만, 개별 협동조합의 운영 목적에 따라 제한을 둘 수 있다. 협동조합기본법 제21조 ②항은 "정관으로 정하는 바에 따라 협동조합의 설립 목적 및 특성에 부합하는 자로 조합원의 자격을 제한할 수 있다"고 단서를 달았다. 이는 조합원 가입에 대한 제한 조건이 아니라 협동조합의 사업이나 서비스의 유형에 따라 특정의 조합원이나 지역에 제한을 둘 수 있다는 것이다. 이를테면, 주택협동조합의 사례에서, 일정한 수의 조합원에게만 주택을 공급할 수 있고, 지역개발협동조합의 경우 한정된 지역주민만이 조합원 자격을 가질 수 있다. 성차별과 성 불평등을 해결하고자 설립한 여성 협동조합은 여성 조합원으로 구성돼 있다. 직원협동조합$^{노동자\ 협동조합}$은 일하는 사람들이 조합원으로 참여하는 조직이다. 직원협동조합은 일자리와 관련이 있으므로 조합원으로 가입하기 위해서는 기존 직원의 동의가 필요할 수 있다. 소비자협동조합의 경우 사업 구역이 특정 지역으로 한정돼 있을 때 다른 지역의 주민들은 조합원으로 참여할 수 없다.

개방적 조합원제도는 조합원만이 조합의 서비스를 이용할 수 있을 때 해당하는 원칙이다. 그러나 유럽의 대규모 소비자협동조합의 경우 사업의 성과를 올리기 위해 비조합원의 이용을 허용하며, 협동조합이 아닌 다른 사업체를 자회사로 운영하면서 비조합원과 거래하는 사례가 있다. 우리나라 소비자생활협동조합도 마찬가지로 비조합원의 이용을 확대하는 법 개정을 추진한 바 있다.

오늘날 협동조합의 일부는 조합원이 아무 제한 없이 조합 운영에 참여하도록 노력을 기울이기보다 비조합원에게 조합의 서비스를 이용하게 함으로써 사업적 실익을 추구하는 경향이 있다. 협동조합이 자발적·개방적 조합원제도 원칙을 어떻게 실천해갈지 비조합원의 무임승차를 막고 조합원의 편익을 어떻게 보장해갈지 고민이 필요하다.

② 2원칙
조합원에 의한 민주적 통제$^{Democratic\ Member\ Control}$

> 협동조합은 조합원에 의해 통제되는 민주적인 조직으로서, 조합원은 정책 수립과 의사 결정에 적극적으로 참여한다. 선출직으로 활동하는 대표자들은 조합원에게 책임을 다해야 한다. 단위협동조합의 조합원은 동등한 투표권$^{1인\ 1표}$을 가지며, 다른 연합 단계의 협동조합도 민주적인 방식으로 조직된다.

협동조합의 특징은 조합의 소유권자인 조합원에 의해 운영되고 통제되는 점이다. 조합원은 협동조합의 소유권자로서 협동조합의 정책을 수립하고 이를 수행하기 위한 의사 결정에 직접 또는 대리인을 통해 참여한다. 그 방법은 출자액과 상관없이 한 사람이 한 표의 의결권과 선거권을 행사하는 것이다.

1인 1표제는 조합원의 민주적 통제의 한 방식으로 자본투자자기업과 구분되는 협동조합만의 특징이다. 이 원칙은 로치데일공정선구자조합에서 처음 채택됐는데, 여성 참정권이 보장되기 전의 유럽에서 여성과 남성이 동등한 한 표의 권리를 행사한 현장이 바로 협동조합 조합원 총회였다.

1인 1표 의결권과 선거권 행사는 출자금의 규모와 상관없이 조합원 모두에게 똑같이 부여하는 면에서 민주주의의 상징이다. 그러나 협동조합은 1인 1표제의 의결권 외에 총회에서 대리인을 선출하는 대의민주주의, 의사 결정 과정에서 토론하고 조정하는 숙의민주주의, 조합의 사업과 의사 결정 과정에 조합원이 참여하는 참여민주주의 모두 중요하게 여긴다.

1인 1표 의결권은 조합원 모두에게 평등하게 부여하는 면에서 민주적 요소이긴 하지만 모든 협동조합에 적용되지 않는다. 협동조합 연합회의 경우 회원 조합의 규모에 따라 의결권 비례제를 적용한다. 협동조합기본법 제75조는 "연합회는 회원인 협동조합의 조합원 수, 연합회 사업 참여량, 출자 좌수 등 정관으로 정하는 바에 따라 회원의 의결권과 선거권을 차등으로 부여할 수 있다"고 명시했다.

조합원이 조합 운영에 참여해 정책 결정을 위한 의사 결정에 참여하고 임원을 선출하는 행위는 협동조합의 소유권자로서 권한이며 동시에 의무다. 그러나 조합원이 자신의 임무를 수행하기 위해서는 공개적이고 투명하며 책임 있는 민주적 거버넌스가 필요하다. 협동조합은 이사회를 비롯한 각종 회의체의 회의록을 공개해야 하며, 조합 운영과 관련한 자료를 조합원이 원한다면 언제든 제공해야 한다. 협동조합은 조합원이 조합 운영과 관련해 토론하고 이사회로부터 설명을 들을 기회를 제공해야 한다.

③ 3원칙

조합원의 경제적 참여 Member Economic Participation

조합원은 협동조합의 자본 조달에 공정하게 기여하고 민주적으로 통제한다. 최소한 자본금의 일부는 조합의 공동 자산으로 한다. 조합원 자격을 얻기 위해 내는 출자금에 대한 배당이 있는 경우에도 보통은 제한된 배당만을 받는다. 조합원은 다음의 목적을 위해 잉여금을 배분한다.

- 최소한 일부는 나눌 수 없는 준비금 적립을 통해, 협동조합을 발전시키기 위해.
- 협동조합 이용에 비례하여 조합원에게 혜택을 주기 위해.
- 조합원이 승인한 여타 활동을 지원하기 위해.

> 조합원의 경제적 참여는 협동조합의 자본 형성에 매우 중요한 역할을 한다. 조합원의 필요와 염원을 충족하기 위한 조합원의 공동 사업체인 만큼 조합원의 경제적 기여는 협동조합의 생존을 결정하는 일이기도 하다.

3원칙은 조합원이 협동조합에 참여하는 자격을 얻는 출자와 자본 조달, 잉여금 배분과 배당에 관한 내용을 담았다. 조합원이 협동조합에 경제적으로 참여하는 방법은 여러 가지가 있다.

첫째는 출자다. 협동조합에 가입하고자 하는 사람은 정관에 정해진 규정에 따라 출자금을 내고 조합원으로 참여한다. 출자금은 자본투자자기업과 달리 출자금에 대한 이자가 배당으로 지급되지 않을 수 있으며, 지급되더라도 시중 금리 이하로 제한돼 있다. 출자는 조합원의 자격을 얻는 첫 과정이다.

예외도 있다. 스위스의 소비자협동조합인 '콥^{COOP}'은 조합이 발행하

는 간행물 구독자로 등록하는 것으로 조합원의 자격을 얻는다.[85]

둘째, 협동조합 사업 성과로 발생하는 잉여를 비분할 적립금으로 내부 유보를 할 수 있다. 제3원칙은 잉여금 처분의 방식을 제시해 공정한 분배가 되어야 함을 강조한다. 즉 협동조합 발전을 위한 준비금 방식과 공동서비스 제공을 위한 방식, 협동조합 서비스 이용에 비례해 조합원에 배당하는 방식 등 세 가지를 제시했다. 여기에서 제시한 잉여금 처분 방식은 자본의 공동 소유라는 개념을 포함한다. 즉 출자에 대한 이자 배당보다 협동조합의 성장과 발전을 위해 내부 자본으로 유보하는 의미의 비분할 적립금을 적립하는 의미를 담았다.

셋째, 조합원은 협동조합의 사업 확장에 따라 자본 조달이 필요할 때 출자금을 더 낼 수 있으며, 의결권 없는 자본투자인 우선출자도 가능하다. 협동조합의 우선출자는 주식회사의 우선출자와 유사하며, 우선출자자는 조합 운영에 참여할 권한을 갖지 못하나 적정한 이율로 다른 조합원보다 배당을 먼저 받는다.

넷째, 협동조합에 따라 출자금 외에 조합의 운영을 위해 정기적으로 조합비를 내면서 조합의 자본 조달에 기여한다.

조합원의 경제적 참여는 협동조합의 자본 형성에 매우 중요한 역할을 한다. 조합원의 필요와 염원을 충족하기 위한 조합원의 공동 사업체인 만큼 조합원의 경제적 기여는 협동조합의 생존을 결정하는 일이기도 하다.

'자본은 조합원으로부터 조달되어야 한다.' 로치데일공정선구자조합은 1860년 협동조합을 위한 행동강령에 협동조합의 자조의 가치를 이렇게 명시해 놓았다. 예나 지금이나 협동조합이 사업 확장을 위해 필요한 자본을 외부 투자자나 국가 지원에 의존하면 조합원의 주권이 흔들릴 수 있으며 협동조합이 자율적·독립적으로 운영하는 데 어려움이 따른다. 결국 협동조합으로서 정체성을 잃어버릴 수 있다.

3원칙은 조합원의 경제적 참여와 사업 이용과 기여의 결과로 발생하는 잉여금 처분 방식을 세 가지 제시한다.

첫째 잉여금 처분 방식은 비분할 준비금을 적립하는 것이다. 잉여금의 일부를 조합원에게 분배하지 않고 내부 유보하여 장래 협동조합 사업의 발전과 조직을 유지하는 데 사용한다.

둘째는 조합원이 협동조합 사업을 이용하거나 노동으로 기여한 만큼 비례하여 조합원에게 혜택을 주는 방식이다. 소비자협동조합에서는 이용고 배당, 노동자협동조합에서는 노동기여 배당이라는 이름으로 조합원에게 잉여금을 환원한다. 또한 조합원의 요구를 담아낸 상품과 서비스를 제공하고, 조합원과 직원, 지역주민을 위한 교육에 투자함으로써 사업의 성과를 조합원에게 분배하여 혜택으로 돌아가게 한다.

셋째는 조합원이 승인한 다양한 활동을 지원하는 데 잉여금을 사용한다. 협동조합의 주 사업 외에 지역사회와 함께하는 활동이나 사회적 의제를 해결하는 활동, 환경운동 등 총회에서 조합원의 승인이 이루어진 활동에 대해 지원하는 방식이다. 이는 제5원칙인 교육·훈련·정보제공과 제6원칙인 협동조합 간 협동, 제7원칙인 커뮤니티 관여^{지역사회 기여}와 관계된 활동이다.

④ 4원칙

자율과 독립^{Autonomy and Independence}

협동조합은 조합원이 통제하는 자율적이고 자조적인 조직이다. 정부를 포함한 다른 조직과 협약을 맺거나 외부에서 자본을 조달하고자 할 경우, 조합원의 민주적 통제가 보장되고 협동조합의 자율성이 유지될 수 있는 조건에서 이루어져야 한다.

협동조합은 정부나 다른 기업의 도움 없이 공통의 요구를 가진 조합원들이 자발적으로 만든 사업체로서 자율적으로 운영되는 조직이다.

그러나 1995년 이전에는 협동조합의 특징으로 명시된 바 없다. 1995년 협동조합 원칙을 개정하면서 4원칙이 처음 채택된 데에는 국제사회의 변화가 작용했다. 1990년대 소련 사회주의의 붕괴 이후 중국과 동유럽 사회주의 국가들이 시장경제를 받아들이기 시작했다. 이때 사회주의 체제 안에서 활동하던 협동조합들이 국가통제에서 벗어나 자율적인 활동을 시작하는데, ICA는 이를 응원하고 지원할 필요를 느꼈다. 개발도상국 협동조합의 경우 정부의 간섭과 지배에서 벗어나야 하는 과제도 있었다. 유럽에서는 중앙정부와 지방정부, 후원자들과 파트너십을 형성해 운영되는 사례가 나타났다. 이에 ICA는 협동조합이 자율과 독립의 원칙이 무너지면 준정부기관으로 바뀌거나 정부 의존성이 강해질 수 있으며, 협동조합이 정당과 연대하여 정치적 집단으로 바뀔 수 있는 점을 우려해 이를 미리 막으려는 조치로 이 원칙을 새로 채택했다.

4원칙은 협동조합이 자율적·자조적인 조직임을 명확히 했다는 점에서 의미가 있지만 정부나 다른 조직과 관계를 완전히 부정한 것은 아니다. 이 원칙은 "조합원의 민주적 통제가 보장되고 협동조합의 자율성이 유지될 수 있는 조건"이라는 단서를 달았다. 이와 관련해 2001년 12월 19일에 채택된 'UN결의안 56~114'는 협동조합 정책 관련 지침을 제시한다. 'UN결의안 56~114'는 협동조합의 발전과 성장을 위해 우호적 환경을 조성하고 적절한 법과 정책을 정비해야 함을 권고했다.[86]

유엔이 협동조합 성장과 발전을 위해 각 나라에 조성하도록 한 우호적인 환경은 간단하다. 국가와 협동조합이 성공적이고 효과적인 파트너십을 구축해야 하며, 국가가 협동조합에 지나친 개입도 완전 무관심도 도움이 되지 않는다고 강조한다. 유엔은 국가와 협동조합의 관계에서, 정부는 협동조합을 특별 우대가 아닌 일반 기업과 경쟁에서 이뤄낸 사업 성과를 보고 지원해야 하며, 국가의 정책 수단이 아닌 자율적으로 활동할 수 있도록 해야 한다고 했다. 정부 정책은 협동조합이 국가에 의존하지 않도록 하며, 정부 정책이나 기술 지원 프로그램의 수단으로 이용하지 않아야 한다고 강조한다.[87]

유엔의 특별기구인 국제노동기구[ILO: International Labour Organization, 이하 ILO]도 협동조합이 자율적인 결사임을 명확히 했다. ILO는 2002년 발표한 '협동조합 활성화를 위한 권고문 193호'[이하 ILO 권고문 193호]에서 정부는 "협동조합의 자율성을 존중해야 한다"며 협동조합을 자율적이고 자조적으로 운영되는 기업으로 인정한다. "특히 협동조합이 하지 않았다면 제공되지 않을 서비스를 다루거나 제공하는 중요한 역할을 가지고 있는 분야에서 자율 경영하는 사업체로서 협동조합의 발전을 장려할 것"을 권고한다. 이 권고문은 정부에 의해 협동조합의 자율성과 독립성이 침해받을 때 매우 유용하게 활용되며, 협동조합이 다른 기업과 다른 불리한 대우를 받지 않아야 함을 명확히 했다.

협동조합이 정부와 다른 기관으로부터 독립적이고 자율적으로 운영되는 자조 조직으로 인정받는 것은 매우 중요하다. 협동조합이 정부의 보조적 역할 또는 정부가 재정이나 인력의 문제로 인해 손 놓은 일을 대신하는 수단으로 취급되는 경우가 있다. 일례로 이탈리아 사회적협동조합의 탄생 과정에서 볼 수 있다. 정부는 사회복지 재정의 한계에 부닥치면서 정부 지원과 기금으로 운영해온 비영리 조직에 법적 틀을 제공하며 영리 사업을 통해 기존의 사회복지 관련 사업을 이어가게 했다. 이러한 형태가 자칫 협동조합을 국가 또는 지방정부가 감당하지 못하는 사업을 맡아서 하는 보조적 조직으로 전락하게 할 수 있다.

협동조합은 정부와 관계뿐 아니라 금융시장과 자본투자자로부터 자율과 독립의 원칙이 훼손되는 일이 발생할 수 있다. 협동조합의 자본 형성은 조합원이 담당하고 결정해야 한다. 그러나 사업의 성과가 목표에 이르지 못했거나 사업 확장이 필요할 때 외부에서 자본을 끌어올 수 있다. 이때 협동조합이 자본의 힘에 조합원의 통제권을 잃어버릴 수 있다. 협동조합은 자본이 조직의 자율성과 독립성을 훼손하지 못하도록 조합원 출자를 전체 출자의 30% 이내로 제한하고, 출자금 규모와 상관없이 한 사람에게 한 표의 의결권만 허용한다. 또한 외부자본을 활용할 때 총회에서 채무액을 정해 그 기준 이상으로 외부자본을 사용하지 못 하게 한다. 그러나 우리나라 협동조합기본법은 2020년 3월 31일 개정으로 의결권 없는 '우선출자'를 허용해 외부자본이 들어오는 문을 넓혔다. 사업의 확장을 위해 투입한 외부자본을 상환하지 못할 때 협동조합은 자칫 조합원 주권을 투자자에게 넘길 수 있다. 따라서 외부자본을 사용할 때 반드시 차입 한도를 정하고, 조합원의 동의와 승인 절차를 거쳐야 한다.

⑤ 5원칙
교육·훈련·정보의 제공 Education, Training, and Information

협동조합은 조합원, 선출직 대표, 경영자 그리고 직원이 협동조합의 발전에 실질적으로 기여할 수 있도록 교육과 훈련을 제공한다. 협동조합은 일반 대중, 특히 젊은 세대와 여론 주도층에게 협동조합의 본질과 혜택에 대해 정보를 제공한다.

협동조합에서 교육의 중요성은 로치데일공정선구자조합 설립 초기부터 강조돼왔다. 로치데일공정선구자조합은 설립 초기 협동조합 원칙에 "일정 비율의 이익을 교육에 사용한다"고 정할 만큼 교육의 중요성을 강조했다. 로치데일공정선구자조합 설립 당시 1840년대에 영국 전체 문맹률이 약 90%에 이르렀다. 이는 로치데일공정선구자조합을 운영하는 데 어려움을 주었다. 조합원 수가 적었던 설립 초기에는 말로 의사소통을 해도 큰 문제가 없었다. 그러나 조합원 수가 1,000명을 넘어서면 문서로 작성한 사업 보고를 조합원에게 전달할 수밖에 없었다. 그러나 글을 읽고 쓸 수 있는 조합원이 많지 않아 조합 운영에 어려움을 겪었다. 이때 조합은 가장 먼저 문자 교육을 시행했으며, 그 결과 1800년대 후반에서 1900년대 초까지 문맹률을 낮출 수 있었다.

협동조합에서 교육은 조합원이 조합 운영에 참여해 민주적 통제 역할을 하는 데 반드시 필요하다. 특히 교육은 조합원들이 협동조합 운영의 원리를 이해함으로써 조합을 자율적으로 운영하게 하는 데 중요한 역할을 한다. 스위스의 대표적인 소비자협동조합 미그로^{MIGROS}는 조합의 사업비에서 일정액을 언제나 조합원 교육을 위해 써야 함을 원칙으로 한다.

스페인의 대표적 노동자협동조합인 몬드라곤을 세우는 데 중요한 역할을 한 호세 마리아 아리스멘디아리에타 José María Arizmendiarrieta 신부는 협동조합 교육뿐 아니라 일하는 사람들을 위한 기술교육을 강조하며 기술전문학교를 세울 만큼 협동조합에서 교육의 필요성을 실천으로 보여주었다. 호세 마리아 아리스멘디아리에타 신부는 곳곳에 100여 개의 학습모임을 만들 만큼 자발적인 교육 참여도 강조했다. 현재 운영되는 몬드라곤대학은 협동조합의 이해를 돕는 교육과 기술교육 프로그램으로 유명하다.

우리나라 협동조합기본법은 제45조^{사업}에서 협동조합이 설립 목적을 달성하는 데 필요한 사업을 자율적으로 정관으로 정하되 '조합원과 직원에 대한 상담·교육·훈련·정보제공 사업'을 반드시 포함해야 한다고 명시했다. '교육'은 협동조합 원칙과 가치를 이해하고 그 실천 방법을 설명한다면, '훈련'은 협동조합을 운영하는 데 필요한 실질적인 능력을 키우는 데 의미를 둔다. '정보제공'은 조합원이 아닌 지역주민을 비롯한 일반 대중에게 협동조합이 무엇인지, 어떤 가치를 실현하는 조직인지 알리는 것을 말한다. 이는 일반 기업의 홍보, 마케팅의 의미와 달리 협동조합이 사회에 끼치는 영향, 지향하는 가치를 알림으로써 사회적 영향을 미치고자 하는 행동을 말한다.

협동조합은 조합원의 참여로 운영되는 자조적인 조직이다. 조합원이 협동조합의 소유권자로서 자신의 역할을 제대로 수행할 때 건강한 협동조합이 될 수 있다. 이때 조합원 교육이 반드시 필요하다. 소비자협동조합은 조합원이 조합 사업을 이용하는 주체로서 조직의 성장과 발전, 경제적 안정을 위해 중요한 역할을 한다. 이때 조합원은 일반 기업의 고객 또는 구매자로서 역할이 아닌 협동조합 사업체 운영자로서 임무를 수행하는 것이다. 조합원이 일반 상품판매점의 소비자로 자신의 위치를 스스로 떨어뜨리지 않기 위해서는 협동조합에서 조합원의 의미와 역할에 대한 이해가 전제되어야 한다. 이를 가능하게 하는 것이 교육이다.

⑥ 6원칙
협동조합 간 협동 Cooperation among Cooperatives

협동조합은 지방·국가·지역·국제적 차원의 조직들과 협력함으로써 조합원에게 가장 효과적으로 봉사하고 협동조합 운동을 강화한다.

협동조합의 연대는 협동조합의 본연의 모습일 수 있다. 협동조합은 협동의 방식으로 자원을 공유하고 비용을 줄일 수 있으며, 시장에서 인지도와 영향력을 높일 수 있으며, 규모와 함께 전문성도 키울 수 있다.

6원칙은 협동조합의 연대를 강조한 것으로 자본투자자기업이 시장을 독점하고 자본수익률을 높이기 위해 인수 합병하는 것과 본질에서 차이가 있다. 협동조합의 연대는 특정 사안을 두고 제휴를 맺기도 하고 조직 합병을 하기도 한다. 나아가 서로 다른 업종의 협동조합이 연합회를 조직하거나 같은 업종의 2차 협동조합으로 연합하는 사례도 있다.

6원칙은 1966년에 새로 추가된 것으로 1960년대 다국적기업의 시장 독점 상황과 관련이 있다. 1960년대 다국적 거대기업들은 본격적으로 시장을 장악하기 시작했다. 다국적기업이 시장을 독점한 상황에서 작은 규모의 단위 조직의 협동조합이 그들과 경쟁하여 살아남을 수 없었다. 협동조합들은 거대기업처럼 조직의 규모를 키우기보다 협동조합 간 협동으로 규모의 경제를 실현하고 시장 경쟁력을 높이는 전략을 선택한다. 이를테면 이탈리아 협동조합의 컨소시엄과 같은 협업 사업, 연합 조직, 몬드라곤처럼 제조업·금융업·유통업·지식산업 등 업종이 결합한 그룹화가 있다.

협동조합의 연대는 협동조합의 본연의 모습일 수 있다. 협동조합은 협동의 방식으로 자원을 공유하고 비용을 줄일 수 있으며, 시장에서 인지도와 영향력을 높일 수 있으며, 규모와 함께 전문성도 키울 수 있다. 그런 점에서 가장 대표적인 연대는 ICA이다. 시장이 국제적인 상황에서 협동조합의 장점을 극대화하는 데 모든 부문의 협력이 필요하다. 이는 국제적 대응능력을 갖는 길이기도 하다. 이외에도 단위협동조합의 연합 조직, 2차 협동조합의 연합 조직으로 3차 연합 조직이 있다.

우리나라 협동조합 간 연대 조직에는 소비자생활협동조합의 연합회, 협동조합기본법 하의 2차 협동조합이 있다. 이외에 서로 다른 업종의 협동조합 연합회 설립도 가능하다. 이들 조직은 사회·정치적 성격이 강하며, 시장에서 우위를 점하고 경제적 효율성을 높이기 위해 컨소시엄을 형성하는 사례도 있다.

협동조합은 연대 조직을 통해 지역·국가·세계적으로 협동조합 정체성을 인정받을 수 있으며, 협동조합의 인지도를 높이고 신뢰를 두텁게 할 수 있다. 그러나 연대 조직이 단위협동조합의 활동이나 사업에 직접적인 도움을 주는 게 아닌 만큼 사업 성과를 확대하기 위한 또 다른 협력 관계를 만들어나가는 게 필요하다. 즉 소비자협동조합의 경우 물류 통합 조직이나 금융 조직과 같은 경제적 협동 관계는 협동조합 사업 측면에서 매우 중요하다.

협동조합의 연대는 자본투자자기업과 함께 경쟁하는 시장과 다른, 상호 거래가 이루어지는 협업 시장의 역할도 한다. 즉, 자본의 조달이나 재화, 서비스가 제공되고 구매되는 협동조합 내부 시장이다. 지역

차원의 협동조합 연대나 컨소시엄이 그 사례다.

⑦ 7원칙
지역사회에 대한 기여^{Concern for Community}

협동조합은 조합원이 승인한 정책을 바탕으로 커뮤니티의 지속가능한 발전을 위해 활동한다.

7원칙에서 지역사회는 협동조합의 조합원이 속한 공동체이며 사업을 하는 곳으로 커뮤니티 또는 지역공동체로 표현되기도 한다. 7원칙은 1980년에 작성된 '레이들로 보고서'에서 제기된 협동조합의 정체성 위기에 대한 진단과 처방 과정에서 세워졌다. 이 보고서는 협동조합이 조합원의 권익 증진과 이를 위한 기업 활동에만 만족하지 않고 사회 전체가 해결해야 할 과제들을 적극적으로 해결하는 데 나서야 한다고 강조한다.

7원칙이 1995년에 새로 채택된 이후에 지역을 기반으로 협동조합을 설립한 사례가 늘어났으며, 7원칙은 협동조합과 지역, 조합원과 지역 주민의 긴밀한 관계를 기반으로 사업을 확장해나가는 데 지침이 되었다.

협동조합은 가까운 거리에서 살아가는 사람들의 공통된 필요와 염원을 충족하기 위해 만들어진 자율적 공동체인 만큼, 조합원의 생활 터전인 지역사회와 유대 관계를 긴밀하게 유지해야 하며 지역사회에 개방돼야 한다. 지역은 협동조합 조합원의 삶터이고 협동조합이 사업을 펼치는 곳이기에 지역사회의 발전은 곧 협동조합의 발전으로 이어지기 마련이다.

7원칙은 지역공동체를 기반으로 사업을 하는 협동조합의 역할을 명시함과 동시에 협동조합의 사회적 문제 해결자로서 역할을 제시했다. 협동조합은 조합원의 필요와 염원을 담아내는 과제를 수행하지만 나아가 조합원이 살아가는 지역·국가·세계의 평화와 지속성을 위해 관심을 가지며 문제 해결을 위해 사업을 해나갈 필요가 있음을 말하고 있다. 즉, 자연재해에 무너진 사람들의 삶을 돌보고, 후대 자손들이 살아갈 지구를 지키기 위해 환경지킴이 활동을 하고, 미래 식량을 확보하기 위해 땅과 농업을 지키고 농민들의 삶을 돌보는 일은 협동조합이 지역 공동체에서 사회적 가치를 실현하는 사업과 활동이기도 하다.

【그림 8】 협동조합 7원칙

❶

새뮤얼 보울스와 허버트 긴티스는 인간이 협력의 종이라면 협동조합은 사람들에게 가장 자연스럽고 효율적인 비즈니스 모델이라고 말합니다. 그러나 자본주의에서는 개인의 이익을 우선하고 독점하고자 하는 것을 본능이라고 말하는 이도 있습니다. 사람은 어떤 본능으로 살아가야 행복할까요?

❷

로치데일공정선구자조합은 무수히 생겨났다 사라진 협동조합 중에서 가장 오랫동안 성장해온 협동조합입니다. 로치데일공정선구자조합이 한 세기 넘게 생존하고 성장 발전할 수 있었던 요인은 무엇일까요?

❸

협동조합 7원칙은 1995년 개정된 이후 지금까지 이어져 왔습니다. 협동조합은 그 시대의 필요를 충족하기 위해 태어났고 그에 걸맞은 가치를 실현하기 위한 원칙을 세우고 실천해왔습니다. 오늘 이 시대에, 사람들이 충족하고자 하는 필요가 무엇이며 해결하고자 하는 문제가 무엇일까요. 이것을 실천할 협동조합의 새로운 가치와 원칙을 새롭게 세워봅시다.

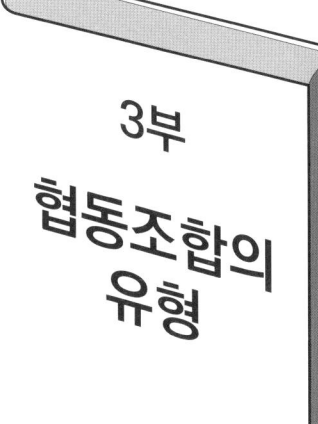

3부
협동조합의 유형

1장 협동조합의 유형

2장 협동조합법

3장 새로운 협동조합 유형 등장

어떤 집단이든 기업의 이용자 집단이 기업을 소유하게 되는 것은 그것이 효율적이기 때문이다. 그러나 어떤 이용자 집단이 가장 효율적인 소유자가 될지는 환경에 따라 달라진다. (…) 소비자, 직원, 혹은 공급자들이 집단적 통제력을 행사하기에 좋은 위치에 있을 경우, 설사 그 집단이 겪는 시장 실패가 아주 미미해도 소비자 소유기업, 노동자 소유 기업, 공급자 소유 기업이 등장한다.

▶ 출처: 헨리 한스만. 2017. 『기업 소유권의 진화The Ownership of Enterprise』. 박주희 역. 한국협동조합연구소/북돋음

- 이 장은 협동조합과 관련한 8개 특별법과 기본법을 근거로 협동조합의 유형을 소개한다.
- 이 장에서는 세계협동조합의 해를 기념해 탄생한 협동조합기본법의 도입 과정과 내용, 특별법을 근거로 한 협동조합과 관계, 기본법 제정 후 현실적 필요를 담은 법 개정의 과정과 내용을 설명한다.
- 이 장에서는 협동조합의 새로운 흐름으로 등장한 디지털기술 기반의 플랫폼협동조합과 프리랜서협동조합, 지구 위기와 인구의 축소, 고령화 사회 진입 문제를 해결하려는 협동조합의 노력을 사례를 통해 소개한다.
- 독자들은 이 장의 학습을 통해 협동조합의 이해관계자를 기준으로 분류한 유형을 이해할 수 있으며, 협동조합 기본법을 실제 협동조합을 운영하는데 어떻게 적용할 수 있는지, 협동조합법 개정이 협동조합의 성장과 발전에 어떤 영향을 미쳤는지 탐구할 수 있다. 디지털 세상에서 살아가는 현 세대가 전통적인 협동조합에서 나아가 새로운 흐름의 협동조합을 구상하고 만들어갈 수 있는 동기를 얻을 수 있다.

1장
협동조합의 유형[1]

1) 특별법과 기본법에 따라 분류

우리나라 협동조합은 설립과 운영에 관한 규정을 담은 특별법과 기본법에 따라 구분된다. 8개 협동조합특별법에는 농업협동조합법·수산업협동조합법·산림조합법·엽연초생산협동조합법·중소기업협동조합법·신용협동조합법·새마을금고법·소비자생활협동조합법이 있다. 8개 협동조합특별법에 근거한 협동조합은 우리나라에서 전통적인 협동조합의 유형으로 자리를 잡았고, 유형별 개별 근거 법률에 따라 설립·운영된다.

특별법은 역사적으로 특별한 필요에 의해 개별 협동조합에 국한해 만들어진 법으로서 협동조합을 통합적으로 규정할 수 없는 한계가 있었다. 이와 같은 문제의식에서 만들어진 게 협동조합기본법[2012년 1월 26일 제정, 2012년 12월 1일 시행]이다.

협동조합기본법은 8개 협동조합특별법을 존중하는 의미에서 그와 별도로 적용하지만, 협동조합의 설립·육성과 관련된 다른 법령을 제정하거나 개정할 때 협동조합기본법의 목적과 원칙에 맞아야 함을 명시한다. 협동조합기본법은 협동조합 종류를 일반 협동조합과 영리를 목적으로 하지 않는 사회적협동조합으로 분류하고, 협동조합의 공동이익을 도모하기 위해 협동조합연합회, 사회적협동조합연합회를 설립할 수 있게 했다. 기본법에 근거해 설립한 협동조합과 다른 법률에 따라 설립한 협동조합이 이종異種협동조합연합회를 설립해 공동의 이익을 추구할 수 있게 했다.

【표 18】 협동조합의 종류

협동조합특별법개별법	협동조합기본법
농업·수산업·중소기업·엽연초생산·신용·소비자생활협동조합·산림조합·새마을금고	일반 협동조합 사회적협동조합 협동조합연합회 사회적협동조합연합회 이종협동조합연합회

▶ 참고: 기획재정부, 2013; 국가법령정보센터_협동조합기본법 www.law.go.kr

2) 협동조합기본법 표준정관례 유형 분류

협동조합기본법은 협동조합의 유형을 직접 제시하지 않는다. 다만 협동조합 표준정관례는 사업 유형을 결정할 때 필요한 표준정관 모델을 제시하는데, 일반 협동조합 유형으로 소비자협동조합·직원협동조합·사업자협동조합·다중이해관계자협동조합 등 네 가지 정관 모델과 사회적협동조합의 정관 모델이 있다.

[표 19] 일반 협동조합·사회적협동조합 비교

구분	일반 협동조합	사회적협동조합
목적 영리/비영리	명시하지 않음	비영리 법인
설립 방법	시도지사 신고	기획재정부, 해당 행정부서 인가
주무 부처	기획재정부	해당 행정부서
사업 분야	금융·보험 제외한 모든 분야	• 공익 사업 40% 이상 수행 • 아래 사업 중 하나 이상을 주 사업으로 함 - 지역사회 재생, 지역경제 활성화, 주민권익과 복리 증진 등 - 취약 계층 대상 사회서비스 제공 - 취약 계층 대상 일자리 제공 - 국가 지자체 위탁 사업 - 기타 공익 증진 기여
경영 공시	조합원 200인 이상 또는 30억 원 이상 규모일 때	의무
법정적립금	잉여금의 10% 이상 적립 (해당 회계연도 말 출자금 납입총액의 3배가 될 때까지)	잉여금의 30% 이상 적립(해당 회계연도 말 출자금 납입총액의 3배가 될 때까지)
배당	이용고 배당 50/100 이상, 출자 배당 10/100 초과.	없음
잔여 재산 청산	정관에 따라	비영리 법인이나 국고 등에 귀속
감독	없음	해당 행정부서 감독

▶ 참고: 국가법령정보센터_협동조합기본법 www.law.go.kr

협동조합을 설립할 때 어떤 유형이 해당 조합과 맞을지 판단해야 하는데 이때 세 가지 기준으로 결정한다.

첫째, 협동조합의 목적이 무엇인가. 조합원의 필요와 요구가 우선일 때 일반 협동조합을, 다양한 이해관계자의 욕구 충족과 사회적 문제 해결을 목적으로 할 때는 사회적협동조합을 선택할 수 있다.

둘째, 조합원의 참여 동기는 무엇인가. 조합원이 생활 문제의 해결과 생활재 소비, 사업이나 경영, 상호 부조, 의료 문제 해결 등 다양한 참여동기에 따라 협동조합 유형을 결정할 수 있다.

셋째, 주된 사업이 무엇인가. 친환경 생활재의 공동구매, 복지 서비스, 일자리 만들기, 의료 등 주요 사업 성격에 따라 협동조합 유형을 선택할 수 있다.

협동조합기본법 표준정관례는 목적[제2조]과 조합원의 자격[제9조], 제명[제14조], 대의원총회[제24조], 임원의 정수[제43조], 임직원의 겸직 금지[제53조], 사업의 이용[제56조]에서 협동조합 유형을 구분해 선택하게 했다. 다음은 조직의 목적과 참여 동기, 주 사업을 기준으로 분류한 협동조합 유형이다.

(1) 소비자협동조합

소비자협동조합은 소비자가 물품을 공동으로 구매하거나 조합의 서비스를 공동으로 이용하기 위해 설립한 협동조합이다. 영국의 로치데일 공정선구자조합이 대표적이다. 낮은 임금으로 생활고를 겪고 있는 공장 노동자들이 품질 좋고 값싼 생활재를 구매하고자 공동으로 출자해 설립한 전형적인 소비자협동조합이다. 우리나라에서는 오랫동안 친환경 생활재의 공동구매 조직으로 활동해온 소비자생활협동조합[약칭 생협]이 이와 유사하다. 다른 점이 있다면 생협은 소비자생활협동조합법이라는 개별법을 근거로 하며, 소비자협동조합은 협동조합기본법에 규정된 내용으로 설립·운영된다.

생협은 사업을 통해 생활의 모든 필요를 해결하는 협동조합으로서 생산·유통·구매·복지·육아 등 다양한 주제로 사업과 활동을 해왔다. 그러나 생협을 설립할 때 문턱이 매우 높은 편이라 쉽게 접근하기 어려웠다. 이러한 한계를 협동조합기본법으로 해결한 게 소비자협동조합이다. 소비자협동조합은 5명 이상의 조합원만 모이면 의무 자본금 없이 신고만으로 시작할 수 있다. 그러나 생협은 300명 이상의 조합원^{보건의료협동조합은 500명 이상}과 3,000만 원 이상^{보건의료협동조합은 1억 원 이상}의 자본금을 갖춰야 한다.

역사적으로 소비자협동조합은 생필품 공동구입을 목적으로 시작했지만 보건복지와 실직을 대비한 공제조합, 주거 문제를 함께 해결하는 주택협동조합, 교육과 의료 등 다양한 분야에서 설립·운영된다.

소비자협동조합의 조합원은 일정 정도의 출자금을 내고 조합에 가입해 조합의 구매와 서비스 이용, 조합 운영에 참여한다. 조합원은 조합 사업에 적극적으로 참여하며 그 성과를 이용고 배당이라는 이름으로 돌려받는다.

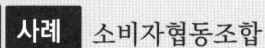

모두들 청년주거협동조합

내 집 마련이 어려운 청년들의 주거 문제를 해결하기 위해 2015년에 설립한 협동조합. '모두들' 협동조합은 청년들이 안정된 집을 기반으로 일자리를 구하고 청년들이 지역사회에서 자

립할 수 있는 길을 찾는 것을 목적으로 하며, 나아가 주거 취약
계층의 주거 문제를 해결하기 위해 '더불어 사는 집'을 만드는
것을 목표로 한다.

조합원 체계는 세 가지로 이루어진다. 거주 조합원은 출자금
15계좌$^{30만\ 원}$와 이용출자금$^{1만\ 원}$을 내고 협동조합의 주거지^{두더지하우스}에서 산다. 거주 조합원은 조합의 핵심 운영 주체로서 총회
와 이사회에서 의결권을 가진다. 일반 조합원은 출자금 1계좌$^{2만\ 원}$와 매달 조합비$^{5천\ 원\ 이상}$를 내고 조합원으로 가입해 입주 우선
권을 얻는다. 조합의 공간을 무료로 이용할 수 있으며 총회와
이사회에서 의결권을 행사한다.

회원은 조합원 자격은 없으나 협동조합의 소식과 활동을 공
유한다. 회원은 100만 원 이상 금액을 차입$^{3\%\ 이율}$하는 차입 회
원, 매달 후원금을 내는 후원 회원이 있다.$_{modoodeul.com}$

(2) 사업자협동조합

사업자협동조합은 특정 사업 주제나 업종을 표방하며 개인이나 법인이 함께 참여하여 공동운영하는 협동조합이다. 이를테면 동네 빵집들이 모여 만든 협동조합, 피부미용 관련 상품을 제조하고 유통하는 협동조합, 웨딩 관련 사업체의 협동조합 등이 있다.

사업자협동조합이 다른 협동조합과 다른 점은 주로 사업체가 조합원으로 참여하는 방식으로 '사업체연합'의 형태를 띤다. 협동조합에 참여하는 각 사업체는 독자 사업을 추진하되 협동조합을 통해 원재료의 공동구입, 시설물이나 도구의 공동이용, 정책에 대한 공동대응 등 다양한 필요를 해결한다.

사업자협동조합은 프랜차이즈 조직과 유사하게 보일 수 있으나 프랜

차이즈 본사와 가맹점의 관계와 다른 점은 협동조합에 참여하는 조합원 사업체들이 조합 운영에 의사결정권을 행사하는 점이다. 이 점에서 사업자협동조합은 프랜차이즈 본사의 횡포와 비민주적인 사업 운영의 문제를 해결할 수 있는 장점을 가진다.

사례 사업자협동조합

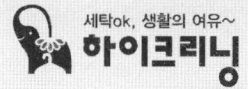

하이크리닝협동조합은 동네 세탁소가 협력과 연대의 가치로 만들어낸 사업자협동조합이다. 2013년 7월 조합원 7명으로 시작해 2020년 8월 예비사회적기업 지정^{대구광역시}을 받은 이후 2022년에 사회적기업 인증을 받았다. 2023년 말 현재 직영점이 5개, 조합원점 6개, 가맹점 8개가 있으며 2개 공동작업장을 운영한다.

협동조합을 만들 당시 세탁업의 환경은 점포 임차료와 인건비가 갑자기 오르고, 대형프랜차이즈 세탁 브랜드가 전국으로 확산하면서 동네 세탁소가 위협을 느끼는 상황이었다. 게다가 세탁업 운영자들의 고령화와 세탁업에 대한 청년들의 외면으로 새로운 세탁기술을 확보해 성장해가는 데 한계가 있었다. 이 상황에서 협동조합은 협업과 연대를 기초로 규모를 키워 어려운

환경을 해결할 수 있는 비즈니스 모델이었다.

하이크리닝협동조합은 '하이크리닝'이라는 공동브랜드를 선정해 150여 평의 공동작업장을 운영하고 협동조합형 프랜차이즈로 고객 응대와 세탁작업을 분리했으며, 조합원 가맹점과 공공기관 세탁물 등 다양한 공동구매와 협력 관계를 이루어갔다.

하이크리닝협동조합의 특징은 협동조합형 세탁업 소셜프랜차이즈로 '하이크리닝'이라는 공동브랜드를 사용하는 점, 친환경 세탁을 표방하며 '디스머치'라는 브랜드로 친환경 세탁세제를 제조 판매하는 점, 재가 돌봄 어르신 침구류 무료 세탁 서비스와 헌 옷 수거와 무료 세탁으로 쪽방민 의류 지원 서비스를 하는 점이다.

하이크리닝협동조합은 협동조합으로서 조합원의 의결권을 보장하고, 일반 프랜차이즈 기업과 달리 본사와 가맹점의 용역 수수료의 차이를 두는 등 협동조합형 프랜차이즈 기업의 장점을 가진다. 한국사회적기업진흥원, 2023; www.hicleaning.kr

하이크리닝 대구 달서지사 내외부
▶ 출처: www.hicleaning.kr/theme/ins/html/company_status.php

(3) 직원협동조합

직원협동조합은 협동조합의 전통적인 형태에서 보면 생산자 또는 노동자협동조합에 해당한다. 협동조합이 발달한 유럽 국가에서는 노동자협동조합을 'Workers` Cooperative', 'Worker-Owned Cooperative'로 표현하며, 일하는 사람, 노동자·농민, 생산자가 소유하는 협동조합의 의미를 담고 있다. 그러나 각 나라는 협동조합의 역사와 문화에 따라 그에 적합한 용어를 사용한다. 국제노동자협동조합운동 내부에서는 'Worker Cooperative'라는 표현을 공식적으로 사용하지만 협동조합의 소유 관계를 명확히 하는 의미에서 'Worker-Owned Cooperative'라는 이름을 사용하기도 한다.[2]

우리나라의 '직원협동조합'이라는 이름은 협동조합기본법 본문에 명시돼 있지 않다. 다만 시행령에서 직원협동조합을 "조합원의 3분의 2 이상이 직원이고, 조합원인 직원이 전체 직원의 3분의 2 이상인 협동조합"이라고 정의한다. 직원협동조합에 관한 설명은 협동조합 표준정관례에 제시돼있다. 표준정관례 제2조^{목적}에는 협동조합의 일반적인 목적 외에 "직원이 함께 조합을 소유하고 관리하며, 안정적인 일자리를 늘려나가는 것"을 제시했다.

직원협동조합의 조합원은 조합의 설립 목적에 뜻을 같이하고 조합원으로서 의무를 다하고자 하는 사람은 누구나 조합원이 될 수 있다. 그러나 정규직원에 제한돼 있다. 즉, "조합의 직원은 ㅇㅇ개월 이상 계속 근무할 경우 조합원이 될 수 있다"는 단서가 있다.

사업의 이용과 관련하여 직원협동조합은 "조합원이 아닌 자를 직원으로 고용해서는 안 된다"고 하지만 전체 직원의 3분의 1을 넘지 않은 범위에서 조합원이 아닌 자를 고용할 수 있고, 조합이 정부나 지자체, 공공기관과 공동으로 추진하는 사업에서 일반 국민을 해당 사업의 목적에 따라 고용할 수 있다. 직원협동조합에서 '사업의 이용'은 '일자리' 즉, 직원 고용을 가리킨다.

 직원협동조합

대구택시협동조합

대구택시협동조합은 2016년 대구 지역에서 최초로 설립된 택시계의 직원협동조합으로 57대의 택시로 시작해 2023년 1월 현재 247개의 택시를 운행한다.

협동조합 설립 후 2년간 조직 운영과 사업 경영에서 여러 어려움을 겪었지만 99%의 운행률을 기록하고 코로나 상황에서도 안정적으로 영업이익을 냈으며, 조합원에게 배당금과 복리후생비, 코로나 지원금을 지급하기도 했다. 그 결과 2022년 7월에 기획재정부가 주관한 '2022년 베스트 협동조합 어워드'에서 우수 협동조합으로 선정되었다.

대구택시협동조합은 협동조합의 원칙을 근간으로 조합원의 민주적인 통제로 운영된다. 택시 기사는 협동조합의 공동출자자이면서 공동운영자로서 참여하며 한 사람이 하나의 의결권과 투표권을 가지고 조합의 의사 결정에 참여한다.

직원 조합원의 출자금은 기존의 택시 구매 자금의 3분의 1 수준이다. 조합은 조직의 민주적 운영을 위해 이사회를 중심으로 모든 정보를 공유하고 사내 게시판에 정관과 법인통장 내역을 공개해 모든 조합원이 확인할 수 있게 한다.[3]

직원협동조합은 일반 협동조합과 마찬가지로 조합원의 공동 운영 사업체로서 총회에서 조합원이 의결권을 행사하고, 임원을 선출해 이들에게 업무 집행을 위임하며, 조합의 사업 성과를 노동 배당의 형태로 분배한다. 그러나 직원협동조합은 다른 협동조합과 달리 일반 기업의 사용자와 노동자의 관계가 그대로 이어져 일반 기업의 노사 문제를 고스란히 안고 있다.

직원협동조합에서 조합원은 사용자이면서 동시에 노동자이기에 직원 조합원은 직원이면서 임원 겸직이 가능하다. 여기에서 직원협동조합에 관한 논쟁이 있을 수 있다. 하나는 노동자로서 직원이 노동조합을 결성할 수 있는가, 또 하나는 사용자로서 동업과 어떻게 다른가 하는 의문이다. 먼저 직원이 노동조합을 결성할 수 있는지 그 의문을 풀어보면, 노동법이 적용되는 사업체라면 노동조합을 결성할 수 있다. 그러나 협상 대상인 사용자가 노동자 자신이기에 사실상 노동조합의 의미는 사라질 수밖에 없다. 직원협동조합은 노동자인 직원의 복리와 권리에 관한 원칙을 스스로 정하고 이를 수행해가는 만큼 노동자와 사용자 관계에서 노동조합을 바라보기에는 특수성이 존재한다.

직원협동조합은 출자를 함께한 직원들이 조합을 공동으로 운영하고 책임을 지는 면에서 동업으로 볼 수 있다. 그러나 직원협동조합은 법인의 형태로 총회와 이사회를 통해 조합원의 민주적 통제가 이루어지지만, 동업은 사용자의 성격이 강한 개인사업자와 유사하며, 협동조합은 출자한 규모만큼만 책임을 지는 유한 책임 조직이지만 동업은 사업에 대해 무한책임을 진다.

(4) 다중이해관계자협동조합

일반 협동조합은 단일한 이해관계를 갖는 조합원들이 함께 설립해 운영하지만, 다중이해관계자협동조합은 "둘 이상 유형의 조합원들이 모여 조합원의 경영 개선 및 생활 향상을 목적으로 하는 조직"이다[표준정관례 제2조].

다중이해관계자협동조합에 참여하는 조합원의 자격과 유형은 제9조[조합원의 자격 및 유형에 명시돼 있다. 즉 생산자와 소비자 조합원, 직원 조합원, 자원봉사자 조합원, 후원자 조합원이 이에 해당한다. 다중이해관계자협동조합은 다섯 가지 조합원 유형에서 둘 이상 유형의 조합원으로 구성돼야 한다. 이 내용은 대의원총회에 참석하는 대의원을 선출할 때, 임원 중 이사를 구성할 때도 적용된다.

사례 다중이해관계자협동조합

휠링보장구협동조합

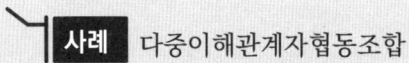

휠링보장구협동조합은 사회적 약자를 위해 물리적·심리적 장벽을 없애는 활동을 의미하는 베리어프리Barrier Free를 실천하는 협동조합이다. 이 협동조합은 거동이 불편한 중증 장애인들의 발 역할을 하는 휠링보장구를 제작하고 공급하는 사업을 한다www.wheeling.kr.

조합은 2013년 8월, 경기도 성남시를 주 사업소로 하여 설립한 다중이해관계자협동조합이다. 중증 장애인과 직원 후원자들이 함께 이동의 자유라는 기본권리를 누리기 위해 휠체어 관련 제품을 생산하고 서비스를 제공한다.

조합은 단순한 이동권을 위한 휠체어의 제작에 머물지 않고 전동 휠체어가 방전되어 길 위에서 갑자기 멈춰 장애인들을 당황하게 하는 일을 막고자 급속 충전기와 '휠누리'앱을 제작 보급한다. 조합은 사업의 폭을 넓혀 장애인과 활동 지원사들의 편의를 위해 자동접이식 발판 힐링 보드를 개발했고, 높낮이 조절 가구를 개발해 장애와 상관없이 편하게 집안에서 지낼 수 있게 했다. 조합의 가장 큰 희망은 전국에 1만 대 이상의 전동 휠체어 급속 충전기를 설치하는 것이다.[4]

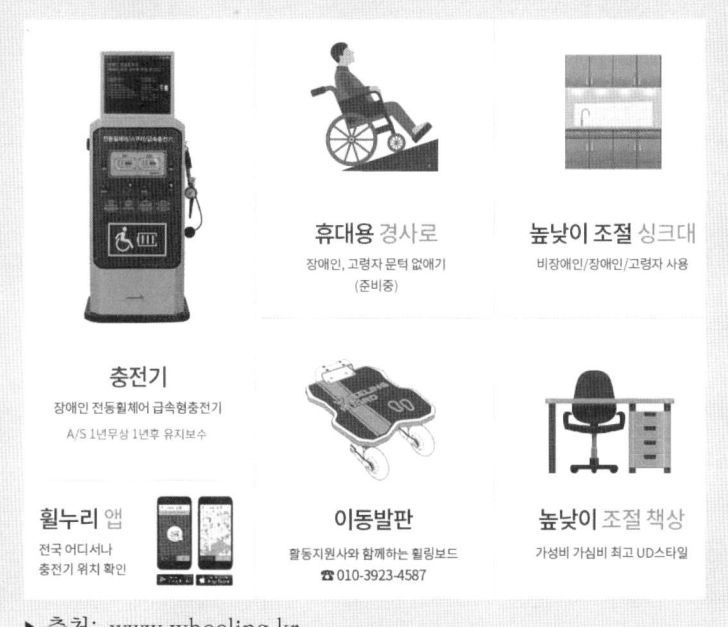

▶ 출처: www.wheeling.kr

(5) 사회적협동조합

지역 주민들의 권익·복리 증진과 관련된 사업을 수행하거나 취약 계층에게 사회서비스 또는 일자리를 제공하는 등 영리를 목적으로 하지 않는 협동조합이다.

사회적협동조합은 조합원을 비롯한 협동조합 구성원의 필요와 염원에 충실한 일반 협동조합과 달리 사회적 목적 실현이라는 이타적 동기가 강하다. 이런 이유로 둘 이상의 이해관계자가 조합원으로 참여한다. 사회적협동조합은 일반 협동조합의 조합원으로 참여하는 생산자나 이용자, 직원 외에 자원봉사자와 후원자도 조합원으로 참여하는 특징을 갖는다. 사회적협동조합은 조합원 구성뿐 아니라 설립인가와 사업 이용과 관련해 일반 협동조합보다 엄격한 편이다. 대표적인 게 의료복지사회적협동조합이다.

의료복지사회적협동조합은 다른 사회적협동조합과 달리 특별한 설립인가 기준에 따라 설립된다. 협동조합기본법 시행령 제19조(사회적협동조합의 설립인가 기준 등) 2항은 사회적협동조합이 의료기관을 개설할 때, 개설되는 의료기관 1개소 당 설립동의자가 500인 이상이어야 하며, 설립동의자 1인당 최저 출자금이 5만 원 이상일 것, 1인당 최고 출자금이 출자금 납입총액의 10% 이내일 것, 출자금 납입총액이 1억 원 이상이면서 총자산의 50% 이상의 기준을 설정한다. 의료복지사회적협동조합은 협동조합기본법 시행령 제24조에 따라 조합원이 아닌 자에게 총공급량의 50%의 범위에서 보건·의료 서비스를 제공할 수 있다.

사회적협동조합은 공적 지원 시스템이 정비되지 않은 영역에서 복지 서비스를 수행할 수 있으며, 제도권 안에 편입되지 않은 사각지대에 있는 대상에게 서비스를 제공할 수 있다. 이는 사회적협동조합이 조합원의 의결을 기반으로 사업을 결의하고 집행하기에 가능한 일이다. 사회적협동조합은 사회적 목적을 실현하는 사명을 가진 조직으로 사업성과로 나타나는 잉여금을 조합원에게 배당하지 않는다. 잉여금은 내부유보를 통해 투자 확대나 미래 사업을 위해 활용되며, 해산할 때 비영리 조직이나 국고에 환수된다. 이와 같은 무배당 원칙 때문에 사회적협동조합은 비영리 조직으로 분류된다.

사례 사회적협동조합

사회적협동조합 다시 시작

다시시작

2019년 10월, 유방암을 이겨낸 환우들이 고양시와 국립암센터의 지원으로 사회적협동조합을 설립했다. 이들은 수제비누를 만들어 판매한 수익금으로 암 투병 후 경력이 단절된 환우들에게 일자리를 제공하고 사회복귀를 지원하는 사업을 한다. 이외에도 코로나바이러스 감염증 극복 프로그램으로 일산동구 보건소와 함께 원예 치유와 운동요법 치유 교실을 운영하며, 암 생존자들이 서로 위로하고 정보를 공유하는 사랑방을 운영한다.

'다시시작'은 처음 환우 5명이 시작했으나 의료진과 사회적경제 관계자와 교수, 한국유방암환우연합회장단, 음악가 등 13명의 다양한 조합원이 참여한다.[5]

주요 사업
- 건강비누 8종 제조 판매
- 암환우의 창업, 사회 복귀 지원
- 암환우에게 일자리 제공
- 암환우 동아리 활동 지원
- 경기민요동아리 '희망소리꾼'
- 저소득 암환우 치료비 지원 기부
- 비누 공방 운영

 노동자협동조합 사례

스페인의 몬드라곤^{MONDRAGON} 6

노동자협동조합 몬드라곤의 탄생

몬드라곤^{Mondragon}이라는 이름은 스페인 노동자협동조합의 고유 명사로 알려져 있다. 그러나 몬드라곤은 몬드라곤협동조합이 있는 도시의 이름이기도 하다. 몬드라곤시는 바스크^{바스크어: Euskal Herria, 스페인어: País Vasco} 지방의 기푸스코아^{바스크어: Gipuzkoa, 스페인어: Guipúzcoa} 주에 있는, 2만3천여 명의 시민이 살아가는 작은 도시다. 몬드라곤시는 도시 풍경이 프랑스를 닮았다 하여 많은 관광객이 몰리는 산 세바스티안^{San Sebastián/바스크 지명 : Donostia}과 문화도시로 외국 사람들의 눈길을 끄는 빌바오^{스페인어: Bilbao, 바스크어: Bilbo}의 중간 안쪽 산악지대에 있다. 몬드라곤시의 공식 지명은 바스크어 아라사테^{Arassate}를 붙여 '아라사테-몬드라곤'이다. 바스크 지방 인구의 1%를 조금 넘는 사람들이 사는 작은 시골마을 몬드라곤이 많은 사람의 입에 오르내리게 된 것은 스페인에서 가장 크고 오래된 노동자협동조합 그룹 몬드라곤^{MONDRAGON}이 이곳에 있기 때문이다.

몬드라곤시에 사는 모든 사람이 몬드라곤협동조합과 관계를 맺고 있지는 않다. 그러나 몬드라곤시에 거주하는 노동인구의 3분의 2가 몬드라곤협동조합에서 일한다.

몬드라곤시가 '협동조합 도시'로 성장할 수 있었던 배경에 풍부한 철광석 자원을 기반으로 철광산업과 금속공업을 크게 일으킨 기업들이 있었으며, 산업화 과정에서 다양한 협동조합이 만들어져 운영돼온 협동의 문화가 있었다. 바스크 지방에는 1870년대부터 소비자협동조합, 생산자협동조합, 어부조합, 주택조합, 상호부조협동조합이 설립되어 운영되어 왔다.

몬드라곤시의 마을 건물에 걸린 협동조합 몬드라곤 초창기 모습의 사진 ⓒ우미숙

몬드라곤시를 비롯한 바스크 지방의 사회적 갈등도 몬드라곤 협동조합 탄생에 한몫한다. 철광업이 발달한 바스크 지방은 철제품을 생산하는 소규모 기업들이 있었다. 특히 열쇠와 자물쇠를 만드는 산업이 발달했는데, 그중에 가장 규모가 큰 게 '세라헤라 유니언'union cerrajera이다. 이 기업은 제철 제강 공장을 운영했으며, 1940년 무렵에는 커피숍 지점망, 협동조합 상점, 보

험협회, 교육제도를 장악했고, 몬드라곤시 노동인구의 3분의 2가 고용되어 있을 정도로 비중 있는 곳이었다. 그러다 보니 '세라헤라 유니언'에서 일을 하는 사람과 아닌 사람 간 불평등이 존재했고 이들의 갈등이 만만치 않았다. '세라헤라 유니언'은 창업주의 가족이나 가까운 친구들만이 주식을 소유할 수 있었고, 일반 노동자들은 현장 감독관 이상 승진할 수 없었다.

1949년과 1950년 사이에 '세라헤라 유니언'에서 임금 70% 삭감에 항의하는 파업이 일어났다. 당시 프랑코 독재 치하에 노동쟁의가 금지된 상황에서 벌어진 일이라 그에 대한 탄압이 극에 달했다고 알려졌다. '세라헤라 유니언' 파업에 몬드라곤협동조합 창업 멤버들이 참여하고 있었다. 그들은 기업 내 노동쟁의로써 아무것도 해결할 수 없으며, 새로운 대안이 필요하다는 것을 공감했다. 이처럼 프랑코 독재정권의 민족적 억압과 사회 내적·계급적 차별에 대한 저항이 몬드라곤시에서 노동자협동조합을 탄생하게 한 외적 환경이 되었다.[7]

협동조합 몬드라곤이 보이는 몬드라곤시 전경 　　　ⓒ우미숙

몬드라곤의 특별한 리더십,
호세 마리아 아리스멘디아리에타 신부

정치적·문화적 탄압과 노동환경의 악조건에서 특별한 리더십의 등장은 역사의 전환점을 앞당기는 역할을 한다. 호세 마리아 아리스멘디아리에타[1915~1976: José Maria Arizmendiarrieta Madariaga] 신부의 등장은 폭압의 상황을 마감하는 새로운 길을 여는 것이었다.

바스크 지역의 전통적인 가톨릭은 다른 지역에 비해 강한 사회운동성을 가졌다. 그 안에 호세 마리아 아리스멘디아리에타 신부가 있었다. 그는 1941년 2월, 26세의 나이로 몬드라곤시에 부임했다. 그는 이곳에서 수많은 사회 활동 조직을 만들고 이끌었으며, 2천 개가 넘는 학습 조직을 만들기도 했다. 여기에 참여한 사도 중에 일부가 '세라헤라 유니언'에 위장취업을 해 1949년의 노동자 파업에 관여했다. 1954년 '세라헤라 유니언'이 새 주식을 발행하여 회사 자본금 증자를 결정할 때 호세 마리아 신부와 제자들은 고위 경영진에게 노동자들도 지분을 가질 수 있게 해 달라고 요구했다. 회사는 이를 거부했다. 이와 같은 회사의 태도에 호세 마리아 신부와 제자들은 노동자의 지분 참여를 통한 자본가 기업의 개혁을 포기했다.

호세 마리아 신부는 '세라헤라 유니언'에 소속된 3명과 다른 기업에서 일하던 2명 등 5명을 중심으로 노동자가 소유권을 갖는 자주관리 기업을 준비하는데, 4개 기업과 100여 명의 주민들로부터 창립자금을 모아 협동조합 울고[ULGOR]를 설립[1956년]한다.

울고를 시작으로 노동자들이 주체가 되어 직접 운영하는 노동자자주관리기업으로서 '몬드라곤협동조합'이 몬드라곤이라는 작은 도시에 세워졌다. 협동조합 몬드라곤^{MONDRAGON}은 몬드라곤 그룹의 출발점인 첫 협동조합 울고가 설립된 이후 62년의 세월을 거치면서 266개의 협동조합 및 자회사, 80,818명^{2018년} $_{기준}$의 종업원을 거느린 그룹으로 성장했다.[8]

몬드라곤의 기원이 된 울고 설립자 5인
▶ 출처: 몬드라곤본부, 2019

공동체 기반 협동조합으로서 몬드라곤

몬드라곤 그룹 내 협동조합들은 자본에 대한 노동의 우월성 원칙에 따라 설립된 노동자 주도 협동조합이지만 다른 노동자협동조합과 크게 다른 점이 있다. 일반적으로 노동자협동조합은 노동자의 고용 안정을 목적으로 조직 내부에 초점을 맞추는 성향이 강하며 외부연대는 최소한으로 제한한다. 그
러나 몬드라곤 그룹의 협동조합들은 노동자협동조합이면서도 타 협동조합과 연대, 지역과 연대를 매우 강조한다. 이는 몬드라곤이 단순히 협동조합 내의 고용유지에만 초점을 맞춘 것이 아니라 처음부터 지역사회에 일자리를 창출하고, 그 결과로 지역의 소득을 올리고 실업률을 낮추어 지역사회의 지속적 발전에 기여

몬드라곤의 소비자협동조합 매장 에로스키　　　　ⓒ우미숙

하는 것을 우선 목표로 삼았기 때문이다.

즉, 몬드라곤은 이익 기반 협동조합Interest-led Cooperative이나 상호 편익 기반 협동조합Mutual-Benefit Cooperative이 아니라 공동체 기반 협동조합Community-Based Cooperative이다. 몬드라곤이 복합체로서 기업 집단형 협동조합 네트워크를 발전시킨 것도 몬드라곤 지역의 협동조합들이 공동체 기반 협동조합으로서 지역사회의 지속적 발전이라는 목표를 함께 추구했기 때문이다.

이러한 방향성은 몬드라곤협동조합의 출발점인 호세 마리아 신부의 생각에서도 확인할 수 있다. 호세 마리아 신부는 '신성한 일과 일하는 사람의 연대를 통해 어떻게 인간적 존엄성을 지키고 지역과 사회를 개선할 수 있을까'에 관한 해답을 찾는 과정에서 시대와 지역 상황에 맞는 최적의 틀이자 도구로 협동조합을 선택했다. 호세 마리아 신부는 "조합원의 이익을 늘리기 위해서 협동조합을 한 것이 아니다. 공동체의 인격을 지키기 위해서 우리는 협동조합을 시작한 것이다"라는 점을 특별히 강조했다.

이렇듯 몬드라곤협동조합은 공동체를 움직이게 하고 그 공동체에서 인격을 지키면서 살아가게 하는 도구이며, 그 출발부터 조합원들만의 문제 해결을 위해서가 아니라 지역 문제 특히 안정된 좋은 일자리, 지역 성장과 발전을 위해 만들어지고 운영됐다.

조합 간 협동으로 지역개발운동의 역할

몬드라곤은 지역사회의 유지·발전과 변혁을 추진하는 노동자 참가형 지역개발운동의 중심이 되었다. 몬드라곤은 다양한 협동조합 기업이 만들어지고 활동할 수 있는 환경을 마련하여 많은 일자리를 창출하고자 협동조합 설립과 성장을 돕는 기금 조성과 이를 지원하는 연구개발과 교육, 창업 지원 프로그램을 운영했다. 일례로, 1959년 설립된 카하 라보랄$^{Caja\ Laboral:\ 노동인민금고}$9에서 신규 창업 자금을 위한 기금을 운용하는 한편, 1969년에는 카하 라보랄 내 기업부$^{1991년\ Lks[Lan\ kide\ sustaketa]로\ 독립}$를 설치해 직접 협동조합 설립과 컨설팅을 지원하였다.

특히 1985년에 설립된 사이올란^{Saiolan}은 기업가 정신에 바탕을 둔 혁신적인 창업 프로젝트를 직접 수행하여 창업까지 이룰 수 있도록 지원하는 교육기관으로서, 몬드라곤 내부뿐만 아니라 외부의 다양한 기관·기업들과 협력하여 수많은 신설 협동조합을 만들어내는 산실이 되었다.

또한, 1974년 설립된 이켈란^{Ikelran}은 다양한 기술 연구 개발을 통해 몬드라곤 그룹 협동조합뿐 아니라 바스크 지역 내 기업들에 필요한 기술과 제품 개발을 제공하였고, 일반적인 인적자원 개발과 교육 훈련을 위해서 1943년 기술전문학교인 에스쿠엘라 프로페시오날$^{Escuela\ Profesional}$, 1984년 경영자 및 조합원 훈련을 위한 오탈로라^{Otalora}, 1997년에 몬드라곤대학이 설립되었다.

몬드라곤은 일자리뿐 아니라 조합원들의 생활과 복지 영역까지 책임지기 위해서 1959년 카하 라보랄 내 라군아로$^{Lagun-Aro}$를 설치하였고, 1967년에 정식 독립 조직으로 출범시켰다. 라군아로는 고용^{실업} 지원, 병가와 의료서비스 지원, 그리고 퇴직 후 연금 등 생활복지 서비스를 제공한다.

몬드라곤은 그룹 내 개별 협동조합이 상호 연대·협력하기 위한 규칙을 설정했는데, 여기에는 개별 협동조합 간 노동자 재배치, 협동조합 간 연대를 위한 사업성과 재조정과 순이익 재분배 등의 내용이 포함된다.[10] 몬드라곤은 단기순이익이 발생할 때 10%를 교육기금으로, 60%$^{최소\ 20\%}$를 법정적립금으로 하며, 나머지는 조합원에게 배당한다. 배당은 조합원이 아니면 현금화할 수 있으며, 조합원은 개인 계좌에 적립한다. 사회기금은 지역사회와 몬드라곤 그룹 공동의 목적을 위해 사용된다.

운영 면에서 지배구조를 보면, 몬드라곤의 중요 의사 결정은 전체 총회와 조합원 총회에서 이루어지지만 실제 기본 운영과 전체 통합과 연대, 상호 조정을 위해서는 본부 실행 조직이 별도로 필요하다. 1987년 이전까지 카하 라보랄이 본부 조직 역할을 담당했으나 1987년 '몬드라곤협동조합 복합체$^{MCC,}_{Mondragon\ Co\text{-}operative\ Corporation}$'가 공식화됨에 따라 1991년 몬드라곤서비스협동조합이 카하 라보랄 내에 설립되어 몬드라곤협동조합 복합체의 기본 방향 원안 작성, 연대 의무 규칙 총괄, 협동조합으로부터의 자금 조달·적립 및 운용, 협동조합 간 노동자 재배치, 연구 개발 추진, 국제업무 전개의 활동을 담당했다.

몬드라곤은 1956년 출범 이후부터 1991년까지는 지역을 중심으로 조직되어 있었다. 그러나, 1991년 국제시장의 경쟁력 제고, 효율 중심의 체질 개선, 보수 격차 확대 등을 내세우면서 지역을 기초로 한 그룹에서 산업부문을 기초로 한 중앙집권적 조직 구조로 재편하면서 지역성 가치 추구 전략은 상대적으로 약화하기도 했다. 하지만 2013년 가전제품 생산협동조합인 파고르 엘렉트로도메스티코스$^{\text{Fagor Electrodomesticos}}$의 파산을 계기로 2016년도 전체 총회에서 지역사회에 중점을 두는 조직 구조로 다시 전환하기로 했고, 지역사회에 밀착한 조직 구조를 다시 강화하는 노선을 추구하고 있다.

몬드라곤 통합 과정-MCC에서 MONDRAGON으로

몬드라곤은 1956년 '울고^{ULGOR}'에서 출발해 1980년대까지 120여 개가 넘는 협동조합들의 느슨한 연합체로 운영되었다. 이때는 카하 라보랄과 제조업 협동조합, 라군-아로, 에로스키^{소비자협동조합}, 지원 협동조합 전체를 통합해 부르는 이름은 없었다.

1991년부터 '몬드라곤협동조합 복합체$^{\text{MCC, Mondragon Co-operative Corporation}}$'라는 통합 명칭을 사용하기 시작했으며, 2006년 협동조합 울고 설립 50주년을 맞이해 '몬드라곤 협동조합 복합체'라는 이름 대신 그냥 '몬드라곤^{MONDRAGON}'으로 부르기로 해 지금까지 이어오고 있다.

고용구조와 조합원들의 참여

몬드라곤 조합원은 고용된 전체 직원의 85% 가량 된다. 몬드라곤의 고용 형태는 네 가지로 분류할 수 있다. 그 특성은 다음과 같다.

① 노동자 조합원
몬드라곤에 소속된 단위협동조합의 주인이면서 동시에 몬드라곤 전체의 주인이다. 자신들이 속한 협동조합의 소유권과 경영권을 가지며 몬드라곤에 소속된 비협동조합 기업들에서 발생하는 이익도 간접적으로 누린다. 고용이 안정적이며, 해외로 공장시설을 확대할 때도 해고 불안이 없다. 노동자 조합원은 제조업 부문에서 85%로 비중이 가장 높고, 금융과 유통 부문에서는 전체 고용의 약 20% 정도다.

② 기간제 비조합원 노동자
세계 시장의 변화에 적응하기 위해 적용하는 유연 노동 형태다. 이들은 단위협동조합과 고용계약을 맺는데, 전체 노동자 조합원의 25%를 넘을 수 없다. 몬드라곤 제조업 부문 협동조합에서 평균 15% 정도 차지한다. 이들은 노동자 조합원과 비슷한 사회 보장 혜택을 받으며, 해고될 때 실업수당을 받는다. 일부는 3년 이내에 조합원이 될 수 있는 선택권을 갖는다.

③ 기간제 노동자 조합원
바스크 협동조합법에 따라 일정 기간 조합원을 고용할 수 있다. 권리와 의무에서 다른 조합원과 같으나 계약기간 안에 일자리를 잃을 때 국가의 사회 보장 체계로는 지위를 인정받지 못한다. 그러나 '라군-아로'를 통해 해결할 수 있으며, 실업수당을 받을 수 있다. 일정 시간이 지난 후에 정식 조합원이 될 수 있다.

④ 해외 지사의 노동자
이들 노동자는 사업체가 있는 국가의 노동조건에 따른다. 단, 경영이나 수익 및 소유권에 참여하는 경우가 있으며, 몬드라곤의 노동자 조합원의 권리와 의무를 주장하기도 한다.

몬드라곤의 10대 원칙[11]

① **자유로운 가입** Open Admission and neutrality
이 원칙은 ICA의 제1원칙에 해당하는 것으로서 몬드라곤이 협동조합으로서 가장 우선으로 한다. 몬드라곤은 기본 원칙을 인정하고 직무상 적합함을 증명하면 누구든 조합원이 될 수 있다. 이때 종교나 정치, 인종이나 성적인 이유로 차별하지 않는다. 그러나 제조업 협동조합은 카하 라보랄과 소비자협동조합인 에로스키와 달리 인건비가 비용에서 큰 비중을 차지하기에 많은 조합원을 받아들일 수 없고, 노동의 질도 고려한다. 이에 따라 신규 조합원을 선정할 때 일정 기간 수습 과정을 거쳐 조합원을 받아들인다. 이때 조합원 가입에 필요한 초기 출자금은 카하 라보랄에서 빌려준다.

② **민주적 조직** Democratic Organization
민주적 조직은 모든 조합원으로 구성된 총회를 열고 1인 1표의 원칙으로 의사 결정을 한다. 조합원이 경영을 책임지는 이사를 선출하여 기업의 경영을 위임한다.
　전체 조합원의 대표로서 선출된 이사회는 4년 주기로 재선출하는데 2년마다 절반의 인원을 다시 뽑는다. 최고 경영진인 이

사회는 기업의 경제적 성과와 전략에 관한 상당 부분을 위임받는다. 그러나 최종 의사결정권과 통제력은 조합원총회에 있다.

③ **노동자 주권**Sovereignty of Labour

몬드라곤에서 노동자는 협동조합 기업에서 주권을 행사하며, 창출된 부는 제공된 노동에 따라 분배된다. 몬드라곤은 조합원에게 노동에 비례해 잉여를 분배한다. 몬드라곤에서 조합원에게 주는 보수는 선지급금과 배당금 두 가지가 있다. 선지급금은 매월 조합원에게 지급하는 일반적인 월급을 말한다. 선지급금이라 이름을 붙인 것은 연말 정산 이후에 창출된 잉여금에서 분배되는 것을 미리 지급하기 때문이다.

배당금은 해당연도의 잉여와 손실에서 조합원이 차지하는 몫으로 잉여금의 30~70%에서 분배된다. 배당금은 개인의 자본계좌에 축적되며 조합 사업이 당해연도에 손실이 나면 개별 자본계좌에서 그만큼 차감된다. 이 배당금은 조합원이 이직이나 정년퇴직 때만 현금으로 지급된다.

④ **자본의 도구적·종속적 성격**Instrumental and Subordinate Nature of Capital

자본은 기업 발전에 필요한 요소로서 노동의 수단이며, 노동에 종속된 것으로 간주한다.

몬드라곤은 자본금 처리에 따른 이자율을 세 가지 원칙에서 채택했다.1987년 제1차 의회

첫째, 연리 최대 7.5%의 기본 이자와,
둘째, 전년도 소비자물가지수 증가분의 최대 70%를 반영한 인플레이션 교정 이자율을 합하여 구성되며,
셋째, 어떤 상황에서도 그 합이 11%를 초과할 수 없다.

⑤ **참여형 경영**^{Participatory Management}

이 원칙은 경영에 대한 조합원의 참여를 점진적으로 발전시켜 나가는 자주 관리를 의미한다. 이를 위해서는 경영 참여를 위한 적절한 자치와 통로가 개발되어야 하며, 경영 변동 사항에 대해 투명한 정보를 제공해야 한다. 노동자 조합원에게 영향을 미치는 경제와 조직, 작업 결정 과정에서 조합원과 조합원 대표와 협력해야 한다. 무엇보다 조합원의 경영 참여를 위해 사회적 훈련과 직업훈련 계획을 체계적으로 적용하며, 더욱 큰 직무를 수행하기 위한 내부 훈련계획을 수립할 필요가 있다.

⑥ **급여연대**^{Wage Solidarity}

몬드라곤은 연대의 정신으로 급여를 지급하는 원칙을 세웠다. 이는 내부와 외부 모두에 적용된다.

내부차원을 보면, 몬드라곤은 여러 해 동안 노동자 조합원과 최고 경영진의 급여 차이는 1대 3이었다. 그러나 1990년대 이후 이 격차는 1대 6으로 벌어졌고, 시대에 따라 탄력적으로 운영된다.

외부차원에서 보면, 임금이 불충분할 때, 조합원들의 급여는 동일 부문과 지역과의 형평을 고려하여 해당 부문의 임금노동자들이 받는 액수와 같게 책정하려고 노력했다.

몬드라곤 기업 차원에서 보면, 급여와 노동시간에 관한 한 연대에 기초하여 임금 체계를 마련했다. 몬드라곤 내 협동조합 간 차이를 없애기 위해 급여 수준은 기업 전체 차원에서 90~110% 사이가 되어야 하며, 협동조합들의 연간 노동시간은 97~103%가 되어야 한다.

⑦ **상호 협력**Inter-cooperation

협동조합 간 상호 협력은 사업의 효율성을 위해 다양하게 이루어진다. 협동조합 간 협동은 세 가지 차원에서 볼 수 있다.

몬드라곤 내 협동조합의 관계를 보면, 몬드라곤 조직 내에 부문별 하위그룹을 만들어 규모의 경제와 조직적 시너지 효과를 촉진하고, 수익증대와 동등한 사회 노동시스템을 창출할 수 있었다. 조직 내 상호 협력을 통해 조합원 노동자들은 이동과 승진을 할 수 있었다.

바스크와 스페인 협동조합 조직들 관계 차원에서 보면, 공동작업을 수행하거나 다양한 사회경제기구에 적극적으로 참여했다.

유럽과 세계협동조합운동과 관계에서 보면, 공동의 목적을 이루기 위해 조약을 체결하고 연합 조직들을 설립했다. 협동조합을 확산하는 의미에서 국제 포럼에 참가하여 협동조합운동을 위해 조언을 하기도 했다.

⑧ **사회변혁**Social Transformation

몬드라곤은 지역의 경제적·사회적 발전을 위해 매년 발생하는 잉여를 공동체적 특성을 갖는 기금에 투자하며, 협동조합들의 순잉여의 10%를 공동체 발전을 위한 활동에 지원하며, 사회보장기구인 라군아로의 활동을 통해 사회보장 정책을 운용한다. 나아가 사회경제적 성격을 갖는 다른 기구들과 협력한다.

⑨ **보편성**Universality

몬드라곤은 보편성에 근거하여 사회적경제의 영역에서 경제민주주의를 위해 일하는 모든 사람과 연대를 표명하고 국제협동조합운동의 특징인 평등·정의·발전이라는 목표를 지지한다. 몬드라곤은 보편성 원칙에 기초하여 CICOPA국제 노동자 및 숙련공 협동조합위원회, EUROCOOP유럽협동조합연맹, CEPES사회적경제를 위한 스페인 기업연맹나 바스크 협동조합 연맹 등 대표적인 사회경제 포럼에 적극 참여한다. 몬드라곤은 기업 및 협동조합 훈련센터인 오타롤라를 통해 협동조합 문화를 보급하는 데 노력을 기울인다.

⑩ 교육Education

교육과 훈련은 몬드라곤이 탄생하고 발전해오는 데 중요한 역할을 했다. 몬드라곤을 세우는 데 주도적인 역할을 한 호세 마리아 아리스멘디아리에타 신부는 협동조합을 이해하는 것뿐 아니라 노동자로서 기술교육을 중시했다. 신부가 몬드라곤 지역에 부임했을 때 가장 먼저 한 일이 1943년 폴리테크닉 학교를 세운 일이다. 이 학교는 협동조합의 관리자들과 숙련공들을 배출해낸 곳이다. 협동조합과 직업 부문에서 이루어지는 교육과 훈련은 협동조합이 발전하고 성장해가는 데 핵심 열쇠다.

몬드라곤의 상호 협력 원칙
▶ 출처: 몬드라곤 본부, 2019

국제노동자협동조합연맹
Comité International des Coopératives de Production et Artisanales, CICOPA

국제노동자협동조합연맹CICOPA은 산업 및 서비스 협동조합의 국제 조직으로 1947년 국제협동조합연맹ICA의 부문 조직으로 설립됐다. 전 세계 400만 명을 고용하고 있는 65,000개 기업에 소속된 36개국 52개 회원사가 참여한다. 이들 협동조합의 다수는 노동자협동조합이며 노동통합 사회적협동조합과 자영업 생산자의 협동조합도 포함됐다. CICOPA에는 CECOP^{CICOPA 유럽}, CICOPA Americas, CICOPA Asia-Pacific의 3개 조직이 있다. CECOP는 유럽 대륙의 CICOPA 지역 조직으로 130만 명의 노동자를 고용하는 40,000개 기업과 협동조합 지원 조직을 대표하는 협동조합 연맹을 포함해 16개 유럽국가의 27개 회원이 참여한다.

CICOPA Americas는 미 대륙 10개국의 13개 조직이 참여하며, 미국·캐나다·멕시코의 협력 조직 그룹인 CICOPA North America와 브라질·아르헨티나·우루과이·파라과이의 협력 조직 그룹인 CICOPA Mercosur를 하위 지역 조직으로 포함한다.

CICOPA Asia-Pacific은 2021년 말에 만들어진 신생 지역 조직으로 아시아 태평양 지역의 협동조합 발전을 위해 공통의 정체성을 탐색하고 정보를 교환해 시너지를 창출하는 것을 목적으로 한다. 이들 지역 조직은 모두 각 지역의 ICA의 부문 회원 조직이기도 하다.[12]

일하는사람들의협동조합워커쿱 연합회

'일하는사람들의협동조합연합회'이하 워커쿱연합회는 우리나라를 대표하여 CICOPA에 가입되어 있는 공식회원 조직으로서 CICOPA 기준에 따라 직원협동조합, 사회적협동조합, 프리랜서협동조합, 노동자자주관리기업 등 일하는 사람들이 공동으로 소유하고 민주적으로 운영하는 협동조합 및 협동기업들로 구성된 협동조합연합회다.

워커쿱연합회는 20개 회원사가 참여하며 2023년 3월 현재, 법인형태는 일반 협동조합이 59.1%로 가장 많고, 사회적협동조합이 18.2%, 나머지 노무법인이나 비영리 사단법인, 주식회사가 22.7%를 차지한다 2021년 회원사 현황조사.

주요 사업 분야는 전문과학 및 기술서비스업이 31.8%로 가장 많고, 교육서비스업과 숙박 및 음식점업, 보건업 및 사회복지서비스업과 운수 및 창고업 순으로 나타났으며 2021년 회원사 현황조사, 대체로 정보통신업에서 제조업, 서비스업 등 다양한 업종 분포를 보인다.[13]

【표 20】 일하는사람들의협동조합연합회
회원사 현황 2023년 3월 현재

회원사	업종	소재지
해피브릿지협동조합	서비스·프랜차이즈	서울
한국협동조합창업경영지원센터	컨설팅 창업, 경영컨설팅	서울
쿱비즈협동조합	교육 지원 서비스 경영컨설팅업	서울
의연협동노동센터	인사노무·갈등관리	서울
인스케어코어	위생·시설관리용역	서울
사회적협동조합도우누리	돌봄서비스	서울
협동조합가치공유연구소	교육·네트워킹	서울
한국가사노동자협회	돌봄서비스	서울
사회적협동조합DNI	컨설팅	서울
번역협동조합	통·번역서비스	서울
제주희망협동조합	물류운송	제주
협동조합착한책가게	도서출판	서울
HBM협동조합경영연구소협동조합	교육컨설팅	서울
청년자립지원센터브리지 사회적협동조합	공제	서울
씨엔협동조합	문화·예술	천안
한국대리운전협동조합	대리운전	서울
노동자자주관리기업우진교통	시내버스	충주
한국스마트협동조합	예술인·프리랜서 일자리	서울
하나협동조합	택시운수	춘천
소이플리협동조합	행사기획·공연기획	서울

▶ 출처 : www.workercoop.kr_회원_회원조합

【표 21】일하는사람들의협동조합연합회 회원 조직의 사업영역

사업 분야	워커쿱	사업 내용	비고
일반 서비스	·의연협동노동센터 ·인스케어코어 ·번역협동조합 ·제주희망협동조합 ·착한책가게협동조합	·노무법인 ·크리닝, 해충방제 ·통번역 ·물류운반, 빨래방 ·도서출판	·노무상담,교육,관리지원 ·B2C, B2B ·국제행사통역,도서자료 번역 ·이사,운반,세탁 ·기획출판,도서유통
협동 조합 교육	·한국협동조합창업 경영지원센터 ·쿱비즈협동조합 ·HBM협동조합 경영연구소	·협동조합교육, 창업컨설팅 ·협동조합 교육, 운영 컨설팅 ·협동조합 설립 지원, 창업 지원	·협동조합전문 경영과정 ·창업, 경영, 운영, 제도 ·창업교육,인큐베이팅
마케팅	·디앤아이컨설팅 ·디지털인쇄협동조합 ·협동조합가치 공유연구소	·마케팅교육·컨설팅 ·인쇄,판촉물,홍보물 ·홈페이지 제작,유지보수	·데이터베이스 마케팅 ·영업,판촉,홍보,광고 ·O2O, 컨텐츠 개발 지원
사회 서비스	·사회적협동조합 도우누리 ·한국가사노동자협회 우렁각시 ·브릿지협동조합	·출산,간병,가정요양 ·가사관리,출산,베이비시터 ·청년 자립 지원	·가정돌봄, 요양시설 운영 ·가사관리, 출산돌봄,베이비시터 ·청년지원센터 운영
외식 유통	·해피브릿지협동조합 ·이피쿱협동조합	·외식 프랜차이즈, 식품 제조 카페운영, 원두공급	국수나무, 도쿄스테이크 ·카페 운영·창업
기타	·씨앤협동조합 ·우진교통 ·한국대리운전협동조합	·문화예술 ·운수업 ·플랫폼 협동조합	·공연기획, 고용 지원 ·청주시내버스 운영 ·대리운전기사 권익대변

▶ 출처: www.workercoop.kr_회원_사업영역

2장
협동조합법[14]

1) 협동조합법의 도입 과정

협동조합은 공통으로 필요한 것을 해결하려는 사람들이 자발적으로 모여 자율적으로 운영하는 조직이라 법과 제도가 갖춰지지 않아도 운영할 수 있었다. 이를테면 상조·실직·의료를 위한 공제조합, 믿을 수 있고 값싼 생활재의 공동구매를 위한 지역의 구판장 등이 있다. 소비자생활협동조합의 초창기 모습이 그러했다. 그러나 우리나라에 협동조합이 본격적으로 알려진 것은 개별 협동조합에 관한 특별법이 제정되면서부터다. 이해관계자가 직접 참여하여 설립하고 운영하는 조합이든 정부 정책의 하나로 만들어진 조합이든 협동조합이라는 이름으로 법과 제도가 만들어진 것은 농업협동조합부터다.

8개 개별업종을 중심으로 만들어진 특별법을 제정 순서대로 보면, 농업협동조합법[1957년], 중소기업협동조합법[1961년], 수산업협동조합법[1962년], 엽연초생산협동조합법[1963년], 신용협동조합법[1972년], 산림조합법[1980년], 새마을금고법[1982년], 소비자생활협동조합법[1999년] 순이다.

협동조합은 2000년대 전후 세계적으로 진행된 경제위기와 그로 인한 물가 인상과 고용불안정, 복지 불평등과 사각지대의 발생이라는 사회 상황에서 주목받기 시작했다. 그러나 경제와 사회 문제를 해결할 모델로서 협동조합을 세우기에는 8개 개별법 외에 제도적으로 접근하기 어려웠고, 그 문턱이 매우 높은 편이었다. 사회 양극화와 빈부격차, 이로써 발생하는 사회갈등의 문제를 해결하기 위해 제도적 밑받침을 마련하고자 제시된 게 협동조합의 법제화였다.

협동조합기본법 제정 관련 논의가 시작된 계기는 2009년에 발표한 유엔 결의문 136호였다. 유엔 결의문 136호$^{Resolution\ 64/136,\ Cooperatives\ in\ Social\ Development}$는 2012년을 '세계협동조합의 해'로 지정하고, 각 나라에 협동조합의 발전을 위한 법과 제도를 정비할 것을 권장한다. 이로써 우리나라를 비롯한 세계 각 나라가 2012년 세계협동조합의 해를 맞아 행사를 열고 협동조합의 미래상을 제시했다. 우리나라는 그동안 진행돼온 협동조합 법제도 논의를 마무리하고 2012년 1월 26일에 협동조합기본법을 제정해 같은 해 12월 1일에 시행했다.

협동조합기본법의 도입은 우리나라 협동조합운동의 지형과 인식을 바꾸는 계기가 되었다. 그동안 사람들은 협동조합을 회원제 조합 정도로 인식했다. 특히 생협 조합원은 자신을 조합원이 아닌 회원으로 부르는 경우가 많았고, 일반 생활재 유통매장의 회원제와 협동조합 운영방식을 동일시하는 예도 많았다. 그러나 조합원이 출자하고 운영에 참여하는 소유권자라는 사실을 인식하기 시작한 것은 협동조합기본법이 탄생하면서부터다.

협동조합기본법은 기존 8개 개별 협동조합의 특별법 안에 포함되지 않거나 상법상 회사로 등록할 수 없을 때, 독립된 법인으로 경제적 활동을 할 수 있게 했다. 또한 취약 계층 대상 사회서비스와 일자리 제공, 정부의 기능이 미치지 못하는 사각지대의 복지 대상에 대한 활동을 협동조합이 담당할 수 있게 했다.

협동조합기본법은 협동조합의 설립과 운영에 관한 기본적인 원칙을 규정하는 법으로서 협동조합의 자율적 운영을 보장하고 지원하되, 법적으로 보호하는 의미가 있다.

2) 협동조합기본법은 무엇을 담았나

협동조합기본법은 협동조합의 육성과 지원보다는 설립과 운영에 관한 기본적인 사항을 담아 사람들이 다양한 목적을 이루기 위해 자유롭게 사업체를 설립해 운영해갈 수 있도록 한 법 규정이다.[15] 이와 같은 이유로 협동조합기본법은 다른 '지원육성법'과 달리 협동조합이 성장하도록 돕지만 인위적인 육성과 직접 지원과 관련한 정책을 담고 있지 않다.

 기본법의 내용구성은 총칙으로 설립 목적과 요건, 협동조합에 대한 정부 정책, 다른 법률과의 관계를 다루며, 협동조합 유형을 일반 협동조합과 협동조합연합회, 사회적협동조합과 사회적협동조합연합회, 이종협동조합연합회[2020.3.31.신설]로 구분해 각 설립과 운영에 관한 규정을 담았다. 주요 내용은 다음과 같다.

- 협동조합은 조합원의 복리를 증진하고 지역사회에 공헌하기 위한 사업 조직으로 경제·사회·문화 모든 분야에서 설립할 수 있으며, '협동조합'과 '협동조합연합회'는 각각 법인으로 하고 '사회적협동조합'과 '사회적협동조합연합회'는 비영리 법인으로 한다.
- 설립 요건과 관련하여 협동조합은 시도지사에 신고, 사회적협동조합은 기획재정부를 비롯해 해당 행정부서의 인가로 설립할 수 있다.
- 협동조합 원칙에 따라 조합원 교육과 훈련, 정보제공을 수행하고 다른 협동조합과 상호 협력 증진에 노력한다.
- 협동조합의 정치적 독립과 관련해 특정 정당을 지지 또는 반대하거나 특정인 당선을 위한 행위를 금지한다.
- 정책 추진 체계와 관련하여, 기획재정부가 협동조합 정책을 총괄하고 기본계획을 수립, 3년마다 협동조합 현황 실태조사를 조사, 그 결과를 공표하고 국회 소관 상임위원회에 보고한다.
- 유엔 결의문 136호에 따라 매년 7월 첫째 토요일을 협동조합의 날,

협동조합의 날 이전 한 주간을 협동조합 주간으로 정해 국가와 지방자치단체가 협동조합의 날 취지에 맞게 행사와 사업을 시행한다.
- 다른 법률과 관계에서, 8개 개별 협동조합특별법에 따라 설립되는 협동조합에 대해 협동조합기본법이 적용되지 않는다. 불공정거래행위와 같은 일정한 분야에서 부당하게 경쟁을 제한하는 경우를 제외하고 '독점규제 및 공정거래에 관한 법률'을 적용하지 않는다.
- 협동조합 운영과 관련해 조합원 가입과 탈퇴의 자유를 보장하고, 출자 좌수와 관계없이 1개의 의결권과 선거권을 보장, 탈퇴와 제명 때 일반 협동조합은 지분환급청구권을 사회적협동조합은 출자금환급청구권을 갖게 한다.
- 협동조합 사업 분야와 관련하여, 각 협동조합의 설립 목적에 맞는 사업을 자율적으로 정관에 정하게 하고, 금융업과 보험업은 제외한다. 단, 사회적협동조합은 주 사업 이외에 정관에 따라 소액 대출과 상호부조 사업을 할 수 있다. 소액대출은 납입 출자금 총액의 3분의 2, 상호 부조는 납입출자금 총액의 한도 내에서 할 수 있다.
- 잉여금 처분과 관련하여 일반 협동조합은 잉여금의 10%를 법정적립금으로 적립, 이후 이용 실적과 납입출자금에 대한 배당을 할 수 있으며, 사회적협동조합은 잉여금의 30% 이상을 법정적립금으로 적립하며 배당이 금지된다.
- 협동조합의 합병·분할·해산과 관련하여 요건 절차와 청산 절차를 규정, 잔여 재산은 정관에 따라 처리한다. 사회적협동조합은 상급 사회적협동조합연합회, 비영리 법인, 공익법인, 국고 등에 귀속한다.
- 협동조합연합회는 기획재정부장관에게 신고함으로써 설립할 수 있으며, 정관에 따라 사업과 운영을 하도록 한다.

지분환급청구권

지분환급청구권은 조합원이 탈퇴하거나 제명되었을 때 출자금과 기여한 지분을 돌려달라고 청구할 수 있는 권리를 가리킨다. 이때 지분이란, 출자금과 잉여금을 합한 금액으로 탈퇴하는 조합원이 돌려받을 수 있는 금액은 납입한 출자금에 사업 이용과 노동 기여로 발생한 잉여금을 합한 부분이다.

출자금환급청구권

출자금환급청구권은 사회적협동조합에 해당한다. 이는 일반 협동조합의 지분환급청구권보다 좁은 개념으로서 조합원이 탈퇴할 때 받는 금액이 일반 협동조합보다 적다. 일반 협동조합의 조합원은 탈퇴하고 난 후 출자금과 잉여금을 합한 지분을 돌려받지만 사회적협동조합은 출자금만 받는다.

3) 협동조합기본법과 개별 협동조합법의 관계

우리나라 협동조합 관련 법은 8개 개별법으로 이루어진 특별법과 2012년 1월 26일에 제정된 기본법^{2012년 12월 1일 시행}이 있다. 법률 체계에서 8개 특별법이 협동조합기본법에 우선해 효력을 발생하기에 법적 충돌은 일어나지 않는다.

【표 22】 우리나라 협동조합 관련 근거법

구분	협동조합	근거법	제정	주무관청
생산자 협동조합	농업협동조합	농업협동조합법	1957	농림축산식품부
	수산업협동조합	수산업협동조합법	1962	해양수산부
	엽연초 생산협동조합	엽연초 생산협동조합법	1963	농림축산식품부
	산림조합	산림조합법	1980	산림청
	중소기업 협동조합	중소기업 협동조합법	1961	중소벤처기업부
금융 협동조합	신용협동조합	신용협동조합법	1972	금융감독위원회
	새마을금고	새마을금고법	1982	행정안전부
소비자 협동조합	소비자 생활협동조합	소비자 생활협동조합법	1999	공정거래위원회
일반 협동조합	일반 협동조합	협동조합기본법	2012	기획재정부
사회적 협동조합	사회적협동조합			관계 행정부처

이를테면 협동조합기본법은 제13조^{다른 법률과의 관계} 제1항에서 "다른 법률에 따라 설립되었거나 설립되는 협동조합에 대해 이 법을 적용하지 아니한다"고 규정하여 특별법과 기본법의 관계를 명확히 했다. 그러나 협동조합의 설립과 육성에 관한 다른 법령을 제정 또는 개정할 때 기본법의 목적과 원칙에 맞아야 함을 규정한다[협동조합기본법 제13조 제2항].

4) 협동조합기본법 개정 과정

협동조합기본법은 2012년 제정 이후 2021년 1월 5일까지 일곱 차례 개정되었다.

1차 개정은 $^{2014.1.21}$ 2012년 제정 이후 협동조합을 운영하면서 나타난 법적 미비점을 보완하여 효율성을 높이는 데 의의가 있다. 다만 협동조합 명칭에 지역명을 넣지 못 하게 한 점과 임원 겸직 제한 규정을 공공기업이 아닌 협동조합에 적용하는 것이 과도하다는 비판이 있다.[16]

2차 개정 $^{2014.12.30}$ 은 시행령에 들어있던 '협동조합 정책심의위원회'를 법률에 규정하고, 비조합원이나 비회원에게 이용의 폭을 넓혀 주었으며, 협동조합과 유사한 목적으로 설립된 사업자에게 조직 변경의 기회를 1년 더 연장하는 내용이었다. 2차 개정 내용 중 비조합원이나 비회원 이용을 원칙적으로 허용한 점은 소비자협동조합이나 소비자생활협동조합에 사업 확장과 비용 절감 면에서 환영받는 조치였다. 그러나 조합원의 주체적인 참여로 이루어지며, 그 성과를 조합원이 나누는 소비자협동조합에서 원외 이용$^{비조합원\ 이용}$의 원칙적 허용은 조합원의 무임승차를 인정하는 결과를 낳을 수 있다는 비판이 따른다.

3차 개정 $^{2016.3.2}$ 은 1차 개정 때 국가나 시·도 명칭 사용을 제한한 규정을 완화하고, '민법' 외의 다른 법률에 근거한 비영리 사단법인도 사회적협동조합으로 조직을 변경할 수 있게 했으며, 협동조합기본법 제정 이전에 협동조합과 유사한 목적으로 설립된 사업자가 협동조합으로 조직 변경할 수 있도록 시한을 연장했다. 3차 개정의 특징은 협동조합 설립이나 등기 과정에서 발생하는 불편 사항을 현실적으로 해결하기 위해 규정을 완화한 점이다.

4차 개정 $^{2017.8.9}$ 은 협동조합원의 탈퇴 사유에 들어있는 파산의 경우를 제외하여, 개인적인 파산이 있더라도 자동으로 탈퇴 처리되지 않으며, 앞으로 원활한 재기를 돕는 의미가 있다.

5차 개정 $^{2020.3.31}$ 은 협동조합 영역에서 지속해서 제기해온 요구를 수용한 점이 돋보인다. 개정 내용을 보면 협동조합특별법과 기본법에 따른 협동조합 조직 간 이종연합회 설립을 허용하고 5개 이상의 협동조합 등이 설립 요건을 갖춰 기획재정부장관의 인가를 받도록 했으며, 내부자본 확충을 위해 우선출자제도를 신설했다. 임원 결격 사유에 업무상 위력 등에 의한 간음 추행의 죄를 범한 자를 추가함으로써 당시 사회적으로 제기된 문제를 법 규정에 담았다. 협동조합 감독을 엄격히 하는 의미에서 2년 이상 사업을 수행하지 않는 일반 협동조합과 1년 이상 사업을 수행하지 않는 사회적협동조합에 업무의 시정 조치를 명할 수 있도록 했다.

 6차 개정[2020.6.9]은 법률용어를 한자어 중심의 문어체에서 쉽게 이해하고 사용하는 용어로 바꿨다.

 7차 개정[2021.1.5]은 임원 결격 사유 중 피한정후견인 부분을 삭제, 피한정후견인도 임원이 될 수 있도록 하고, 임원 또는 대의원 선거운동 시 호별방문이나 특정 장소에 모이게 하는 행위를 제한하는 기간을 정관으로 정하던 것을, 법률에 '선거일 공고일부터 선거일까지'로 제한 기간을 명시했다. 피한정후견인은 2013년 7월부터 시행된 개정 민법에서 도입한 성년후견제도의 한 가지다. 이는 가정법원으로부터 한정후견 개시의 심판을 받은 사람으로 종전의 한정치산자와 같다. 한정치산자는 무능력자로 규정되었는데 개정 민법에서는 피한정후견인이라는 이름으로 제한능력자로 규정하여 당사자가 가지고 있는 능력을 최대한 존중하고 경제적 영역뿐 아니라 의료행위나 거주지 결정 등 비경제적 영역의 지원도 가능하며 후견인에 대한 실질적 감독이 이루어질 수 있도록 했다. 협동조합기본법은 이와 같은 현실적 고려와 법률적 근거에 따라 피한정후견인을 임원 결격 사유에서 제외했다.

 협동조합법의 개정 과정은 협동조합의 설립과 운영 관리, 자본 조달의 어려움을 덜고 협동조합의 사업을 확장하고 성장할 수 있도록 돕는 것이었다. 그러나 몇 가지 협동조합 영역에서 불만을 품거나 논쟁거리가 될만한 사항이 있었다.

첫째, 제5차 개정에서 신설된 이종협동조합연합회가 참여 대상을 기본법에 따라 설립된 협동조합과 소비자생활협동조합, 신용협동조합에 한정해 이종협동조합의 네트워킹을 활성화하는 데 한계가 있었다.

둘째, 우선출자제의 범위가 자기자본이나 납입자본금의 30% 이내로 정해져 협동조합이 자본을 조달하는 데 실질적인 역할을 하지 못한다.

주요 개정 내용은 【표 23】과 같다.

【표 23】 협동조합기본법 개정 주요 내용

차수	개정일	주요 개정 내용
1	2014.1.21	• 국가나 지방자치제 이름과 같이 대표성에 오해와 혼동을 일으키는 명칭 사용 금지. • 출자 1좌 금액의 균일화. • 대의원 정수를 조합원 총수의 10% 이상으로 하되, 대의원 총수가 100명을 초과할 때 100명으로 할 수 있음. • 출자금을 자본금으로 명확히 함. 탈퇴조합원에 대한 출자금 환급을 총회 의결 사항으로 규정함. • 조합원 수가 10인 미만인 협동조합은 이사회를 두지 않을 수 있음. • 협동조합 임직원의 국회의원 또는 지방의회 의원 겸직을 제한함. • 법정적립금을 해당 회계연도 출자금 납입총액의 3배가 될 때까지, 일반 협동조합은 잉여금의 10% 이상, 사회적협동조합은 잉여금의 30% 이상 적립함. • 협동조합이 다른 법인을 흡수합병할 수 있게 함. • 조직 변경 시 총회 결의를 거쳐 사내 유보금을 협동조합의 적립금으로 하고, 협동조합 해산 시 상급 연합회 또는 다른 협동조합에 기부할 수 있도록 함. • 협동조합의 조직 변경 규정 신설. • 협동조합연합회는 공제 사업을 할 수 있게 하고, 이

		를 위해 기획재정부의 인가를 받도록 함. • 사회적협동조합 제품에 대한 공공기관의 우선 구매 촉진 규정 신설.
2	2014.12.30	• 협동조합 정책심의위원회를 시행령에서 법률로 상향 입법. • 협동조합과 연합회의 비조합원 비회원 이용금지 규정을 이용 가능 규정으로 변경. • 2012년 12월 1일 이전에 설립된 사업자에 한하여 조직 변경 시한을 1년 더 연장.
3	2016.3.2	• 출자금, 회원 등 대통령령으로 정하는 요건을 충족할 때는 기획재정부장관의 인가를 받아 국가나 시·도의 명칭을 사용할 수 있음. • 설립등기신청서에 이사장이 아닌 임원의 주소는 기재하지 않도록 함. • 출자금 관련 변경등기 시한을 현행 회계연도 종료 후 1개월 내에서 회계연도 종료 후 3개월 이내로 변경. • 사회적협동조합으로의 조직 변경이 가능한 법인의 범위를 「민법」외의 다른 법률에 따라 설립된 비영리 사단법인까지 확대하고, 비영리 법인의 구성원이 200인을 초과하면 구성원 3분의 2 이상의 동의로 조직 변경이 가능하게 함.
4	2017.8.9	• 협동조합 조합원의 당연 탈퇴 사유에서 파산한 경우를 제외함으로써 파산자의 원활한 재기를 돕고 파산자에 대한 자격 제한 제도를 합리적으로 개선하려 함.
5	2020.3.31	• 협동조합기본법에 따른 일반 또는 사회적협동조합, 생협, 신협의 이종협동조합연합회를 설립할 수 있고, 법인과 비영리 법인으로 이원화하여 선택하도록 함. • 협동조합의 내부자금 확충을 위해 잉여금 배당에서 우선적 지위를 가지는 우선출자를 발행할 수 있도록 함. • 우선출자의 총액은 자기자본과 납입출자금 총액의 30%를 초과할 수 없다. 조합원 1인의 납입 출자금

		총액과 우선출자 총액을 합한 금액은 협동조합이 발행한 우선출자 총액의 30%를 초과할 수 없음. • 우선출자에 관해 의결권과 선거권을 인정하지 않음. • 우선출자에 따른 배당은 출자 배당보다 우선하여 실시하되, 배당률은 정기 총회에서 결정. • 임원 결격과 관련하여 집행유예를 선고받은 경우 결격 기간을 집행유예 기간으로 한정. • 업무상 위력 등에 의한 간음 추행의 죄를 범한 자를 임원 결격 사유에 추가. • 2년 이상 사업을 수행하지 않는 협동조합, 1년 이상 사업을 수행하지 않는 사회적협동조합에 업무시정 조치를 명할 수 있도록 함. • 이종협동조합연합회 설립 시 5개 이상 협동조합 등이 설립 요건을 갖춰 기획재정부장관의 인가를 받도록 함. • 기획재정부는 협동조합의 흡수 합병 인가, 공제 사업 인가, 사회적협동조합 설립 인가와 관련한 신청을 받았을 때, 60일 이내에 인가 여부나 처리 관련 사항을 통지하지 않으면, 인가를 한 것으로 간주하는 제도를 도입.
6	2020.6.9	• 법률 용어 정비.
7	2021.1.5	• 임원 결격 사유 중 피한정후견인 부분을 삭제, 피한정 후견인도 임원이 될 수 있도록 함. • 임원 또는 대의원 선거운동 시 호별방문이나 특정 장소에 모이게 하는 행위를 제한하는 기간을 정관으로 정하던 것을, 법률에 '선거일 공고일부터 선거일까지'로 제한 기간을 명시.

▶ 참고: 국가법령정보센터_협동조합기본법. www.law.go.kr

소비자생활협동조합법의 변화 과정

소비자생활협동조합^{이하 생협}은 소비자가 조합원으로 참여해 운영하고 이용하는 협동조합이다. 생협법은 생협을 "상부상조의 정신을 바탕으로 한 소비자들의 상호 간 협동에 기반하여 물품·용역·시설 등의 공동구매와 이용, 판매를 자주·자립·자치적으로 수행하는 생활협동조합 활동을 촉진함으로써 조합원의 소비생활 향상과 국민의 복지 및 생활문화 향상에 이바지함을 목적으로 하는 조직"^{생협법 제1조}으로 정의한다.

생협은 역사적 과정에서 법이나 제도적 틀이 없어도 지역에서 살아가는 주민들과 사회운동가들이 협동의 힘으로 조직을 꾸리고 사업을 확장해왔다. 그러나 이에 관한 법적 근거가 없다 보니 사업 목적과 운영 방식에서 다른 일반 영리 기업과 다른데도 시장 정책과 조세 정책을 동일하게 적용되는 일이 발생했다. 무엇보다 그냥 '좋은 일'하는 자조적인 조직보다 객관적으로 인정받는, 공신력을 얻을 필요가 있었다. 이와 같은 필요로 생협의 법제화가 이루어졌다.

소비자생활협동조합법^{이하 생협법}은 1999년 2월 5일에 제정^{1999년 8월 6일 시행}되었으며, 2021년 12월 7일까지 11차례 개정되었다. 생협법 개정의 주요 내용은 다음과 같다.

제1차 개정은 2005년 1월 27일에 이루어졌는데 생협 설립 인가와 취소, 감독에 관한 주 업무를 재정경제부에서 시·도로 옮기는 내용이었다. 2010년 3월 22일 개정은 생협법이 제정된 이후 상황변화를 반영하여 전면적으로 이루어졌다. 특징적인 것은 생협의 목적을 소비자의 복지 향상을 넘어서서 국민의 복지와 생활문화 향상으로 확대했고, 이를 기반으로 사업 범위를 생활재 공급뿐 아니라 교육·문화·건강개선 등 소비자들의 생활상의 요구 전반으로 확대했다. 이때부터 생협연합회와 전국연합회 설립이 가능해졌으며, 조합원의 사업 이용 실적에 따라 잉여금을 배당할 수 있게 했다.

2016.3.29 개정은 병원 행정 담당자들이 생협이라는 이름을 붙이고 영리 목적만을 위해 병원을 설립·운영하는 사례가 늘어나 사회적으로 문제가 불거지자 이에 대응하고자 의료생협의 설립 요건을 강화하는 내용으로 이루어졌다. 이는 보건·의료사업조합이 조합원의 공동이익 증대라는 조합의 본래 취지에 맞게 설립·운영되도록 합리적인 법적 근거를 마련하는 데 의미가 있었다. 이외에 민법 개정으로 임원 결격 조항상의 금치산자를 피성년후견인으로, 한정치산자를 피한정후견인으로 변경했다. 조합 임직원이 조합의 설립과 운영에 관해 중대한 법 위반 행위를 했을 때 현행보다 더 엄중하게 처리하는 규정을 담았다.

2018.12.31 개정은 임원 자격과 관련하여 업무상 위력에 의한 간음이나 추행의 죄를 범한 사람을 추가하여 성범죄자의 임원 선임을 제한한 점이 특징이다.

2020.12.8 개정은 임원이나 대의원 선거 관련한 법 개정으로 그동안 정관에 명시돼 있던 것을 법률에 규정함으로써 더 엄중히 다루고자 했다.

2021.12.7 개정은 소비자생활협동조합의 상호적 성격과 조합원 최대봉사 원칙 등을 규정함으로써 생활협동조합의 공익적

성격을 강화하려는 목적으로 이루어졌다. 주요 내용을 보면, 생협을 비영리 법인임을 명시하고 조합의 책무를 구체적으로 서술했다. 이때 개정에서 특징적인 것은 코로나19의 확산에 따라 대면 총회 및 활동이 어려워진 상황에서 '재난 및 안전 관리 기본법'에 따른 재난 상황에서 서면 또는 전자적 방법으로 조합원이 의결권과 선거권을 행사할 수 있는 근거 규정을 마련한 점이다. 이에 따라 총회를 서면이나 전자적 방법으로 열고 임원이 원격 통신 수단으로 이사회 의결에 참가할 수 있게 허용했다. 회계 면에서 대차대조표를 재무상태표로 정비했으며, 연합회나 전국연합회의 임원 수를 상향 조정하고 비조합원을 전체 임원 수의 일정 비율 이하로 임원으로 선출할 수 있게 했다. 생협의 전국연합회 조직을 설립할 때 보건·의료조합과 그 외의 조합을 구분하여 전국연합회를 설립하게 했다.

【표 24】 소비자생활협동조합 개정 주요 내용

차수	개정일	주요 개정 내용
1	2005.1.27	• 설립인가와 취소, 감독에 관한 주 업무를 재정경제부에서 시·도로 옮김.
2	2010.3.22	• 법의 목적을 소비자의 복지향상뿐 아니라 국민의 복지 및 생활문화 향상으로 확대. • 생협연합회와 전국연합회의 설립 근거를 마련함. • 조합, 연합회, 전국연합회 명칭 중에 '생활협동조합'이나 '생협'이라는 문자를 사용하게 함. 생협법에 따라 설립된 조직이 아닐 경우에 이와 유사한 문자를 사용하지

		못함.
		• 국가와 공공단체는 필요한 경우 생협 조직에 필요한 자금을 지원할 수 있다.
		• 생협 조직과 다른 법률에 따라 설립된 협동조합이나 외국 협동조합과 상호 협력에 노력 하도록 하다.
		• 사업 범위를 생활재 공급뿐 아니라 교육·문화·건강개선 등 소비자들의 생활상의 요구 전반으로 확대.
		• 조합원의 사업 이용 실적에 따라 잉여금을 배당할 수 있게 함. 단, 보건·의료 사업을 하는 조합의 잉여금 배당을 금지.
		• 단위조합은 시·도지사, 연합회와 전국연합회는 공정거래위원회가 업무를 감독.
3	2016.3.29	• 영리 추구형 보건·의료사업 협동조합 설립을 사전에 차단하기 위해, 조합 설립에 필요한 조합원 1인당 최저 출자금을 시행령으로 정해, 조합의 설립 요건을 강화.
		• 보건·의료사업 조합의 경우, 시행령에 정한 한도를 초과하는 금액을 차입금의 최고 한도로 결정하지 못하게 해, 조합이 무리하게 자금을 차입함으로써 조합의 재무 건전성을 위협하는 것을 방지.
		• 보건·의료사업 조합이 조합 설립을 주도한 특정인이나 그와 특별한 관계에 있는 자로부터 대출을 받고 고율의 이자를 지급함으로써 특정인이 조합을 영리 추구 수단으로 활용하는 것을 방지함.
		• 보건·의료사업 조합의 임원이 특정인의 친인척 위주로 구성되는 것을 제한함.
		• 민법개정으로 임원 결격 조항상의 금치산자

		를 피성년후견인으로 변경하고, 한정치산자를 피한정후견인으로 변경함. • 임직원의 부정한 방법의 등기 행위 등 중대 법 위반 행위를 억제하기 위해 형사 처벌의 상한을 1년 이하의 징역이나 500만 원 이하 벌금에서 3년 이하의 징역이나 3천만 원 이하의 벌금으로 높임. • 회계자료 작성 규정을 위반한 임직원에 대해 형사처벌 규정을 신설해, 조합의 회계자료를 신속하고 적절하게 작성하게 함. • 조합 해산 시 청산인이 이미 해산한 생협을 그대로 방치하는 것을 방지하고 잔여 재산 분배 등을 적정하게 처리할 수 있도록, 정해진 절차에 따라 청산사무를 이행하지 않은 청산인에 대해 형사 처벌을 하도록 함.
4	2018.12.31	• 임원의 결격 사유와 관련하여 현행 금고 이상의 형의 집행유예를 선고받고 그 유예 기간에 있거나 유예기간이 끝난 날부터 2년이 지나지 않은 사람에서 집행유예 기간에 있는 사람으로 한정, 결격 사유 제도를 합리적으로 개선. • 성범죄자의 임원 선임을 제한해 직장 내 고용 관계나 상하 관계를 이용한 성범죄 등의 재발을 방지하고자, 업무상 위력 등에 의한 간음·추행의 죄로 300만 원 이상의 벌금형을 선고받고 그 형이 확정된 후 2년이 지나지 않은 사람은 임원이 될 수 없도록 함.
5	2020.12.8	• 그동안 정관으로 정해져 있던 임원이나 대의원 선거와 관련한 규정을 법률에 명시하여 엄격히 규율하고자 함. 이에 임원이나 대의원 선거와 관련하여 선거운동을 위한

		호별방문 등을 금지하는 기간을 선거일 공고일부터 선거일까지로 법률에 명시함.
6	2021.12.7	• 생협이 소비자 간 협동에 기반한 공동구매와 이용, 판매를 수행함을 목적 조항에 명시, 조합원이나 회원에 대한 봉사를 기본원칙으로 규정함. • 조합·연합회·전국연합회를 비영리 법인임으로 명시함. • 생협의 책무를 조합원의 권익 증진, 친환경 제품의 생산·유통의 활성화, 생산자와 소비자의 상생, 적정한 보건의료 서비스의 공급 등으로 구체화함. • 조합 등에 대한 지원 주체로 지방자치단체 등을 추가, 지원 범위를 공유재산과 물품으로 확대, 공유재산 및 물품의 사용료를 면제할 수 있게 함. • 공정거래위원회는 조합의 활성화를 위한 발전계획을 수립·시행하고, 이를 위해 조합에 관해 현황 및 실태를 조사할 수 있게 함. • '재난 및 안전관리 기본법'에 따른 재난으로 다수가 모이는 총회 개최가 어려울 때 조합원이 서면이나 전자적 방법으로 의결권과 선거권을 행사할 수 있는 근거 규정을 마련, 서면이나 전자적 방법으로 총회의 결의를 할 수 있게 함. • 이사회 이사의 원격 통신 수단에 의한 의결 참가를 허용함. • 대차대조표를 재무상태표로 정비함. • 연합회나 전국연합회에 둘 수 있는 임원 수를 상향 조정하고 전체 임원 수의 일정 비율 이하로 비조합원 임원 선출이 가능하게

	함. • 전국연합회를 보건·의료조합 전국연합회와 보건·의료조합 외의 조합 전국연합회로 구분하여 각각 설립할 수 있게 함.

▶ 참고: 국가법령정보센터_소비자생활협동조합법 www.law.go.kr

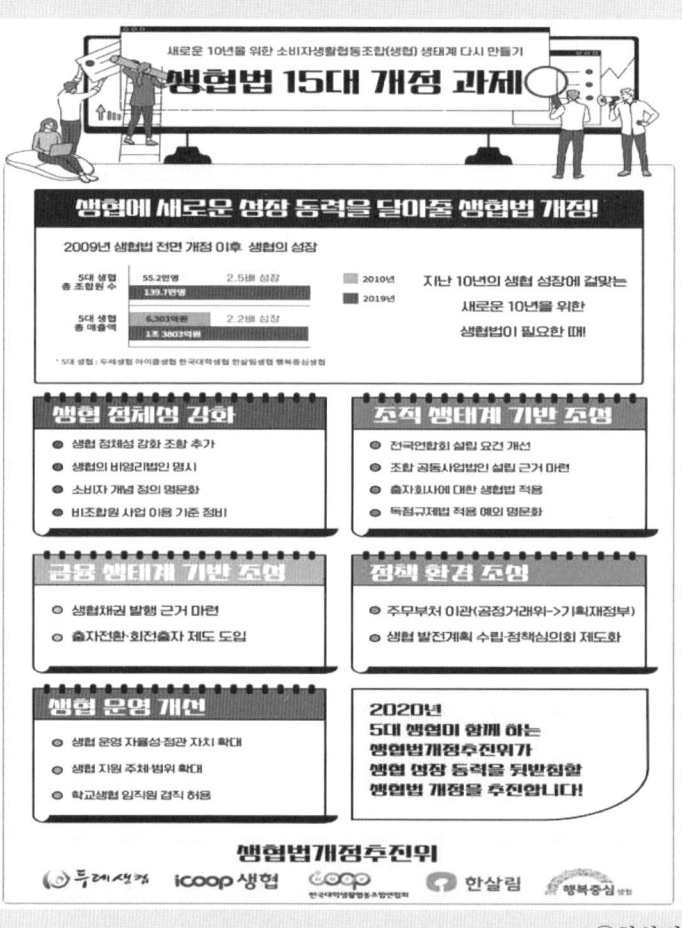

ⓒ한살림

3장
새로운 협동조합 유형 등장

1) 디지털 기술을 기반으로 한 디지털 플랫폼 협동조합

(1) 디지털 세계의 새로운 일터와 시장, 디지털 플랫폼 경제

18세기 말, 기계 생산과 증기 전력 에너지를 바탕으로 등장한 1차 산업혁명, 19세기의 전기 에너지를 기반으로 한 대량생산의 2차 산업혁명, 20세기 전자공학의 발전을 기반으로 한 정보통신기술이 산업의 중심이 된 3차 산업혁명으로 이어졌다. 사람들은 21세기에 접어들면서 4차 산업혁명을 자연스럽게 말하기 시작했다.

산업혁명에는 기술혁명이 핵심이다. 4차 산업혁명을 말할 때는 전자공학을 기반으로 한 정보기술 산업의 단계에서 새로운 차원의 신기술 등장을 함께 말한다. 무인 자동차, 3D 프린팅, 원격 모니터링 기술, 블록체인, 공유경제와 같은 것이다. 4차 산업혁명이 가까이 다가오고 있는 현재, 우리 사회는 디지털 플랫폼 경제를 맞이했다. 디지털 플랫폼 경제는 20세기의 3차 산업혁명의 결과인 정보기술을 기반으로 제4차 산업혁명의 신기술을 결합한 새로운 경제체제다.[17]

플랫폼 산업은 예전부터 중요한 경제 시스템으로 작용했다. 생산자와 소비자를 잇는 유통 산업, 세상의 이야기를 독자에게 전하는 언론

산업, 돈 있는 사람과 돈이 필요한 사람을 연결해주는 금융 산업, 일할 사람이 필요한 건설사와 일을 필요로 하는 사람을 연결하는 인력 중개 산업, 돌봄을 원하는 사람과 돌봄 관련 일자리를 구하는 사람을 연결하는 돌봄서비스 산업 등 세상 모든 일이 대부분 플랫폼을 기반으로 거래돼 왔다. 달라진 점이 있다면 인터넷과 스마트폰이라는 디지털 기술을 활용하여 거래 과정에서 축적되는 방대한 빅데이터를 독점하고 인공지능 알고리즘으로 시장과 노동을 관리하고 통제할 수 있는 디지털 플랫폼으로 전환됐다는 점이다.[18] 디지털 플랫폼 경제는 산업시스템의 새로운 변화를 이끌었고 새로운 비즈니스 모델을 만들어냈다. 즉 디지털 세계가 새로운 일터와 시장으로 우리에게 다가왔다.

디지털 플랫폼 경제는 공유경제와 같은 의미로 사용되기도 한다. 이때 공유는 공동 소유의 의미보다 디지털 기술을 활용할 수 있는 사람들은 누구나 플랫폼에 접근하여 재화와 서비스를 교환할 수 있는 의미가 있다. 그러나 디지털 플랫폼 시장은 재화와 서비스를 무상으로 공유하며 나누는 곳이 아니라 철저하게 자본주의 방식으로 노동의 결과물과 노동 서비스를 구매하고 판매하는 곳이며, 플랫폼 기업이 플랫폼 시장을 독점하는 것에 가깝다.[19] 즉 플랫폼에서 생산해 주고받는 데이터 모두를 플랫폼 기업이 독점한다. 이를테면 지적 노동 생산물을 주고받는 디지털 백과사전 사이트는 데이터를 생산한 사람들이 플랫폼에 생산물을 올리지만 그에 대한 값을 돌려받지 못하며 사용자로서 머물게 된다.

디지털 플랫폼 경제에서 노동 문제도 논쟁거리다. 디지털 플랫폼에서 재화와 서비스를 생산하고 제공하는 플랫폼 노동은 시간·장소·방식에서 일정한 틀을 갖추지 못한 불안정 노동의 특징을 지닌다. 이와 같은 디지털 플랫폼 경제의 문제를 해결하고자 등장한 것이 디지털 플랫폼 협동조합이다.

(2) 디지털 플랫폼 협동조합의 등장과 의미

21세기 디지털 플랫폼 자본주의 시대가 나타나면서 소수의 자본투자자가 디지털 플랫폼 경제를 지배하고 사람의 노동을 임시계약직 형태로 내몰았다. 디지털 플랫폼 기업에서 노동자들은 독립계약자로서 노동자이면서 노동자로 인정받지 못하고, 종속적이지만 자영업자라는 이유로 최저임금과 실업급여, 유급휴가, 노동조합 설립과 같은 노동자의 기본 권리를 갖지 못하는 불이익을 받는다. 이처럼 소수 자본투자자의 이윤만을 보장하며 노동자들의 고용불안정성을 더 부추기는 디지털 플랫폼 기업의 대안으로 디지털 플랫폼협동조합이 만들어졌다.

디지털 플랫폼 협동조합은 디지털 플랫폼 업과 마찬가지로 디지털 플랫폼 자본주의에서 등장한 새로운 비즈니스 모델이다. 그러나 소유와 운영의 주체, 이윤의 배분이 누구에게 집중하는가에 차이가 있다. 디지털 플랫폼 협동조합은 참여자들에 의해 민주적으로 운영되면서 모두의 이익을 보장하는 플랫폼 경제의 한 영역으로서 평등과 연대 정신에 기반을 둔 분권화된 거버넌스 모델이다.[20]

디지털 플랫폼 협동조합은 전통적 협동조합과 전혀 다른 유형이다. 전통적 협동조합은 조합의 주권자인 조합원이 누구인가에 따라 소비자, 생산자, 노동자, 다중이해관계자협동조합으로 분류된다. 그러나 디지털 플랫폼 협동조합은 참여하는 사람들의 노동 형태와 업종에 따라 다양하게 나타난다. 조합 운영 형태 면에서 전통적 협동조합은 대면 관계에서 협동의 방식으로 운영한다. 그러나 디지털 플랫폼 협동조합은 모바일 앱이나 웹사이트와 같은 가상의 세계인 디지털 플랫폼에서 개별적 비대면 관계로 운영된다. 전통적 협동조합 관점에서 디지털 플랫폼 협동조합은 일반 디지털 플랫폼 기업과 다를 바 없다. 다른 이해관계자가 플랫폼에서 연결되며 각자 필요한 것을 해결하는 방식이다. 그러나 디지털 플랫폼 협동조합이나 전통적 협동조합은 공통의 조직 운영 원리를 가진다. 즉, 조합원의 공동 소유와 공동 운영, 민주적 통제가 이루어지는 조직이다.

디지털 플랫폼 협동조합은 협동조합과 디지털 플랫폼이 결합한 조직이다. 디지털 플랫폼 협동조합은 전통 협동조합 원칙과 원리에 기반을 두면서 디지털 플랫폼을 시장으로 활용한다. 참여하는 모든 이해관계자가 디지털 플랫폼을 집단으로 소유하고 직접 운영한다.

　디지털 플랫폼 협동조합은 2015년 뉴욕시에 있는 뉴스쿨$^{\text{The New School}}$ 대학의 트레버 숄츠$^{\text{Trebor Scholz}}$ 교수가 자신의 논문,『플랫폼 협동조합과 공유경제$^{\text{Platform Cooperativism vs the Sharing Economy}}$』에서 공유경제 플랫폼을 비판하면서 민주적 통제를 받는 대안적인 플랫폼 모델로 처음 제안한 협동조합 유형이다. 그 후 디지털 플랫폼 협동조합은 유럽·미국·캐나다·호주를 중심으로 퍼져나갔으며, 우리나라에 알려지기 시작한 것은 최근 몇 년 사이다. 디지털 플랫폼 협동조합은 크라우드 펀딩·청소·화폐·예술·컨설팅·금융·인력알선·시장 등 매우 다양한 분야에서 설립·운영되고 있다.

 자료

디지털 플랫폼 협동조합에 전통적 협동조합 원칙을 포함한 트레버 숄츠$^{\text{Trebor Scholz}}$ 10가지 원칙

① 소유자들이 플랫폼에서 생산한 대부분 가치들은 플랫폼 협동조합이 집단으로 소유.
② 적절한 지급과 소득보장.
③ 데이터의 수집·이용·판매 등을 투명하게 공개.
④ 노동자들은 소유주와 운영자의 감사와 인정을 받으면서

이들과 의사 소통.
⑤ 노동자 플랫폼은 노동자들이 플랫폼의 프로그래밍 및 이용을 위한 의사 결정에 참여.
⑥ 플랫폼 협동조합에 대한 법적 지원.
⑦ 고용주들이 급여 등 노동자 지원을 위한 지급을 회피하는 방법으로 임시노동자들을 고용하려는 유인 축소.
⑧ 노동자들이 스스로 명성과 시스템을 소유하는 게 중요.
⑨ 공유경제의 과도한 감시를 거부하고 노동의 존엄성 회복.
⑩ 노동자들은 정치적 활동과 휴식 및 여가를 위해 로그오프 Log Off할 수 있는 권리 소유

▶ 출처: Trebor Scholz, 2016; 김은경, 2020 재인용

(3) 디지털 플랫폼 협동조합 사례

① 유형 분류

디지털 플랫폼 협동조합은 단순히 플랫폼 기능이 있는 것이 아닌 ICT 기술혁명을 기반으로 한 특정한 비즈니스 모델을 채택한 경우를 말한다.[21] 사이먼 보킨[2019]은 조합원이 어떻게 분포돼 있는지, 노동이 비즈니스 모델에 얼마나 집중적으로 결합해 있는지에 따라 디지털 플랫폼 협동조합 유형을 분류했다.

가) 다중이해관계자 및 공동체 플랫폼 Multi-Stakeholder / Community Flatform
디지털 플랫폼에서 재화와 서비스를 거래하는 사용자·생산자·플랫폼 개발자 모두 조합원으로 참여하며 플랫폼을 공동으로 소유한다. 전통적인 협동조합과 차이가 있다면 사용자·생산자·개발자 모두 이해관계

자로서 자기 조직의 정체성을 가지며 동시에 협동조합의 이해관계자로서 거버넌스에 참여한다.

> **사례** 다중이해관계자 및 공동체 플랫폼
>
> ### 레소네이트 Resonate
>
> 레소네이트는 블록체인 Block chain 기술을 이용한 음악 스트리밍 Music Streaming 플랫폼이다. 다중이해관계자협동조합으로서 예술가가 45%, 청취자가 35%, 노동자가 20%의 지분을 가지며, 다른 스트리밍 서비스보다 예술가들의 수입이 2.5배 높다.
>
> 블록체인 기술은 음악 업계의 저작권과 수익배분 문제를 해결하는 데 유용하다고 알려져 있다. 이를테면 블록체인을 이용하면 저작권협회를 통하지 않더라도 저작권을 표시할 수 있으며, 음악가가 자신의 음원 파일 활용 과정을 쉽게 추적할 수 있어 수익을 정확하게 산정할 수 있다. 스트리밍 서비스가 블록체인 형태로 이루어지면 아티스트의 수익이 현재 2~7%에서 70%까지 늘어나고, 거대 플랫폼을 통하지 않아도 자신의 음악을 쉽게 유통할 수 있을 것으로 전망된다.[22]

나) 생산자 주도 플랫폼 Producer-led Platform

멀리 떨어져 있는 생산자들이 디지털 플랫폼을 활용해 공동으로 생산물을 판매한다. 생산자들이 조합의 소유권을 가지지만, 생산 작업은 각각 이루어지며 생산물 판매만 협동조합 방식으로 운영된다. 생산물을 구매하는 소비자는 협동조합에 참여하지 않는다.

사례 생산자 주도 플랫폼

스톡시 Stocksy

스톡시는 사진가들이 Stock 사진을 통해서 수익을 올릴 수 있도록 하는 플랫폼으로 아티스트 소유 협동조합이다.

스톡시는 2012년 4월 20일에 설립되어 2013년 3월 25일에 공식 출범했다. iStockphoto 설립자 Bruce Livingstone과 공동설립자 Brianna Wettlaufer가 시작했다. 공식 출범 당시 스톡시에는 약 220명의 사진작가가 참여했다.

스톡시는 세 종류의 주주가 있는 플랫폼 협동조합이다. Class A는 Brianna Wettlaufer CEO를 비롯한 고문으로 구성된다. Class B는 직원들로 구성되어 있고 Class C는 콘텐츠를 제공하는 아티스트들이다. 각 회원은 협동조합을 공동 소유하고 하나의 투표권을 갖는다. 각 클래스에는 이사회에 참여하는 최소 두 명의 이사가 있다.

65개국의 사진작가가 여기에 기고를 한다. 협동조합에 가입하고자 하는 아티스트는 스톡시의 Call to Artists 웹페이지에 포트폴리오를 제출한다. 승인된 회원은 창작 콘텐츠에 라이선스를 받으며, 표준 라이선스 판매에 대해 50%, 확장 라이선스 판매에 대해 75%의 로열티를 받으며, 후원금 반환의 형태로 연말에 이익을 분배받는다.[23]

다) 컨소시엄 및 노동자 플랫폼^{Consortia/worker Platform}

노동자협동조합의 상호 작용을 돕는 플랫폼 형태다. 플랫폼은 노동자들이 자신의 노동력을 제공하는 채널 역할을 하며, 특정한 지역성에 기반을 둔다.

> **사례** 컨소시엄 및 노동자 플랫폼
>
> **업앤고^{Up & Go}**
>
> 업앤고^{Up & Go}는 뉴욕을 기반으로 4개의 노동자협동조합이 함께 개발한, 공정한 임금을 보장하는 주문형 청소 서비스 제공 플랫폼으로 2017년 5월부터 운영하기 시작했다. 대다수가 이민자 여성이며, 노동자가 플랫폼을 소유한다. 업앤고 플랫폼을 통한 청소 노동 수익의 95%는 노동자에게 지급되고, 나머지 5%는 플랫폼 유지를 위해 사용한다. 일반 홈서비스 플랫폼이 노동자 수입의 약 20~50%의 수수료를 떼는 것과 비교된다.
>
> 업앤고는 조합원의 소유 조직으로서 조합원이 요금을 결정하는 등 운영에 직접 참여한다. 그 덕에 협동조합 노동자들이 다른 회사에 비해 수익이 시간당 4~5달러 더 높다.[24]

라) 데이터 컨소시엄 플랫폼^{Data consortia Platform}

이 플랫폼은 상호 신용모델^{Mutual Trust Model}로서 데이터의 소유와 사용에 관한 문제를 다룬다. 조합원을 대신해 데이터를 관리하기 위한 상호 조직으로 조합원들은 민주적인 통제권을 가지고 수익을 공평하게 나눈다.

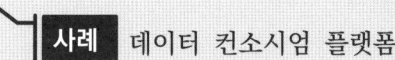 데이터 컨소시엄 플랫폼

마이데이터^{MIDATA}

이는 스위스에 기반을 둔 건강 관련 데이터 협동조합이다. 조합원은 자신의 의료기록, 휴대전화를 통한 건강관리 데이터, 개인 유전체에 관한 정보를 마이데이터에 업로드하고, 안전 보장을 전제로 의학 전문가나 연구자에게 해당 정보를 공유할지를 스스로 결정한다. 조합원은 자신의 데이터를 연구자에게 제공한 대가를 받을 수 있다.

마이데이터는 2015년에 비영리 협동조합으로 설립됐으며, 개인의 건강정보를 공익을 위해 어떻게 사용하는지 보여주는 모델로서 시민이 자신의 건강정보에 대한 통제권을 갖는다.

개인 데이터는 마이데이터 플랫폼에 저장되며, 모든 데이터 세트는 암호로 되어 데이터 계정 소유자만이 자신의 개인 데이터에 접근할 수 있다. 데이터 계정을 가진 사람은 앱 기반 연구 프로젝트에 참여하고 앱 기반 서비스 혜택을 누릴 수 있다. 또한 협동조합 조합원으로서 총회에서 의결권을 갖는다. 마이데이터 협동조합은 비영리 기관으로서 순이익은 마이데이터 플랫폼에서 제공되는 서비스에 재투자된다.[25]

② 블록체인 기반의 디지털 플랫폼 협동조합

블록체인[26] 기반 협동조합은 탈중앙화된 자율 조직DAO, Decentralized Autonomous Organization의 개념을 응용한 사례들이다. 블록체인 기술을 활용한 플랫폼 조직들은 공정무역이나 협동조합 상품 거래, 예금, 공동구매 등 다양한 영역으로 확장되고 있다.[27] 페어코프Faircoop, 로빈후드 코프Robinhood coop, 프로베넌스 프로젝트Provenance Project가 그 사례들이다.

페어코프는 가상화폐 페어코인Faircoin을 발행하여 운영하는 온라인 기반의 글로벌 오픈 커뮤니티다. 페어코프는 총회를 통해 코인의 발행과 그 가치를 결정한다. 페어코인은 '공정하고 자율적이며 생태 친화적인 경제시스템에서 통용될 통화'로 현재 협동조합을 포함해 다양한 윤리적 비즈니스에서 사용한다.[28]

로빈후드 코프는 지역사회 활동가 지원 기금 조성을 위한 블록체인 기반 플랫폼이다. 필란드의 자산관리 협동조합이 개발하고 제공하는 서비스다.[29]

프로베넌스 프로젝트는 생산자 체인 데이터 제공서비스를 하는 블록체인 프로젝트로서, 먹거리·패션·수제품 등 지속 가능한 원산지 유통 체인 데이터를 고객에게 제공한다. 블록체인 플랫폼을 이용하여 생산자 체인 데이터가 어느 한 기관에 집중되는 것을 방지하며, 영국 Coop Group 등을 포함한 협동조합에서 활용하는 프로젝트다.[30]

③ 디지털 플랫폼 협동조합 지원·연구 전문기관

가) 플랫폼 협동조합 컨소시엄Paltform Cooperativism Consortium, PCC

플랫폼 협동조합 개념을 처음 제안한 미국 뉴욕 뉴스쿨New School대학의 트레버 숄츠Trebor Scholz 교수를 중심으로 2016년에 설립한 플랫폼 협동조합운동의 싱크탱크다.

주로 플랫폼 협동조합 비즈니스의 성장과 전환을 지원한다. PCC는 연구자·플랫폼 협동조합·소프트웨어 독립개발자·예술가·디자이너·변호사·활동가·출판사·펀드 지원자 등이 함께 플랫폼 협동조합에 관련된 연구·옹호·교육·기술기반 프로젝트 등을 수행한다.[31]

나) 인터넷 오너십^{Internet of Ownership}

플랫폼 협동조합 151개^{2020년 1월 현재}가 등록해 있는 곳으로, 프로젝트에 대해 펀드 할당, 프로젝트에 대한 지원, 뉴스 및 정보 확산을 위한 집단적 미디어 자원 활동 등의 사업을 추진한다.[32]

다) 스마트^{sMart}[33]

1997년 벨기에에서 예술인이나 문화예술 부문 프리랜서들이 일상에서 직면하는 어려움을 공동으로 대응하는 비영리 민간단체로 설립되어 2016년에 사회적 목적 협동조합으로 전환하였다. 스마트는 문화예술 분야 프리랜서들에게 피고용인 지위를 부여하여 정부의 사회보장을 적용받을 수 있게 하며, 업무를 발주하는 발주처는 스마트와 업무계약을 체결하고, 스마트는 업무를 수행하는 프리랜서들과 근로계약을 체결하는 방식으로 프리랜서들의 애로 사항을 해결한다. 이에 프리랜서들은 스마트의 조합원이자 피고용인의 지위를 갖는다.

조합원 가입 대상은 두 부문으로 나뉘는데, 하나는 이용자·개인사업자·독립노동자, 즉 프리랜서가 포함되며, 다른 하나의 부문에는 공급자·발주기관·전문 파트너기관·스마트 고용 직원이나 인턴 등이 포함된다.

스마트의 모든 활동은 디지털 플랫폼을 활용해 이루어진다. 스마트의 플랫폼 기술은 유럽 다른 국가로 지원되어, 프랑스를 비롯해 유럽 6개국에서 '스마트'라는 이름으로 협동조합이나 재단, 비영리 단체 등 다양한 조직 형태로 운영된다.

스마트의 가장 큰 장점은 프리랜서 또는 프리랜서협동조합이 프로젝트를 수행하는 과정에서도 스마트를 통해 매월 급여 방식으로 프로젝트 비를 나눠 받아 생활의 안정을 보장받는 점이다. 또한 피고용인 자격으로 사회보험의 적용을 받을 수 있는 점도 강점이다. 이는 조합원을 포함한 참여자들이 내는 수수료 일부를 적립하여 자본금을 형성해왔기에 가능하다.

④ 기타

가) 페어몬도^{Fairmondo}

2012년 독일에서 거대 온라인 상거래 사이트에 대응해 설립한 것으로 베를린의 소셜 임팩트 랩에서 태동해 협동조합으로 발전했다. 공정무역상품과 친환경 상품을 취급하며, 상품의 원산지와 공정, 노동 조건의 투명성을 강조한다. 독일과 영국에 각각 구매자·판매자·직원으로 구성된 2,000여 명의 조합원이 가입돼 있다.

페어몬도는 어떤 상황에서도 자신들의 비전을 유지하기 위해 'Co-operative 2.0'이라는 원칙을 마련해 이를 실천했다. 이 원칙은 일곱 가지 핵심 요소로 구성돼 있다. 즉 원칙을 변경할 때는 9/10의 이해관계자들의 동의를 얻어야 하며, 비협동조합으로부터 불균형적인 투자를 받지 않음으로써 독립성을 유지한다. 모든 이해관계자가 민주적인 책무를 지니며, 타협하지 않는 투명성과 분배이익과 오픈 소스, 크라우딩 소싱 및 조합원들의 신뢰를 구축하는 공동의 참여 등이 포함돼 있다.

페어몬도는 협동조합의 잉여 배분 원칙을 정해 4분의 1은 조합원에게 배당, 4분의 1은 비영리 단체에 기부금으로, 4분의 1은 페어몬도의 프로젝트로, 4분의 1은 포인트 배당으로 지급한다. 포인트 배당$^{Fair\ Funding\ Points}$은 페어몬도의 시간 외 근무나 자원봉사에 대한 포인트로 협동조합의 잉여금 일부분을 포인트에 비례해 받을 수 있다. 최고임금과 최저임금의 차이가 7배가 넘지 못하도록 하는 임금 원칙을 실천한다.[34]

나) 페어비앤비^{Fairbnb}

2018년에 여행자들을 위한 주택 공유 플랫폼으로 설립된 것으로, 에

어비앤비^{Airbnb}의 협동조합 모델이다$^{Fair\ Bnb\ Network\ società\ cooperativa}$. 이는 볼로냐·베니스·암스테르담에서 활동하는 5명의 사회적 기업가들이 2016년에 스타트업 기업을 설립해 협동조합으로 전환한 것이다. 설립에 참여한 사회적기업가들은 공유경제 플랫폼 업체들로 인해 다주택 소유자들의 단기 임대업이 확산하고, 이로 인한 주거비용의 상승, 실거주민들이 거주지에서 밀려나는 젠트리피케이션의 부작용을 해결하고자 공정여행 모델을 제안하였다.

페어비앤비는 지역 커뮤니티에 기반을 둔 공정여행 모델이다. 숙박 공유 플랫폼과 지역 기반의 사회 프로젝트에 펀딩하는 크라우드 펀딩을 연계하는 플랫폼을 고안했다. 플랫폼 이용료의 경우, 호스트들에게 플랫폼 이용 수수료를 요구하지 않으며, 여행자에게 예약 수수료를 부과하고, 여행자들이 직접 플랫폼 수수료의 50%를 기부하고 싶은 지역 기반 사회 프로젝트를 결정하도록 요청한다. 모든 예약 절차와 비용, 수수료에 관한 정보는 당사자들에게 공유됨을 원칙으로 한다.[35]

다) 그린택시 쿱$^{Green\ Taxi\ Coop}$

플랫폼 기업 우버에 대응하기 위해 미국 콜로라도주 덴버에서 2015년에 설립된 운전자 소유 택시협동조합이다. 37개국의 이민자들이 운전자 조합원에 포함돼 있으며, 조합원 800여 명이 2,000달러씩 출자금을 내 설립했다.

자신이 차를 소유하고 회사와 풀타임 운전자 계약을 맺거나, 차가 없는 운전자는 다른 사람의 차를 빌려서 운영하며, 운전자들에게 소유권과 의사 결정권을 준다. 모든 운전자가 회사의 소유주로서 회사의 실적과 운전자의 생계에 대한 책임을 공유한다. 일반 조합원과 이사들 간 소통은 보통 전자우편으로 이루어지며, 두 차례의 총회와 필요할 때 회의를 소집한다.

우버나 리프트와 같은 글로벌 플랫폼 기업과 경쟁하면서 2016년에 덴버 지역에서 37%의 택시 시장 점유율을 기록했다.[36]

라) 프리랜서 온라인 플랫폼 로코노믹스^{Loconomics}

로코노믹스는 조시 데닐손$^{Josh\ Danielson}$이 2012년에 미국 캘리포니아 주 샌프란시스코의 베네핏 기업$^{Benefit\ Corporation,\ B\text{-}Corp}$37으로 설립한 프리랜서 디지털 플랫폼으로, 2014년 6월에 노동자협동조합으로 전환됐다. 로코노믹스는 플랫폼을 통해 서비스를 예약하고 요금을 지불하려는 사람들을 위한 온라인 플랫폼으로서 지역경제 활성화를 목적으로 한다.

로코노믹스는 PC나 모바일 플랫폼을 이용해 아이 돌봄, 반려동물 돌봄 등의 수요자와 조합원을 연결해준다. 서비스를 제공하고자 하는 사람들은 로코노믹스에 월 20~40달러의 조합비를 내고, 조합원으로 가입한다. 조합원은 배당금을 받을 권리와 투표권을 가지며, 개별 노동을 벗어나 서로 네트워킹할 기회를 얻고 플랫폼을 이용해 일자리를 얻을 수 있다.38

마) 동등한 돌봄협동조합$^{Equal\ Care\ Co\text{-}op}$39

영국 최초의 플랫폼 기반 사회적 돌봄협동조합이다. 돌봄 노동의 수요자와 공급자가 상호 지원할 수 있는 협력적 플랫폼이다. 조합원들은 돌봄 활동 장소와 시간, 방법을 선택한다. 돌봄 사업과 관련한 기술과 회사는 돌봄의 공급자와 이용자가 소유한다. 그 결과 돌봄의 질을 높이고 돌봄 노동자의 지위를 향상하며 비용을 낮출 수 있다. 단, 재원 조달은 기업 방식을 도입하여, 조합원 아닌 외부 투자자의 투자를 허용하며, 매년 3%의 수익을 지급하며 투자액의 30%의 세제를 감해준다.

⑤ 우리나라 사례

가) 라이프매직케어협동조합40

가사서비스 가맹 사업과 교육 사업을 주로 하는 협동조합으로 2018년에 설립해 2019년에 예비사회적기업으로 인증을 받았다. 1999년 전국실업단체연대 산하 조직들이 여성일자리사업단을 시작한 게 발단이 되었다. 2004년에 전국일용여성가사사업단을 발족했고, 이후 비영리 사단법인 한국가사노동자협회로 전환했다. 2017년에 소셜프랜차이즈 사업을 지향하면서 공유플랫폼을 개발하기 시작해 2018년에 가맹 사업 본부로서 ㈜라이프매직케어를 설립하고 그해 가을에 가사서비스 플랫폼 '우렁각시'를 내놓았다. 이후 2018년 11월에 다중이해관계자협동조합으로 전환했다.

라이프매직케어협동조합은 직원 3명과 사회적기업 2곳, 사회적협동조합 1곳이 조합원으로 구성돼 있으며, 사회적협동조합 4곳이 가맹점으로 등록돼 있다.

가사서비스 시장은 2015년 전후로 디지털 플랫폼 기업들이 진입하면서 급속하게 성장해간다. 디지털 플랫폼 기업들은 대규모 자본으로 시장을 독식했고, 디지털 플랫폼이라는 편의성으로 플랫폼 시장을 지배해갔다. 라이프매직케어협동조합은 가사서비스 디지털 플랫폼 기업의 확산에 대응하기 위해 '노동자 소유의 협동적 플랫폼 도입'과 '소셜 프랜차이즈를 통한 규모화'를 추진했다.

나) 대리운전협동조합[41]

대리운전협동조합은 협동조합기본법 제1호 협동조합으로 유명하다. 이들은 2010년부터 인터넷 카페를 운영하며 업무정보와 초보기사 교육, 사고처리 안내를 지원했다.

대리운전 시장은 디지털 플랫폼 기업들이 90% 이상 독점하고 있어 이 틈에 새로운 사업체가 들어가기에 어려움이 있다. 대리운전 기사들의 불안정한 노동환경은 한국 디지털 플랫폼 노동의 문제를 고스란히 보여준다. 대리기사들은 90% 이상이 중개업체를 통하지 않고 일감을 받을 수 없고 요금도 업체가 일방적으로 정한다. 대리기사들은 여러 개 중개업체를 이용하다 보니 업체마다 요구하는 보험 가입과 건당 20~30%의 높은 수수료를 감당해야 한다. 대리기사들은 특수형태근로종사자 군에 포함되어 있지만 근로기준법과 사회보장에서 배제되어 있어 사회보험이나 직업훈련, 고용 지원 서비스를 받지 못한다.

대리기사 협동조합은 디지털 플랫폼 기업의 독점 상황에서 빚어지는 노동자의 악조건을 해결하고, 사회 안전망을 도입하는 것을 목적으로 탄생했지만 이해대변체로서 강력한 역할을 하는 데는 미흡하다.

다) 한국IT개발자협동조합 - 쿱 브릿지^{Coop Bridge}[42]

한국IT개발자협동조합은 2013년 2월, IT부문 개발 업무를 주로 하는 프리랜서와 소기업 대표를 중심으로 과도한 인력 하도급으로 왜곡된 IT업계의 관행을 끊고 직거래를 통해 수요자들에게 합리적인 가격으로 신뢰성 높은 소프트웨어를 공급하는 취지로 만들어졌다. 설립을 주도했던 5명은 대·중·소기업이나 외국계 기업, 관공서 등에서 IT 시스템 개발 구축의 중심역할을 했던 시니어^{Senior} 급 개발자들로 IT 프로그램 업계에서 전문성을 인정받은 20년 전후의 경력자들이다.

조합이 가장 우선으로 하는 목적은 적정한 소득, 근로조건 보장, 민영 산재보험 의무 가입으로 상해와 재해에 대한 안전망을 제공하는 것이며, 과도한 유통비용이 사라져 수요자와 합리적인 가격으로 계약해 질 좋은 소프트웨어를 개발하는 것이다.

2013년 2월 설립 신고를 마친 조합은 2015년 12월 15일, 협동조합 최초의 일거리 참여 아웃소싱 플랫폼 쿱브릿지^{Coop Bridge}를 개발했다. 쿱브릿지는 조합원의 직거래 장터로서 조합원 양방향 메커니즘으로 이루어져 있다. 프로젝트의 발주사는 공공기관, 대기업, 금융회사이며, 개발자는 생산자로서 파견 직원이나 프리랜서다. 이는 기존의 IT 개발 관련 악폐인 연쇄 하도급 체제를 무너뜨리는 비즈니스적 혁신으로 의미가 있다. 플랫폼 사업의 하나로 개발한 쿱브릿지는 현재 IT 개발 관련 프리랜서만을 대상으로 한다. 수요자와 개발자, 둘 사이를 잇는 플랫폼 쿱브릿지가 함께 참여하는 방식으로 프로젝트 사업 수익을 사업체 사장이 아닌 개발자 조합의 조합원이 가져가는 시스템으로 일반 중개료 40%를 절감할 뿐 아니라 개발자들이 내는 플랫폼 사용료도 조합 사업에 재투자된다. 쿱브릿지는 합의 비공개 입찰시스템을 통해 빠르게 전문가 참여자를 모집하고, 프로젝트에 지원한 조합원의 기존

정보를 분석해 팀을 만들어 준다. 이를 통해 IT 개발 수요자와 계약을 체결하면 쿱브릿지를 통해 대금 보호시스템이 가동되어 결과물에 대한 검수가 끝난 후 월 단위로 대금이 전달되는 통합형 플랫폼이다.

쿱브릿지의 장점은 기존 다단계 하도급에서 벗어나 수요자와 쿱브릿지 팀, 개발자 3자가 직접 만나 프로젝트 비용을 결정하는데, 쿱브릿지 개설로 온라인 위주의 협상이 가능해졌다. 쿱브릿지의 가장 큰 장점은 IT 협동조합 조합원이 수시로 맘에 드는 프로젝트에 참여할 수 있으며, 협동조합의 계약으로 안정적으로 대금을 받는 점이다. IT 개발이 필요한 수요자는 쿱브릿지를 통해 IT 개발자 탐색비용을 줄일 수 있다.[43]

쿱브릿지는 기존 일자리 중개 플랫폼과 달리, 조합원 사이에서 정보 공유를 통해 신속하게 적합한 지원자를 모집하며, 프로젝트에 최적화된 팀을 구성할 수 있다. 계약 체결 후에 대금 보호시스템을 가동하여 월 단위 검수 후 대금을 전달해 개발자를 보호한다. 조합원이 얻는 혜택은 더욱 다양해지는데, 협동조합 이름으로 공공기관과 협상하는 데 유리하고, 기존 다단계 하도급에서 벗어나 고객과 쿱브릿지 팀, 개발자 3자 간 프로젝트 협상이 이루어진다. 고객이 선입금한 개발비를 에스크로 시스템으로 보호하고 프로젝트 종료 뒤 지급함으로써 잔금을 떼일 우려가 없다. 플랫폼 사용료 10%는 조합의 인프라에 투자하고 세금 정산도 조합에서 처리한다. 분쟁이 일어났을 때 중재 비용을 조합이 100% 부담한다. 무엇보다 협동조합이므로 출자금에 대한 배당도 이루어진다.

(4) 디지털 플랫폼 협동조합의 과제와 미래

코앞에 닥친 4차 산업혁명의 파도가 갑자기 거세졌다. 정보통신기술[ICT]의 발달과, 초연결 기술 네트워크, 블록체인의 등장으로 이젠 전통적 협동조합의 관점으로 협동조합 조직을 설립하고 운영하기 어려워진 것은 아닌지 되묻게 된다.

　디지털 플랫폼 자본주의의 등장과 디지털 플랫폼 노동의 소외, 이를 해결하고자 나타난 디지털 플랫폼 협동조합이 자연스러운 연결고리를 가진 듯하지만 여러 가지 한계를 보인다.

　첫째, 협동조합의 원칙과 디지털 플랫폼 사업과 운영의 부조화가 일어난다. 디지털 플랫폼이 기존의 협동조합 조직을 대신하지만, 개인들이 뿔뿔이 흩어져 활동하고 참여하는 방식으로 이루어지는 면에서 협동조합의 정체성에 혼란을 일으킨다. "이게 협동조합 맞아?"하는 질문을 여전히 하게 된다.

　둘째, 협동조합은 거대자본으로 끊임없이 규모를 키워나가는 자본투자자기업과 다르다. 수익성은 없어도 필요한 일이고, 돈을 빌려서까지 규모를 키우기에 무리가 따르기에 적정 수준의 규모로 운영하고자 하는 보수성향을 가진다. 그만큼 위험 요소가 적다. 그러나 디지털 플랫폼 협동조합은 플랫폼의 특성상 이용자가 많아야 운영 비용이 줄어들며, 규모를 확대해야 애초에 해결하고자 했던 애로 사항을 해결할 수 있다. 따라서 양적 확대에 따른 위험이 발생할 수 있다.

　셋째, 디지털 플랫폼 경제를 기반으로 하는 협동조합은 이미 시장을 독점하고 있는 디지털 플랫폼 기업들과 경쟁하기에 매우 버거운 상황이다. 디지털 플랫폼을 설계·운영하는 데 필요한 자본도 만만치 않아 자본력에서 거대기업을 따라가기에 어려움이 있다. 전통적 협동조합은 자본이 취약한 문제를 조합원의 공동출자로 해결했지만, 디지털 플랫폼 협동조합은 참여자들의 출자나 소규모 투자로는 설립이나 운영이 어려울 수 있다.

　이와 같은 한계에도 정보통신기술을 기반으로 한 디지털 플랫폼 경제가 전체 경제 시스템에서 영향력을 넓혀가고 있으며, 전통적 협동조합에서 볼 수 없었던 새로운 비즈니스 모델로서 디지털 플랫폼을 도입하려는 협동조합이 점점 늘고 있다. 이와 같은 상황에 부응하기 위해 무엇이 필요할까.

첫째, 디지털 기술에 익숙한 청년들이 협동조합을 통해 창업을 모색할 수 있는 기반을 마련하는 데에 정책 및 금융 지원이 필요하다.

둘째, 전통적인 방식의 협동조합을 운영하는 조직들이 디지털 플랫폼을 도입할 수 있도록 기술적·금융적 지원이 필요하다. 현재 디지털 플랫폼을 설계하고 운영하는 데 막대한 자본이 필요하다. 그만큼 디지털 플랫폼 협동조합 진입장벽이 높다.

셋째, 정책 개발과 자원 활용, 재원 조달 면에서 디지털 플랫폼 협동조합의 연대가 이루어져야 한다. 또한 기존의 사회적기업이나 협동조합·노동자·소비자·생산자·기술자·전문가 등을 포함한 다양한 이해관계자들의 네트워크 또는 거버넌스를 구축하는 것이 필요하다.

넷째, 4차 산업혁명에 포함된 새로운 기술을 협동조합 운영에 적극적으로 활용해 운영의 효율성을 높이는 게 필요하다. 이를테면 블록체인을 기반으로 한 가상화폐로 재원을 확보하고, 디지털 플랫폼 안에서 다양한 커뮤니티를 형성하며, 조합원의 저조한 활동 참여와 의사 결정 기구에 대한 무관심을 해결하는 방법으로 온라인 의사 결정 기구를 운용한다. 전염성 강한 질병의 창궐로 면대면 활동이 불가능해져 조합원의 의결이 필요한 총회를 열지 못할 때, 디지털 기술을 활용한 온라인 총회와 전자투표 방식의 의결, 업무 집행과 관련한 전자결재 방식을 적극적으로 도입할 수 있다.

다섯째, 디지털 플랫폼 협동조합이 확대되면서 협동조합의 정체성 혼란이 함께 나타날 수 있다. 디지털 플랫폼 협동조합은 비즈니스 관점이 강하다 보니 경제적 단위로서 효과성에 주목하는 경향이 있다. 그러나 협동조합 원칙을 근간으로 조직을 운영하는 면에서 근본적인 협동조합의 원칙과 가치를 잃어버려서는 안 될 것이다. 이것을 잃는다면 협동조합의 정체성은 사라지고 또 하나의 디지털 플랫폼 기업으로 남을 수 있다.

2) 프리랜서협동조합

(1) 프리랜서 직군의 정의와 특징

협동조합기본법이 시행된 이후 매우 다양한 유형의 협동조합이 등장했다. 그중 하나가 프리랜서 협동조합이다. 프리랜서협동조합은 협동조합 기본법의 표준정관에 의해 규정되는 협동조합 유형에 포함되지 않는다. 심지어 프리랜서라는 직종 자체가 우리나라 경제 활동 종사자의 범주에 명시돼 있지 않다. 그러나 고용인을 두지 않는 독립사업자인 프리랜서는 법률에 명시된 직업군에 속하지 않지만, 통계청의 경제 활동인구조사의 근로 형태별 근로자 구성에서 '비임금 노동자' 중에서 고용인을 1명 또는 전혀 고용하지 않는 직군에 해당한다.[44]

프리랜서는 명시된 직군이나 업종 종사자가 아니어서 주로 연구자들이 정의를 내린다. 이를테면 '비임금 노동자 혹은 자영업자와 다른 새로운 범주'로 정의하고 '자신의 고유한 사업을 운영하면서 타인을 고용하지 않고 기업과 계약에 기반을 두어 형성·유지되는, 서비스를 제공하는 개인 사업자형(자영형) 계약노동자'라고 설명한다.[45] 연구자 중에는 프리랜서와 특수형태근로종사자를 같은 범주에 포함하기도 하고, 어떤 연구자는 두 직군을 엄격히 구분한다.

(2) 프리랜서와 협동조합의 만남

프리랜서는 1인 기업, 또는 소규모 자영업자와 유사한데 사람들의 협력 관계를 기반으로 하는 협동조합이 프리랜서와 만난 것은 매우 이례적일 수 있다. 일의 방식과 관계의 형태가 서로 다른 프리랜서와 협동조합의 만남이 이루어진 것은 특별한 경제 환경과 기업 경영 문화의 변화가 있었기 때문이다. 무엇보다 프리랜서가 참여하는 프로젝트 시장의 변화가 가장 크게 작용했다. 기업들이 비용 절감이나 경영 효율성을 위해 사업 기획을 외부 사업체에 맡기는 일이 많아졌다. 이처럼 프로젝트 아웃소싱 시장이 넓어지면서 프리랜서들은 정보기술 기반 플랫폼을 이용해 일감 주선료를 내고 일감을 받아 수행하는 방식으로 일을 하게 되었다. 이와 같은 변화는 프리랜서에게 일감을 얻을 기회를 더 많이 주었지만 여전히 일감 수주가 불안정하고 변동이 심하며, 거래에서 불공정한 사례가 자주 일어나고, 일감 알선 관련 수수료가 높아 오히려 일하는 데 더 많은 어려움을 가져왔다.

프리랜서들은 거대한 정보기술 기반의 플랫폼에 대해 개인에 불과하며 아웃소싱 시장의 불안정·불공정함에 맞서기에 힘이 약할 수밖에 없다. 이와 같은 문제를 해결하고 프리랜서로서 직군을 지켜나가기 위해 프리랜서들이 선택한 게 협동조합이다. 즉 협동조합이라는 플랫폼을 프리랜서들이 스스로 만든 것이다.

프리랜서협동조합은 협동조합의 원칙과 가치에 맞게 설립·운영되는 면에서 일반 협동조합과 같지만 여러 면에서 전통적 협동조합과 차이가 있다. 프리랜서협동조합은 프리랜서 조합원과 조합, 고객의 관계에서 각각 다른 목표와 역할을 갖는다[그림 3]. 프리랜서 조합원은 프로젝트 시장에 관한 정보를 모아 공동의 필요를 충족시키는 것을 목표로 하며, 조합은 조합원 그룹을 대신해 고객과 계약을 맺고, 조합원들에게 프로젝트를 할당하는 서비스 계약을 맺음으로써 프로젝트별로 프로젝트 구성원의 일자리를 보장한다.[46]

프리랜서협동조합은 개인사업자들이 모여 만든 협동조합이라는 면에서 사업자협동조합과 유사하며, 일하는 사람들의 협동조합이라는 면에서 직원협동조합^{노동자협동조합}이라고 말할 수 있다. 그러나 기본법 하의 협동조합과 차이가 있다면 사업자협동조합이 대체로 소규모 사업장을 기반으로 한 사업자들의 조직인 반면, 프리랜서협동조합은 개인사업자의 조합이다. 직원협동조합은 한 기업에 종사하는 상근 직원으로 구성돼 있으며, 직원들은 협동조합에서 일하는 것을 생업으로 삼는다. 그러나 프리랜서협동조합은 자유노동자로서 노동시간과 장소가 일정하지 않으며 정기적이지 않다. 협동조합에 참여하는 프리랜서는 자신의 생업 일부에 협동조합을 포함하고 있을 뿐, 협동조합 외에 다른 생업을 병행할 수 있다. 더 많은 돈을 벌기 위한 것보다 가정과 일을 병행하고, 자신의 재능을 직업으로 연결하고, 노동의 가치를 공정하게 인정받고, 정년 없이 일할 수 있는 자유를 얻고, 제2·제3의 인생을 설계하기를 원한다.

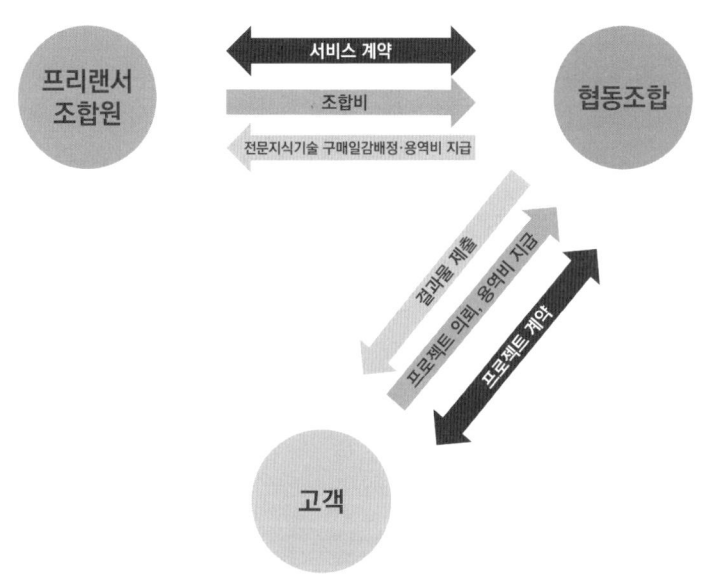

【그림 9】프리랜서협동조합 조직적 특성
조합과 조합원, 고객의 관계

프리랜서협동조합은 경제 시스템과 시장의 변화, 노동환경과 노동에 대한 인식이 변하면서 나타난 만큼 기존의 인식으로는 프리랜서협동조합을 이해할 수 없다. 무엇보다 상근하지 않는 직원, 유연한 노동시간, 임금을 목표로 한 생업의 의미보다 다른 사회적 가치를 추구하는 면에서 전통적 협동조합과 엄격히 다른 차원의 협동조합의 유형이다.

협동조합은 시대의 거울이라고 한다. 프리랜서협동조합은 새로운 시대의 새로운 대안으로 등장한 유형으로 어떤 경제 시스템의 변화를 이끌어갈지 주목받는 모델이다.

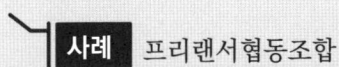 프리랜서협동조합

협동조합 소셜비즈N

협동조합 소셜비즈N은 2019년 8월, 한신대학교 사회혁신경영대학원 졸업생과 교수가 함께 설립한 협동조합으로 조합원 모두 각자 다른 직업이나 개인적인 일을 하면서 조합 사업에 참여하는 프리랜서다.

조합 사업은 주로 연구조사와 교육이며, 소상공인 컨설팅 사업을 세 차례 진행했다. 조합원은 조합의 프로젝트 사업에 개인적으로 참여하며, 보수 일부를 조합에 낸다.

조합원은 조합 사업에서 개인의 생계를 의지하지 않으며 개인적인 프로젝트와 조합 사업을 병행한다. 이때 조합원은 개별 사업자 등록을 하기도 하지만 조합 사업에 참여할 때 개인 사업자 등록은 필요하지 않다.[47]

3) 지구환경·주거·돌봄을 해결하는 협동조합

오늘날 세계 모든 나라가 공통으로 겪는 어려움은 지구환경 파괴와 기후 위기일 것이다. 이 문제는 지역·국가를 구분하지 않는 전 지구적인 문제로 세계 모든 사람이 함께 위험성을 인식하고 해결해야 할 과제다.

초고령사회와 출생률의 감소도 전 지구인이 공통으로 겪는 문제다. 지구환경의 변화와 초고령사회를 맞이한 사회에서 사람들은 같은 문제인식을 한 사람들이 자발적으로 모여 코앞에 닥친 문제들을 해결하고자 협동조합을 설립하고 사업을 벌여나가기 시작했다. 이들은 지구환경의 변화에 대응해 자연에너지를 개발하고 이를 보급하며, 삶의 방식을 바꿔 '함께 살아가기'를 실현하기 위해 주거공동체를 형성하고, 낮은 출생률과 초고령사회에 대응해 마을 안에서 마을 사람들이 함께 아이를 키우고 어르신을 모시는 공동체 문화를 만들어간다.

지구환경과 주거, 돌봄 문제를 사업으로 해결하는 협동조합은 조합의 소유와 운영권자를 중심으로 분류한 전통적 협동조합 유형과 달리 문제 해결형 사업으로 다양한 주제와 업종, 주체들이 참여하는 형태로 설립·운영되는 게 특징이다. 다음에 예시한 사례에서 잘 알 수 있다.

(1) 한살림햇빛발전협동조합[48]

한살림의 생협 조합원들은 국가의 자본에 기대지 않고 생활에서 재생에너지를 사용해 생명살림의 세상을 만드는 것을 목표로 2012년 한살림햇빛발전협동조합을 설립했다. 2013년 9월 횡성을 시작으로 대전·안성·영동·옥잠화·산골농장·부산 등 11곳에 햇빛발전소를 설치해 운영하고 있다. 한살림햇빛발전협동조합이 운영하는 발전소는 전국 각지 생산시설과 물류센터 지붕에 설치돼 있는데 연간 전기생산량은 1,453,284kWh다. 이는 대략 4,800 가구가 한 달 사용할 수 있는 양이다.

한살림햇빛발전협동조합 ⓒ한살림

(2) 쇠나우전력협동조합^{Elektrizitatswerke Schönau eG, EWS}

쇠나우전력협동조합은 독일 에너지 회사로서 프랑스와 스위스 국경과 40㎞ 떨어져 있는 인구 3천 명 미만의 소도시에 자리 잡았다. 1986년 우크라이나 체르노빌 원전 사고로 발생한 방사성 물질이 쇠나우 지역에 영향을 미치자 원전의 심각성을 느낀 어린아이들의 부모들은 '핵 없는 미래를 위한 부모'라는 단체를 만들었다. 이들은 원전반대운동은 물론이고 작은 지구환경지키기운동과 체르노빌 어린이돕기운동을 펼쳐갔다. 이들의 생활 속 지구환경지키기운동은 이후 재생에너지 발전을 통해 에너지 생산에까지 활동을 확대해갔다. 쇠나우전력협동조합은 이렇듯 작은 학부모들의 모임에서 출발해 규모 있는 전력회사로 발전하였다.[49]

4) 환경과 생태계를 살리는 협동조합[50]

'나우 메이킹 협동조합'은 멸종 위기에 처한 동물을 지키기 위해 천연원료를 사용해 화장품을 만들고 이를 교육하는 협동조합이다. 2021년 10월에 설립된 이 협동조합은 좋은 재료로 기초화장품을 직접 만들지만 합리적인 가격으로 판매한다. 나아가 기초수급자나 노인, 다문화 가정, 저소득층에게 샴푸나 린스, 비누를 직접 만들어 쓸 수 있게 가르치기도 한다.

'레더리프협동조합'은 비거니즘^{Veganism}을 실천하는 의미에서 동물의 가죽이 아닌 선인장 가죽으로 공예제품을 만들어 판매하는 협동조합으로 2021년 11월에 창립했다.

'문화예술제작소 공터협동조합'은 2021년 9월, 환경의 소중함을 마술공연으로 알리는 활동을 하고자 설립됐다. 조합은 마술사·업사이클링 강사·그림책 놀이 강사 등이 뜻을 모아 만들었으며, 퍼포먼스 마술공연과 다양한 재활용품을 활용한 새 활용 놀이도구를 제작하고 놀이체험 활동을 사업으로 진행한다.

'협동조합 벌스데이'는 2021년 10월, 2020년 서울시 사회적경제 활성화 2.0 성동구 주민기술학교 척척박사 꿀벌 강사 교육생이 주축이 되어 만든 조합이다. 이들은 꿀벌 강사로 활동하면서 꿀벌이 사라지고 있는 심각성을 알리고 있으며, 꿀벌 교육과 도시 양봉을 주 사업으로 한다.

'플라 물레방앗간'은 쌀가루로 떡을 만드는 곳이 아닌 폐 플라스틱을 조각으로 빻아 새로운 제품을 생산하는 플라스틱 방앗간이다. 이는 부산협동조합협회와 주민들이 협업하여 만든 환경 재생 협업 사업체다. 부산협동조합협회는 부산 북구 만덕 3동 행정복지센터와 업무협약을 맺고 플라스틱 쓰레기 재활용 프로젝트로 주민들이 배출한 못 쓰는 플라스틱을 3D 프린터를 이용해 재활용 제품으로 생산·판매하는 자원순환 사업을 추진했다.

5) 함께 살아가기를 실현하는 주거공동체[51]

지역사회가 성장·발전할 수 있었던 것은 자신이 나고 자란 곳에서 일하며 살아가는 사람들이 있었기 때문이다. 사람들은 오랫동안 주위의 사람들과 문화를 공유하고 어려움과 기쁨을 함께 나누며 삶을 서로 의지하며 살아왔다. 그러나 지역을 기반으로 형성된 공동체 문화가 사라지면서 사람들은 홀로 살아가기에 적응해갔다.

통계청이 2022년 12월에 발표한 '통계로 보는 1인 가구'에 의하면, 2021년 기준 1인 가구는 33.4%로, 2050년에 39.6%에 이를 것으로 내다보았다. 통계에서 나타나듯이 홀로 살아가는 사람들이 늘어나는 추세이며, 이는 고령화의 증가 추세와 밀접한 상관 관계가 있다.

홀로 살아가는 사람들이 증가하는 것과 맞물려 1인 가구의 장점을 살리면서 함께 살아가기를 원하는 사람들도 늘어났다. 셰어하우스가 그렇다. 집이라는 한 공간에 독립적인 생활공간을 가지면서 공유문화를 누리는 방식이다. 코하우징과 같은 주택협동조합 유형도 이와 유사한 특성을 갖는다. 독립적인 개인 생활을 보장하며 공동체 생활을 병행하는 삶을 말한다.

주거공동체는 커뮤니티 공간을 활용해 함께 살아가는 사람들과 교류하고 서로 보살피는가 하면 주거 공간의 유지와 식사, 세탁 등 생활 일부분을 분담함으로써 개인이 져야 할 노동의 부담과 경제적 비용을 줄이는 효과를 얻는다. 무엇보다 혼자 살아가면서 겪는 외로움과 사회적 격리를 공동체 안에서 해결할 수 있는 장점이 있다. 대표적인 사례로 핀란드의 '로푸키리'가 있다.

핀란드의 '로푸키리^{Loppukiri}'는 노인복지 문제를 해결한 노인 주거공동체 사례로 잘 알려져 있다. 로푸키리는 핀란드 수도 헬싱키^{Helsinki} 근처 아라비안란타^{Arabianranta} 해변의 마을에 있는 곳으로 2006년에 설립됐다.

핀란드는 고령화 사회가 빠르게 진행되는 나라로 노인 돌봄에 대한 관심이 많은 편이었다. 그러나 1990년대부터 시작된 경제불황으로 국가의 사회서비스가 줄어들면서 노인 돌봄이 위기에 봉착하게 된다. 노인 돌봄 문제를 해결하기 위해 나선 것은 정부가 아닌 4명의 여성이었으며, 이들은 하우징 커뮤니티Housing Community를 통해 노인을 위한 주거공동체를 만들고자 했다.

노인들의 공동생활공간 로푸키리 ©loppukiri

즉 노인이 노인을 위해 공간을 만들자는 취지로 2000년 '활동적인 노인연합Active Seniors Association'을 결성하고 단체들로부터 조언과 지원을 받아 프로젝트를 진행했다.

로푸키리는 2004년에 헬싱키시가 임대한 시유지에서 주거공동체 건립공사를 시작해 2006년에 완공했다. 로푸키리는 주택회사와 로푸키리 연합, 로푸키리 커뮤니티 등 3개의 그룹으로 구성됐다.

주택회사 'As Oy Loppukiri'는 건물관리를 담당하는데 전문적인 유지보수작업을 맡는다. 로푸키리 연합은 커뮤니티를 관리하며, 마케팅과 자금 관리를 담당한다. 연합 구성원들은 자원봉사로 활동한다. 로푸키리 커뮤니티는 다양한 사람들이 모여 있는 구름을 가리킨다.

세 그룹이 협력하여 로푸키리를 운영하는데, 협동조합으로 등록돼 있지 않다. 말하자면 노인들의 주거공동체로 사업체로서 협동조합의 성격은 없지만 거주하는 사람들이 일을 나누고 서로 협력하는 공동체 문화를 만들어가는 면에서 협동조합의 성격이 강하다.

로푸키리는 거주하는 공간, 즉 각각의 아파트에 소유권을 갖지 않으며, 내부 공동생활에 대한 선호가 다른 점, 출신 지역과 언어, 직업과 성격이 다양한 사람들이 모여 사는 곳이라 의사 결정하는 데 어려움이 따르는 점, 공동생활을 위해 독립적 자생이 필요하다는 게 풀어야 할 과제다.

생산자와 소비자가 함께하는 농촌의 커뮤니티

❶

협동조합은 조합원의 폐쇄적인 조직이라는 이미지로 비칩니다. 물론 공통의 문제를 해결하고자 한 사람들이 자발적으로 모여 만든 조직이기 때문이지요. 협동조합의 가치에는 협동조합이 무엇을 하고자 하는지 무엇을 지향하는지 잘 나타납니다. 협동조합의 가치를 통해 협동조합에 대한 잘못된 이미지를 어떻게 바로잡을 수 있을까요?

❷

협동조합법은 여러 차례 개정 과정을 거쳤습니다. 그동안 법 개정은 현장의 요구를 대체로 반영된 결과입니다. 그러나 시대의 변화에 따라 법과 제도의 변화도 필요합니다. 앞으로 협동조합법의 개정 방향에 관해 의견을 나눠봅시다.

❸

협동조합은 시대의 필요를 담아내는 그릇이었습니다. 오늘 이 시대에 우리에게 어떤 협동조합이라는 그릇이 필요할까요?

4부
협동조합의 조직 운영

1장 자발적이고 개방적인 조합원제도
2장 조합원의 민주적 통제_의사 결정 기구
3장 협동조합 거버넌스와 민주적 의사결정

조합원 누구라도 그들이 차별을 당한다고 믿는다면 협동은 이루어지지 않을 것이다. 그래서 협동조합적 사업체들은 민족, 종교, 성, 성적 지향, 장애, 정치 신념 또는 사회 지위에 따라 조합원 또는 예비조합원을 차별하지 말아야 한다. 부자건 가난하건 모든 조합원은 개인으로서 같은 가치를 지닌다. 비록 어떤 기여도 하지 않으면서 혜택만 챙기는 무임 승차자를 묵인해서는 안 되지만 조합원들 사이에서 모든 혜택이 공정하게 분배되어야 한다. 혜택과 권리와 함께, 기여와 책임 역시 동등하게 공유해야만 한다.

▶ 출처: 에드가 파넬. 2012. 『협동조합, 그 아름다운 구상』. 염찬희 역. 그물코.118~119.

- 이 장은 협동조합 원칙을 근거로 협동조합의 조직 운영 체계와 기능을 설명한다.
- 이 장의 학습을 통해 독자들은 조합원의 소유 조직인 협동조합의 자발적이고 개방적인 조합원제도와 조합원의 민주적 통제 기관으로서 의사 결정 기구의 역할을 이해할 수 있다.
- 독자들은 협동조합의 거버넌스와 민주적 의사 결정 과정을 학습함으로써 자본투자자기업의 거버넌스와 어떻게 다른지 이해할 수 있다.
- 협동조합 민주주의에 관심 있는 독자들은 '회의'의 민주적 운영 원칙을 학습함으로써 협동조합에서 회의의 의미를 새롭게 인식하고 회의다운 회의를 위해 리더 또는 참가자의 역할을 찾을 수 있다. 회의의 다양한 민주적 의사 결정 방식을 학습함으로써 협동조합의 민주주의를 위한 실천 방안을 탐색할 수 있다.

1장
자발적이고 개방적인 조합원제도

협동조합은 자발적으로 참여하는 조합원이 소유하는 조직으로서 조합의 목적에 동의하고 조합원의 책임과 의무를 받아들일 의사가 있는 사람은 누구나 성·사회·인종·정치·종교와 상관없이 참여할 수 있다. 그러나 조합의 정관에 명시된 조합원 가입 조건에 따라 제한을 둘 수 있다. 이를테면 여성들의 특별한 필요로 설립된 조합의 경우에 여성들만의 멤버십으로 제한할 수 있으며, 특정 지역주민들의 문제 해결을 위해 설립한 조합은 특정 지역 거주자에 한 해 조합원 가입을 허용할 수 있다.

조합원은 어떤 목적을 가지고 협동조합에 참여하느냐에 따라 다양한 유형으로 분류된다. 이를테면, 조합의 생산 활동에 함께 참여하는 생산자 조합원, 조합의 재화나 서비스를 이용하는 소비자 조합원, 조합에 고용된 직원 조합원, 조합에 무상으로 필요한 서비스 등을 제공하는 자원봉사자 조합원, 조합에 필요한 물품 등을 기부하거나 자금 등을 후원하는 후원자 조합원 등이 있다. 다중이해관계자협동조합과 사회적협동조합은 다섯 가지 유형 중에서 둘 이상의 조합원 유형으로 구성돼야 하며, 대의원이나 이사회에도 두 유형 이상의 조합원이 참여해야 한다.

조합원은 협동조합의 주인^{소유권자}으로서 조합 운영과 관련한 의사 결정에 참여하며^{의사결정권자}, 조합 사업에서 발생한 수익을 분배받는다^{수익권자}. 조합원은 조합에 가입한 순간 권리와 의무를 갖게 되는데, 이를테면 총회에 참석해 의결권을 행사하고 임원을 선출하거나 해임을 요구할 수 있고, 피선거권도 갖는다. 조합 사업의 잉여금에 대해 배당을 청구하거나 지분환급을 청구할 수 있다. 무엇보다 조합원은 사업이용권을 갖는다.

이처럼 조합원은 기본권리를 행사하는 동시에 사업과 시설을 충실히 이용하고 출자금을 내며 조합 운영에 필요한 경비를 부담할 의무를 진다. 또한 조합 사업의 수익을 얻는 반면에 조합 손실을 부담하는데, 단 출자금의 한도 내에서 책임을 진다^{유한책임}.

【그림 10】 조합원의 권리와 의무

조합원은 협동조합을 구성하는 기본 요소로서
협동조합의 소유자이며 의사결정권자이며 그 수익자다

권리	의무
• 총회 의결권 • 임원 선거, 피선거권 • 임원해임요구권 • 잉여금 배당청구권 • 지분환급청구권 • 사업이용권	• 사업과 시설, 충실한 이용 • 출자 납입 의무 • 조합 운영에 필요한 경비 부담, 과태료 납부 의무 • 손실 부담 • 생협은 '출자금의 한도'로 책임을 지는 유한책임 조직

2장
조합원의 민주적 통제_의사 결정 기구

협동조합은 자본주의 시장을 기반으로 영리 활동을 하는 사업체로서 상법상 회사와 다를 바 없다. 그러나 협동조합은 자본투자자가 경영을 독점하고 투자 자본의 규모에 따라 의사결정권을 가지는 자본투자자기업과 달리 사업의 목적을 공유하는 조합원들이 공동으로 소유하는 기업으로서 출자금 규모와 상관없이 똑같은 의결권을 행사하는 기업이다. 조합원의 민주적통제는 조합원이 직접^{조합원 총회} 또는 대리인을 통해 참여하는 총회^{대의원총회}와 조합원을 대리해 조합의 일상적 업무 집행 관련 의사를 결정하는 이사회를 통해 이루어진다.

1) 총회

총회는 법적 의사 결정 기구로서 조합의 소유권자인 조합원이 한 해의 사업을 마무리하고 다음 해의 사업을 결정하는 자리다. 총회에서 엄격하게 다루는 부분은 업무 집행과 관련한 사업 보고와 결산, 사업 계획과 예산안을 심의하고 통과하는 절차이며, 조합원을 대신해 조합을 운영할 임원을 선출하는 일이다.

총회는 조합원이 조합의 운영권자로서 임무를 수행하는 공식적 절차지만 조합원이 조합과 소통하는 공간이기도 하다. 조합원은 자신이 참여한 조합이 조합원의 뜻을 얼마나 사업에 잘 반영하고 있는지 알 기회이기도 하다. 총회는 조합의 생일잔치이며, 조합원과 임직원 모두 모여 열심히 정성을 다해온 한 해 활동의 결실을 서로 나누고 축하하는 자리다.

조합원이 의사결정권을 행사하는 자리인 대의원총회 　　　　　ⓒ우미숙

총회는 조합원 전체가 참여하는 조합원총회와 조합원 대리인이 참여하는 대의원총회로 나뉜다. 전체 조합원 규모가 작은 조합이나 신용협동조합, 조합 창립과 합병·분할·해산 시 반드시 조합원 전체가 참여하는 조합원총회를 열어야 한다. 그러나 조합의 규모가 커져 조합원 전체가 모여 총회를 열기 힘들 때, 조합원을 대리해 선출된 대의원이 모여 총회를 열 수 있다. 대의원총회는 전체 조합원이 200명 이상^{협동조합기본법} 또는 400명 이상^{소비자생활협동조합}일 때[1] 조합원총회를 대신할 수 있다.

총회는 조합의 전체 운영과 관련한 사항을 다루는 자리인 만큼 이사회의 의결 사항과 차이가 있다. 총회는 정관을 변경하거나 규약의 제정·변경·폐지와 관련한 결정을 한다. 조합원을 대표해 조합의 업무 집행을 수행할 임원을 선출하고 해임한다. 또한 조합원을 제명할 때 반드시 총회 의결을 거쳐야 한다. 그러나 협동조합의 합병·분할·해산·휴업 또는 계속을 결정할 때, 이 권한은 대리인에게 위임할 수 없다.

총회의 의사 결정은 총 조합원 과반수 출석과 출석자 과반수 찬성으로 이루어지지만, 정관변경·합병·분할·해산·휴업 또는 계속·조합원의 제명·탈퇴조합원에 대한 출자금 환급·다른 협동조합에 대한 우선출자 안건은 총조합원 과반수의 출석과 출석자 3분의 2 이상의 찬성으로 의결한다.[2]

소비자생활협동조합의 총회는 차입금의 최고한도를 결정하는데, 보건의료조합의 차입금의 최고한도는 조합의 총출자금액을 고려하여, 해당 보건·의료조합의 직전 회계연도 말 총출자금액과 잉여금을 합한 금액의 2배를 초과해서는 안 된다. 다만, 조합 설립인가를 받은 회계연도에는 설립인가를 받을 당시의 총출자금액의 2배를 초과해서는 안 된다.

【표 25】 조합원총회·대의원총회 비교

구분	조합원총회	대의원총회
특징	• 최고 의사 결정 기관. • 필수 설치.	• 총회를 대신하는 의사 결정 기관. • 필수 설치.
주체	• 전 조합원.	• 대의원. • 일반 협동조합은 전체 조합원의 10% 이상의 대의원. • 사회적협동조합은 조합원 유형에 따라 2개 이상의 유형으로 구성. 대의원 수는 이사회에서 정함. • 소비자생활협동조합에서는

		100명 이상의 대의원.
조건	• 소규모 조합. • 신협은 조합원총회만 가능.	• 협동조합기본법에서는 전체 조합원이 200명을 초과할 때. • 소비자생활협동조합법에서는 400명 초과.
의결 사항	• 법적^{정관상} 의결 사항.	• 창립·합병·분할·해산에 관한 사항은 제외.
개회 · 의결	• 전체 대의원 과반수 출석 개회. • 출석조합원 과반수 찬성으로 의결. • 정관변경·합병·분할·해산·휴업 또는 계속·조합원의 제명·탈퇴 조합원^{제명 조합원 포함}에 대한 출자금 환급·다른 협동조합에 대한 우선 출자에 관한 의결은 총조합원 과반수의 출석과 출석조합원 3분의 2 이상의 찬성으로 의결^{협동조합기본법 제 29조 2항.}	• 전체 대의원 과반수 출석 개회. • 출석조합원 과반수 찬성으로 의결. • 정관변경·합병·분할·해산·휴업 또는 계속·조합원의 제명·탈퇴 조합원^{제명조합원 포함}에 대한 출자금 환급·다른 협동조합에 대한 우선 출자에 관한 의결은 총조합원 과반수의 출석과 출석조합원 3분의 2 이상의 찬성으로 의결^{협동조합기본법 제29조 2항.}
선출	• 조합원이면 누구나 권리이자 의무.	• 대의원은 조합원의 선거를 통하여 선출하며, 선거 방법에 관한 사항은 규약으로 정한다.

2) 이사회

이사회는 총회에서 조합원^{또는 대의원}이 선출한 조합원 대리인으로 구성된다. 총회에서 선출된 이사 중에서 이사장 후보를 내고 이를 조합원총회에서 승인한다. 이사장 후보를 별도로 내 조합원의 찬반을 묻는 방식으로 선출하기도 하며, 복수 후보가 추천됐을 때는 조합원 투표로 결정한다.

【표 26】 총회·이사회 의결 사항 비교

총회 의결 사항	이사회 의결 사항
1. 정관의 변경. 2. 규약의 제정·변경 또는 폐지. 3. 임원의 선출과 해임. 4. 사업 계획 및 예산의 승인. 5. 결산보고서의 승인. 6. 감사보고서의 승인. 7. 협동조합의 합병·분할·해산·휴업 또는 계속. 8. 조합원의 제명. 8의2. 탈퇴 조합원(제명된 조합원을 포함한다)에 대한 출자금 환급. 9. 다른 협동조합에 대한 우선출자. 10. 총회의 의결을 받도록 정관으로 정하는 사항. 11. 그 밖에 이사장 또는 이사회가 필요하다고 인정하는 사항. ※ 소비자생활협동조합법의 총회 의결 사항에는 '8의2'호와 9호는 포함되지 않으며, 대신 '차입금의 최고한도 결정'이 포함된다.	1. 협동조합의 재산 및 업무 집행에 관한 사항. 2. 총회의 소집과 총회에 상정할 의안. 3. 규정의 제정·변경 및 폐지. 4. 사업 계획 및 예산안 작성. 5. 법령 또는 정관으로 이사회의 의결을 받도록 정하는 사항. 6. 그 밖에 협동조합의 운영에 중요한 사항 또는 이사장이 부의하는 사항. ※ 소비자생활협동조합법의 이사회 의결 사항에서는 소요자금의 차입, 간부직원의 임면 승인, 기본자산의 취득과 처분이 포함돼 있다.

이사회는 총회에서 의결된 사항을 일상적으로 집행하기 위한 의사결정 기구다. 이사회는 업무집행권자인 이사장과 실무적으로 업무수행

을 맡은 상임이사가 의결된 업무를 어떻게 얼마나 잘 집행하는지 감독하는 역할을 한다.

이사회는 협동조합의 재산과 업무 집행과 관련한 의사 결정을 하는데 조합원총회 의결 사항과 차이가 있다. 이를테면, 총회가 정관 변경과 규약 제정·변경·폐지를 한다면 이사회는 규정을 제정하고 변경하거나 폐지한다. 그러나 소비자생활협동조합은 이사회 의결 사항에 업무 집행과 관련해 자금이 필요해 차입하고자 할 때, 총회에서 결정한 차입 한도 내에서 차입 결정을 할 수 있다. 만일 차입하고자 한 자금이 차입한도액을 넘어설 때 임시 총회를 열어 차입 한도를 높여야 한다. 소비자생활협동조합의 이사회는 간부 직원의 임면 승인 권한이 있으며, 기본자산을 취득하거나 처분할 때 반드시 이사회 의결 과정을 거쳐야 한다. 만일 사무실이나 영업 공간을 매수하거나 매도할 때 이사회의 의결을 거치지 않으면 무효가 될 수 있다.

3) 감사회

감사회는 1명 이상의 감사로 구성되는데, 협동조합은 1명 이상, 소비자생활협동조합은 2명의 감사를 둔다. 감사는 총회에서 다른 이사와 함께 임원으로 선출된다.

감사는 조합의 경제적 수익 사업과 관련한 재무회계 감사와 조합원의 조합 사업 참여와 커뮤니티 활동에 관한 활동 감사를 수행한다.

재무회계 감사와 활동 감사는 협동조합 사업 전체를 평가하는 데 분리할 수 없는 영역이지만, 각 영역 전문가의 검토와 분석이 필요하다. 이를테면 재무회계 감사는 사업 경영상의 흐름과 재무 상태를 제대로 평가·분석할 수 있는 전문가를 필요로 하며, 활동 감사는 협동조합에 관한 이해가 깊고 활동 경험이 많은 전문가가 맡는다.

(1) 감사의 일반적 역할

감사는 협동조합이 법적 기준을 잘 지켰는지 감독하고, 조합이 안정적으로 성장하도록 조언하는 역할을 한다. 협동조합기본법에 의하면 감사는 협동조합의 업무 집행 상황과 재산 상태, 장부와 서류 등을 감사해 총회에 보고해야 할 의무가 있다. 감사는 이사장과 이사가 법적 명령이나 정관·규약·규정 또는 총회의 의결에 반하여 업무를 집행한 때에는 이사회에 그 시정을 요구해야 한다. 만일 협동조합이 이사장을 포함해 이사와 소송을 할 때는 감사가 협동조합을 대표한다.

감사는 조합의 이해관계에서 벗어나 독립적으로 임무를 수행해야 한다. 그러기 위해서는 조합 내부 사람들과 밀접한 관계에 있는 내부인보다 외부 감사를 두는 게 필요하다. 그러나 내외부 감사는 각각 장단점이 있다. 내부 감사는 조합의 내부사정을 잘 알고 있기에 문제를 정확하게 진단하고 대처할 수 있다. 그러나 조합 내부 관점에서 문제를 발견하고 해결할 가능성이 있어 효율적인 대처가 어려울 수 있다. 외부 감사는 조합 내부사정을 잘 파악하지 못한 채 감사를 진행하기에 문제를 제대로 들여다볼 수 없는 한계가 있다. 그러나 내부 사람들이 미처 깨닫지 못하는 면을 외부의 시각으로 발견할 수 있는 장점이 있다.

감사는 업무 집행에 관한 감독 기능을 갖지만 업무 집행 방향을 제시하고 결정하는 역할은 아니다. 감사는 임원과 직원이 조합 운영을 안정적으로 해나갈 수 있게 의견을 정성껏 들어주고 격려하며 애로 사항을 해결하는 데 조언을 하는 역할을 한다.

(2) 재무회계 감사의 역할

재무회계 감사는 조합의 재무 상태를 들여다보고 총회에서 의결한 사업 예산이 적절하게 집행되었는지, 사업 계획이 제대로 수행되고 있는지 감사를 한다. 무엇보다 재무회계 감사는 조합의 자본 안정성을 자세히 살펴야 한다. 당기순수익이 발생하고 있는지, 조합 자본이 얼마나 합리적·효율적으로 운용되는지 조합의 생존과 관련한 요소들을 세심하게 살펴보는 게 중요하다. 재무회계 감사는 일반적으로 전문 회계사가 맡는데, 협동조합은 일반 자본투자자기업과 다른 특징이 있기에 이를 잘 아는 전문가에게 의뢰하는 것이 중요하다.

(3) 활동 감사의 역할

협동조합에서 활동 감사는 조합의 재무적 경영 상태를 살피는 재무회계 감사와 달리 조합과 조합원의 관계, 조합 운영에 관한 조합원의 참여 정도, 임원과 직원의 역할 수행 관련, 업무 집행과 관련한 절차와 성과에 관한 평가가 감사 대상이 되며, 나아가 조합의 경제적 안정성과 조직 운영, 조합원의 참여 활동의 관계에 대한 평가도 감사의 대상이 된다.

활동 감사는 협동조합의 조직 운영 전체를 대상으로 하는 만큼 협동조합의 조직 운영에 관한 이해가 깊고, 활동 경험이 풍부한 전문가가 맡는 게 일반적이다.

©pixabay

3장
협동조합 거버넌스와 민주적 의사 결정

1) ESG와 거버넌스, 협동조합의 거버넌스[3]

최근 대규모 자본투자자기업과 공공기관들은 너나없이 ESG 경영을 표방한다. ESG는 환경^{Environmental}·사회공헌^{Social}·윤리경영^{Governance}의 약자로, '환경'은 기업이 경영 과정에서 기후·에너지·지구환경에 미치는 영향을 말한다. 특히 기업이 사용하는 에너지의 양을 줄이는 동시에 폐기물의 양을 줄이는 것, 특히 탄소 배출량을 줄이고 자원을 재사용하는 노력을 포함한다. '사회공헌'은 인권이나 지역사회에 기여하는 것, 노동자에 대한 처우와 다양성 존중 등 기업이 관계를 맺는 지역사회나 기관에 대한 영향을 아우른다. 윤리경영으로 표현되는 '거버넌스'는 조직이 의사 결정 과정이나 기업구조, 인사나 경영 정책에서 민주적으로 책임성 있게 운영되는지 판단하는 요소다.

예전에는 기업을 평가할 때 재무적인 정량 지표가 기준이었다. 그러나 기업과 사회가 모두 지속 가능한 성장을 위해 기후 위기 대처와 사회적 약자 돌봄에 관한 역할을 강조하면서 비재무적 가치를 통해 사회적 영향력을 판단하게 되었다. 이는 전 세계의 경제 흐름이 기업 경영의 기준으로 ESG를 요구하기 때문이다. 이에 무엇보다 소비자들 태도의 변화가 크게 작용한다. 최근 소비자들은 제품의 질뿐 아니라 사회적 책임을 적극적으로 수행하는 기업의 제품을 우선 선택한다. 기업은 지구환경의 지속성을 무시하고 사업 경영을 하면 세계 시장에서 살아남을 수 없으며 투자를 유치할 수 없다. 글로벌 자산운용사와 투자은행, 신용평가사는 상품 개발과 투자 의사 결정에 지속가능 경영 평가를 통합해 나가고 있다.

ESG 경영에서 최근 중요한 비재무적 가치 평가로 떠오른 것이 윤리적 경영의 가치를 담은 거버넌스^{Governance}다. 세계경제포럼$^{World\ Economic\ Forum,\ WEF}$은 ESG 중에서 거버넌스^{Governance}를 첫 번째로 꼽는다. 사회·환경 문제를 해결하려는 리더·이사회·이해관계자 등, 사람들의 의지와 시너지가 없다면 E^{환경}와 S^{사회공헌}가 추진되기 어렵기 때문이다.

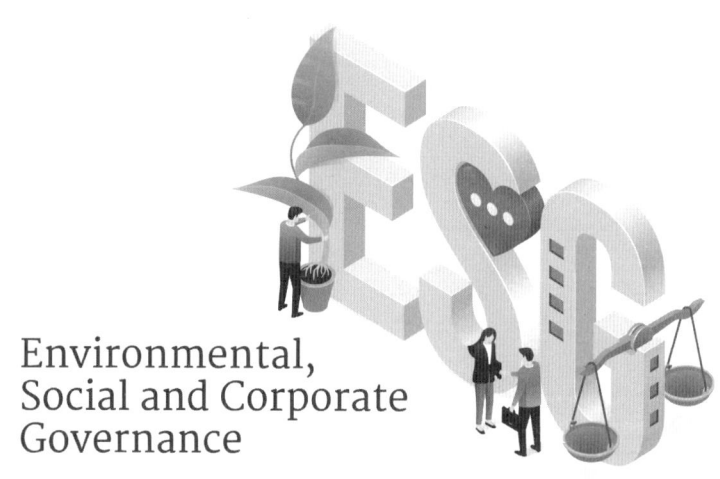

표준국어대사전은 거버넌스^{Governance}를 "공동의 목표를 달성하기 위하여, 주어진 자원 제약 아래에서 모든 이해 당사자들이 책임감을 느끼고 투명하게 의사 결정을 수행할 수 있게 하는 제반 장치"라고 설명한다. 거버넌스는 '지배구조'로 해석되기도 하는데 기업 경영 면에서 의사 결

정 체제로 본다. 미국의 신용평가회사인 S&P$^{Standard\ and\ Poors}$는 거버넌스에 대해 "주권자의 정책 결정에서부터 이사회·관리자·주주와 이해관계자를 포함한 다양한 기업 참여자들의 권리와 책임 분배에 이르기까지의 의사 결정 체계"라고 정의한다.

협동조합 조합원의 민주적 통제 원칙이 거버넌스의 근간

ESG의 거버넌스와 관련해 이사회의 중요성이 강조된다. 자본투자자기업에서 최고경영자가 주주보다 개인적 영달을 위해 잘못된 결정을 하는 문제가 발생하지 않게 하려면 이사회가 제대로 작동해야 하기 때문이다. 기업의 윤리적 경영은 이사회의 투명성, 이사 구성의 다양성, 이사회의 경영자에 대한 견제와 감시기능이 강화될 때 가능해진다.

ESG 경영을 가장 앞장서서 표방하고 실제 기업 경영에 도입해온 SK그룹은 최근 거버넌스 면에서 윤리경영을 내세우며 의사 결정 기구의 변신을 꾀했다. 최종 경영 방침을 결정하는 이사회에 사외이사 수를 늘리고, 여성 비율을 높이는 등 다양한 이해관계자를 포함했다.

자본투자자기업이 자랑삼아 내세우는 거버넌스의 혁신은 생협을 비롯한 사회적경제 조직이 탄생 처음부터 조직 운영의 바탕을 이루었던 가치다. 협동조합의 운영 원칙 중 조합원의 민주적 통제가 바로 거버넌스의 근간이다. 이때 민주적 통제란, 조합의 소유권자인 조합원이 출자지분의 양과 상관없이 의사 결정 과정에 한 표의 투표권을 행사하며 조합의 운영에 참여하는 것을 말한다. 이처럼 협동조합 거버넌스는 협동조합 원칙에 입각한 의사 결정 체제를 말한다. 그 중심에 총회와 이사회가 있다.

2) 민주적 의사 결정

민주적 의사 결정이란, 구성원들의 자유로운 참여를 전제로 이해관계자의 의견을 반영하고 숙의 과정에서 합의를 끌어내는 것을 말한다. 이를 위해서는 구성원들의 참여가 보장되고, 다양한 의견이 경청돼야 하며, 충분한 논의가 이루어져야 한다.[4]

> 민주적 의사 결정 방해 요소는 눈치보기,
> 아부·과잉·순응 문화, 패거리 문화

민주적 의사 결정은 합리적·이성적 태도를 갖춘 사람들이 모여 있는 집단이라면 큰 문제가 되지 않는다. 그러나 현실적으로 많은 사람이 어려움을 겪는다. 그 이유는 다양하다. 의사 결정 과정에서 다른 사람의 눈치를 보는 개인적인 태도가 문제 될 수 있다. 이를테면 다른 사람의 의견에 건강한 비판을 제기하기보다 아부나 과잉 순응의 행동을 보이는 경우가 있다. 집단사회에서 자주 나타나는 패거리 문화도 민주적 의사 결정을 방해하는 요소다. 민주적 의사 결정을 위해서는 민주적 의사 소통 문화와 건강한 조직 문화가 따라야 한다.[5]

3) '회의'의 민주적 운영과 효율적 의사 결정[6]

(1) 협동조합에서 회의란?

회의에 대한 회의주의자는 회의가 시간 낭비이며 비효율적이라고 말한다. 심지어 이들은 회의의 수를 줄이는 것을 최고의 혁신이라고 주장한다. 이와 같은 부정적인 생각을 하는 이유는 무엇일까. 가장 큰 이유는 회의답지 않은 회의 때문이다. 이를테면, 권위적인 문화가 강한 조직에서 열리는 회의에서는 일방적인 지시와 명령 하달, 책임 추궁이 이루어지게 마련이다. 두세 사람이 할 수 있는 일을 무조건 관계자 여러 명이 모여 의견을 나누는 일도 있다. 잡다한 신상 발언이나 주제와 어긋난 이야기를 나누다가 회의 시간이 길어지는 일도 일어난다.

협동조합은 사람들의 집합체이며 모든 일을 개인 혼자가 아니라 집단을 이루어 처리한다. 협동조합에서 회의는 조직의 목적을 이루기 위한 구성원들의 상호 작용이며 사업의 수단이다. 회의는 구성원의 상호 작용이기에 일방적인 지시나 보고, 문책, 리더의 잔소리로 일관된 회의는 회의라 할 수 없을 것이다. 회의는 사람들이 모여 어떤 주제와 관련해 의견을 서로 나누고 합의점을 도출하며 향후 실행을 위한 구체적인 방향과 역할 분담을 결정하는 과정이다.

회의는 꼭 필요한가. 협동조합에서 회의는 협업의 장으로서 업무의 한 과정이다. 다만 꼭 해야 하는 회의와 비효율적인 회의를 구분하는 게 필요하다.

> **협동조합에서 회의는 조합의 목적을 이루기 위한 구성원들의 상호 작용이며 사업의 수단**

협동조합은 능력이 뛰어난 한 두 사람이 이끌어가는 곳이 아니다. 사람들이 사회·경제·문화적 필요와 열망을 협동의 방식으로 이뤄보고자 자발적으로 모여 자율적으로 운영하는 곳이다. 협동조합 구성원들은 무슨 일이든 머리를 맞대고 함께 의논하고 답을 찾는다. 다수 또는 전체의 뜻을 모아 그 답을 실행에 옮기며, 그 결과를 공유하고 기여도에 따라 성과를 배분한다.

협동조합에서 회의는 협동하는 방식의 하나다. 협동조합 소유권자인 조합원은 조합과 관련한 모든 의사 결정 과정에서 권한을 행사한다.

조합원이 참여하는 협동조합의 주요 의사 결정 기구에는 협동조합의 최고 결정기관인 총회와 업무 집행을 위한 의사 결정 기구로서 조합원의 대리인으로 구성된 이사회, 실제 업무수행을 위한 각종 회의가 있다. 협동조합에서 총회를 열지 않으면 조합의 한 해 사업을 시작할 수 없으며, 집행부를 구성할 수 없다. 협동조합에서 이사회를 열지 않으면 계획된 사업을 집행할 수 없다. 만일 조합이 대표 또는 소수 몇 사람의 독단으로 운영되면 위법일 뿐 아니라 협동조합으로서 정체성을 잃어버린다. 협동조합에서 이루어지는 의사 소통 과정은 곧 협동의 과정이기 때문이다.

(2) 회의다운 회의란

회의가 회의다워지려면 어떤 조건이 있어야 할까.

첫째, 회의를 왜 하는지 목적이 있어야 한다. 이를테면, 새로운 사업이나 활동을 기획하기 위해 아이디어 회의를 연다. 가장 적은 비용으로 최고의 성과를 올릴 수 있는 사업을 위해 많은 창의적인 아이디어가 필요하다. 이때는 가능하면 많은 사람이 참여해 자유롭게 자기 생각을 드러내 사업성 있는 기획안을 도출해낸다. 사업 집행을 위해 역할 분담이 필요할 때 모여서 의견을 나눈다. 이때는 짧은 시간에 간단한 보고와 역할을 분담하는 내용으로 회의가 이루어진다. 협동조합의 이사회는 일상적인 업무 집행을 위한 의사를 결정하기 위해 열린다. 정족수의 임원이 참석해 길고 신중한 토의를 이어가며, 이를 바탕으로 업무 집행과 관련한 결정을 한다. 이렇듯 회의 목적에 따라 회의 형태와 내용이 달라진다.

둘째, 회의다운 회의는 구성원들이 모여 의견을 주고받는 쌍방 커뮤니케이션이다. 최고 권력자의 독단적인 결정을 통고하거나 일방적인 지시가 이루어지는 회의라면 회의다운 회의가 이루어지기 어렵다.

셋째, 의견을 나누는 데서 끝나지 않고 결정을 해야 한다. 누가 무엇을 언제까지 어떻게 처리할지 명확한 결론을 내야 한다. 간혹 긴 토론이 이루어진 후에 추상적인 결론을 내리거나 다음 회의에서 토론을 이어가는 일이 있다. 회의는 단순히 이야기를 나누는 대화 기구가 아니며 구체적인 행동을 위한 결정을 한다.

넷째, 어떤 결정에 대해 실행이 이루어져야 한다. 회의는 실행을 전제로 이루어진다. 간혹 의사 결정 사항이 회의록에만 존재할 때가 있다. 결정 사항이 실행에 옮겨지려면 의사 결정 시 구체적인 일정표와 역할 분담, 기대 사항이 함께 정해져야 한다.

다섯째, 마지막으로 실행 여부와 그 성과에 대한 평가가 이루어져야 한다. 대개 업무 집행 여부와 성과 평가는 1년 단위로 이루어지지만, 일상적으로 회의 때 결정된 사안을 다음 회의에서 실행 여부를 확인하고 성과를 평가한다. 이는 책임 있는 의사 결정과 업무 집행을 위해 필요하다.

(3) 회의다운 회의를 위해 지켜야 할 원칙

처음 세웠던 목표를 이루기 위해 회의에서 지켜야 할 원칙이 있다. 원칙은 회의에 참석한 사람들이 회의에서 도출된 결론에 수긍하고 그 실행에 적극적으로 참여하는 데 중요한 역할을 한다.

첫째, 발언 자유의 원칙이 있다. 이는 회의 참석자들의 원활한 의사소통을 위한 원칙으로, 누구나 자유롭게 발언하되, 발언 시간과 횟수를 제한하고, 의제 외 발언과 타인을 모독하거나 타인의 사생활에 관한 발언, 의사 진행을 방해하는 발언을 금지한다.

둘째, 회의 공개의 원칙이 있다. 이는 민주주의의 기본 원칙이며, 투명한 운영을 위해 필요하다. 이를테면 임원이 아닌 조합원이 이사회를 참관할 수 있으며, 조합원이 의사 결정에 관한 회의록을 요청하여 받아볼 수 있다.

셋째, 정족수 원칙이 있다. 여기에는 개회를 위한 의사 정족수와 의사 결정을 위한 의결 정족수 두 가지가 있다. 협동조합 이사회는 이사 전체의 과반수가 참석해야 개회할 수 있다. 의결 정족수는 의안마다 의사 정족수를 충족한 상황에서 의사결정 시 착석한 사람의 과반수를 가리킨다. 만일 임원 전체가 10명일 때, 회의에 6명 이상의 임원이 참석해야 회의를 열 수 있다. 의사 결정 시 참석 임원 6명 중 4명 이상이 의안에 찬성하거나 동의를 해야 가결이 된다. 만일 10명 중 6명이 참석해 회의를 진행하다가 임원 1명이 자리를 비워 5명이 남았을 때, 의사 정족수가 충족되지 않아 의결할 수 없다.

넷째, 일의제 원칙이 있다. 의제를 한꺼번에 다루더라도 표결을 각각 따로 하며, 한 번에 한 의제만 다루는 것을 말한다. 이사회의 경우, 일의제 원칙에 따라 의제마다 의사 정족수와 의결 정족수를 확인해 의결한다.

다섯째, 일사부재의 원칙이 있다. 한 회기 중 부결된 안건은 절차상 문제가 없으면 같은 회기 중에 다시 의제로 상정하지 못하는 것을 말한다. 이는 소수 의견을 가진 사람들의 의사 결정 방해 행위를 막으려는 조치다. 만일 회의체가 달라지면 상정할 수 있다. 협동조합 이사회의 경우, 한 차수의 이사회에서 부결된 안건은 같은 차수 회의에 다시 상정할 수 없다. 단, 다음 차수의 이사회에 다시 상정할 수 있다.

여섯째, 의장 공정의 원칙이 있다. 의장은 회의를 진행하는 책임자로서 편파적이지 않아야 한다. 생협 이사회는 의사 결정 시 찬반 동수가 나왔을 때만 의장에게 의결권을 준다. 그 외에는 찬반을 표시할 수 없으며 공정한 태도를 보여야 한다. 협동조합기본법은 생협법과 달리 의장에게 찬반 동수 상황과 상관없이 의결권을 준다.

일곱째, 다수결의 원칙이 있다. 생협법이나 협동조합기본법에 의사 결정 방식으로 재적 기준 과반수 참석에 재석 기준 과반수의 찬성으로 의안을 결정하게 돼 있다. 단, 정관변경·합병·분할·해산·휴업 또는 계속·조합원의 제명·탈퇴 조합원$^{제명조합원\ 포함}$에 대한 출자금 환급·다른 협동조합에 대한 우선출자에 관한 의결은 총조합원 과반수의 출석과 출

석 조합원 3분의 2 이상의 찬성으로 의결한다.^{협동조합기본법 제29조 2항}

이외에 평등 보장의 원칙, 소수의견 존중 원칙 등이 있다.

(4) 회의 리더에게 필요한 것

회의에서 리더는 의장이다. 의장은 회의를 공정하게 진행하고 순조롭게 의사 결정을 끌어내는 역할을 한다. 무엇보다 참석한 사람들이 자유롭게 의견을 나눠 회의의 목적을 이룰 수 있게 하는 게 중요하다.

회의의 리더는 회의를 시작하기 전, 회의 도중, 회의가 끝난 이후 자신에게 자신의 역할을 물어보는 게 중요하다. 회의를 시작하기 전에, 회의 목적과 목표를 명확히 설정했나, 회의를 통해 얻고자 하는 결론과 결과는 무엇인가, 회의 성격이 무엇인지 스스로 확인한다.

회의를 진행하는 동안에는 회의 목적을 이루고 있는가, 자유로운 논의가 이루어지고 있는가, 참석자의 생각을 듣지 않고 내 생각만 말하고 있는 것은 아닌가, 참석자들이 자유롭게 의견을 내도록 그 생각을 존중하고 격려하는가 하는 질문을 해본다.

> 회의 리더가 입을 닫을수록 회의가 활발해져
> 회의에서 나오는 쓴소리는 토론의 활력소

회의가 끝난 후에는 의도했던 결론이 나왔나, 회의 결과를 실행하는 데 자신이 지원해야 할 것은 무엇인지 스스로 확인해본다. 이처럼 리더는 회의 과정에서 끊임없이 자기 점검과 자기성찰을 함으로써 회의를 책임져야 한다.

회의에서 리더의 역할뿐 아니라 리더가 갖춰야 할 태도도 매우 중요하다.

첫째, 사람에 대한 믿음이 필요하다. 사람은 현명하고 올바른 일을 할 수 있으며, 모든 사람의 의견은 지위가 높고 낮음과 상관없이 모두 중요하며, 자신이 참여한 아이디어나 계획에 더 헌신적으로 임한다는 것을 믿는 것이다.

둘째, 리더가 입을 닫을수록 회의 참석자들의 이야기가 활발하게 오고 간다. 경청이 중요하다는 말이다. 그러나 무조건 듣기만 하는 것은 아니다. 상대방의 말에 관심을 보이고, 적절한 질문으로 내용을 이해하는 노력이 필요하다. 나아가 이해한 내용을 상대방이 알 수 있게 하는 것도 경청의 과정이다.

셋째, 참석자의 쓴소리를 대담하게 받아들인다. 회의에서 나오는 쓴소리는 토론의 활력소다. 간혹 참석자의 쓴소리가 임원 사이에 갈등을 일으키기도 한다. 그러나 리더는 쓴소리를 갈등의 씨앗이 아닌 건강한 회의를 위한 영양제로 활용해야 한다.

넷째, 칭찬은 회의 목표를 이루는 데 중요한 역할을 한다. 회의 참석자들은 말 한 번 잘 못 해서 웃음거리가 될까 봐, 또는 애써서 내놓은 아이디어가 하찮게 취급될까 봐 차마 말을 꺼내지 못할 수 있다. 좋은 기획안을 내놓았을 때 자신이 모든 것을 책임져야 하는 상황이 벌어질까 봐 말을 아끼는 사람들이 있을 수 있다. 이 상황에서 의장인 리더는 회의 참석자의 모든 발언을 귀 기울여 듣고, 그 의견에 긍정적인 반응을 보이며 다른 사람들로부터 힘을 보태는 반응을 끌어내는 게 중요하다. 어떤 제안에 대해 리더가 단지 자신의 관점에서 한 번에 무시하는 게 아니라 먼저 다른 사람들의 의견을 묻고 가능하면 어떻게 실행에 옮길 수 있을지 논의를 이끌어가는 게 필요하다. 리더의 발언과 행동 하나로 회의 참석자들은 더욱 활발하게 자신의 의견을 내놓거나, 아니면 회의 끝까지 침묵을 지키게 된다.

다섯째, 할 말은 해야 한다. 개인적 감정을 뺀 논리적 지적이 필요하며, 구구절절 긴 얘기보다 담백한 메시지 전달이 중요하다.

여섯째, 결정은 명확한 언어로 해야 한다. 결정을 실행에 옮길 때 기대하는 결과를 명확히 제시하며, 이 일을 잘 수행할 수 있는 사람에게 역할과 권한을 부여한다. 이때 분명한 기한을 정한다.

(5) 회의 참가자에게 필요한 것

회의를 회의답게 꾸려가는 데 참석자의 역할도 의장만큼 중요하다.

첫째, 회의에 참석할 때 회의 목적과 목표를 정확히 이해해야 한다. 이를 위해 회의 전에 자료를 충분히 읽는 게 필요하다. 회의에 올려진 의안만큼 중요한 것은 '전차 회의록'이다. 직전 회의에서 보고되고 결정된 사항을 확인하고, 회의 이후 어떻게 실행에 옮겨졌는지, 그 결과는 어떠한지 다시 확인하는 데 매우 중요한 자료다. 만일 직전 회의에 참석하지 않아 이미 결정된 사안을 확인하지 못했을 때, 다시 문제를 제기하거나 의사 결정을 번복하는 일이 종종 발생한다. 이를 방지하기 위해 전차 회의록 확인은 꼭 필요하다.

> 회의 참가자, 말하지 않는 것은 직무유기
> 자신의 의사 담백하게 전달
> 지나친 겸손은 자신감 없게 보여

둘째, 회의가 진행될 때 기본 예의를 지킨다. 회의 시간을 잘 지켜 지각하지 않으며, 다른 사람이 발언할 때 주의 깊게 들어주고 의견을 존중한다. 본인이 발언할 때는 상대방이 발언하는 도중에 끼어들기보다 의장의 동의를 먼저 얻는다.

셋째, 회의에 참석하는 것만으로 참석자의 역할을 다했다고 할 수 없다. 자유롭게 자신의 의사를 표현해야 하며, 발언하지 않는 것은 직무유기일 수 있다. "좋은 게 좋은 거다"하며 소신 없이 찬성하는 경우, "담당자가 알아서 하겠지" 하며 자기 일이 아니라는 식의 태도는 회의 참가자로서 책임 있는 행동이 아니다.

넷째, 자신감 있게 자신의 견해를 전달한다. "내가 아는 바도 없고 말도 잘 하지 못하지만"하며 자신을 스스로 낮추는 사례를 이따금 볼 수 있다. 이는 겸손한 태도가 아니며 오히려 상대방에게 자신감이 없는 모습으로 비춰질 수 있다. 긍정적인 생각과 자신감을 가지고 소신 있게 발언하는 게 중요하다. 만일 어떤 잘못이나 부정적인 비판을 받는다면 "~ 때문에"하는 핑계보다 객관적인 사정과 이유를 대는 것이 필요하다.

다섯째, 발언할 때 자신의 의사를 담백하게 전달하기 위해 주장-이유-근거-주장의 순서로 논리적으로 자신의 주장을 펼친다. 의견을 내기 전에 "ㅇㅇㅇ의 생각에도 일리가 있지만 다르게 생각해볼 수 있을 것 같다"거나, "ㅇㅇㅇ의 말씀에 공감합니다. 그러나~"하면서 자신의 견해를 주장하면 상대방의 의견을 존중하면서 자신의 주장을 강하게 제기할 수 있다.

여섯째, 회의에서 나온 최종 결정을 존중한다. 최종 결정을 받아들이기 위해서는 의결 방식에 대한 동의가 필요하다. 비록 정관에 다수제 의결 방식이 명시돼 있지만 만장일치가 가장 민주적이라고 주장하는 사람들이 있다. 그러나 전원합의제는 다수의 횡포, 다수결은 소수의 횡포 문제가 발생할 수 있다. 회의를 시작하기 전에 의사 결정을 전원합의로 할지 다수결로 할지 의결 방식을 정하는 게 필요하며, 앞서 합의한 방식으로 의안을 결정했다면 이를 받아들이고 실행에 옮긴다.

(6) 회의의 민주적·효율적 의사 결정 방식

회의는 의사 소통의 장이며 실행을 위한 논의의 장이다. 회의 참석자들은 어떤 결정을 위해 자유롭고 깊이 있는 토의를 이어간다. 참석자들은 합리적이고 민주적인 의사 결정 방식으로 의안을 결정함으로써 토의를 마무리한다.

의사 결정은 평등하고 공정한 의사 표현의 기회가 주어진 상황에서 합의의 원칙으로 이루어진다. 그러나 의안을 결정할 때 누구나 그 결정을 수긍하고 실천으로 이어갈 수 있는 의결 방식은 무엇일지, 의안 결정에 자신의 의견이 반영되지 못한 이들을 어떻게 설득하고 공감을 얻어낼지, 어려운 과제에 부딪힌다.

그렇다면 의안에 관한 찬반 의견을 떠나 합의를 이뤄낼 수 있는 민주적이면서 효율적인 의사 결정 방식은 무엇일까. 일반적으로 회의의 의사 결정에 활용되는 의결 방식에는 네 가지가 있다.

첫째, 대체로 큰 반대 없이 합의점을 찾는 방식이 있다. '전원 합의 또는 대부분 의견 일치'라는 말로 표현되는 경우로 만장일치제와 다르다. 회의 참석자 모두 찬성하지 않지만 "큰 문제가 없다면 어느 정도 동의할 수 있다"는 의사를 표명하며 합의를 찾는다. 적절한 수준의 합의점을 찾는 일은 간단하지 않다. 의견을 나누고 설득하고 공감할 시간이 필요하다. 그러나 고민을 나누면서 상대의 생각과 마음을 읽을 수 있으며, 진정성을 발견하며 자연스럽게 의견을 받아들이고 힘을 보탤 수 있다. 이 방식은 하향적 업무 집행이 이루어지거나 위계질서가 단단한 곳에서는 이루어지기 어려우며, 긴급하게 결정해 실행에 옮겨야 하는 안건에는 맞지 않는다.

> 만장일치제, 회의 참석자들이 최고 권력자나 목소리 큰 사람 주장에 비판 없이 동의 가능성 커
> 집단적 사고 함정에 빠지지 않게 싸움닭 끼우기

둘째, 100% 동의 방식이 있다. 반대의견이 전혀 없을 때 결정하는 방식이다. 적절한 수준의 합의를 찾는 과정보다 더 많은 시간이 필요하다. 긴급하게 결정하지 않아도 되는 사안일 때, 반드시 전체 합의가 필요할 때 이 방식을 활용한다. 이를테면 거주자의 커뮤니티 활동이 중시되는 코하우징 주택의 경우 공동체의 모든 일을 거주자 모두 공유하고 적극적인 참여를 유도하는 데 전체 합의 방식이 필요하다.

만장일치제는 전원합의 방식보다 더 엄격한 절차에 의해 이루어져 의안에 따라 장단점이 있다. 만장일치제가 의사 결정 과정에서 시간과 비용이 많이 들지만, 결정 이후 이에 대한 번복 가능성이 없고, 의사 결정에 참여한 사람들의 만족도가 높은 편이다. 그러나 비판적 견해도 있다. 만장일치제를 비판하는 사람들은 "만장일치제가 과연 민주적인가" 하는 의문을 제기하며, 집단적 사고의 함정에 빠질 수 있다고 경고한다. 이를테면, 회의 참석자들이 최고 권력자나 목소리 큰 사람의 주장에 비판 없이 동의하거나, 이미 결정이 난 사안이라며 거수기를 자처할 수 있다.

집단적 사고의 함정에 빠지지 않기 위해 사용하는 것이 '싸움닭 끼우기'다. 이를 데블스 애드버킷$^{Devil's\ Advocate}$이라고도 하는데, 우리말로 하면 '악마의 대변인'이다. 최고 권력자가 함께하는 회의에서 사람들은 일신상의 문제를 우려하여 함부로 반대의견을 내지 못하고 권력자의 의견에 동조할 수 있다. 이때 싸움닭이 회의 중간에 등장하면 그에 힘을 얻어 반대의견을 솔직히 드러내는 사람들이 생겨나 자유로운 분위기에서 토론이 이루어지게 된다.

> 다수결 방식은 시급히 해결해야 할 사안일 때 매우 유용하다. 그러나 소수의견이 배제되어 내부 갈등의 원인이 될 수 있으니 회의 전에 "다수제 의결 방식을 채택하되, 찬반의 차이가 크지 않더라도 결정을 수용한다"는 합의를 하는 게 좋다.

셋째, 다수결 방식이 있다. 생협법이나 협동조합기본법은 의사 결정 방식으로 재적 기준 과반수 참석에 재석 기준 과반수의 찬성으로 가결하는 다수결주의를 채택한다. 다수결 방식은 시급히 해결해야 할 사안일 때 매우 유용하다. 빨리 결정해 실행에 옮길 수 있기 때문이다. 그러나 소수의견이 배제되어 내부 갈등의 원인이 될 수 있으니 회의 전에 "다수제 의결 방식을 채택하되, 찬반의 차이가 크지 않더라도 결정을 수용한다"는 합의를 하는 게 좋다.

　넷째, 가중다수결 방식이 있다. 이는 다수 의결 방식이지만 과반수가 아닌 3분의 2의 동의로 가결되는 방식이다. 협동조합기본법에서는 정관변경·합병·분할·해산·휴업 또는 계속·조합원의 제명·탈퇴 조합원^{제명조합원 포함}에 대한 출자금 환급·다른 협동조합에 대한 우선출자에 관한 의결은 총조합원 과반수의 출석과 출석조합원 3분의 2 이상의 찬성으로 의결한다^{협동조합기본법 제29조 2항}. 가중다수결 방식은 과반수 다수결보다 조합원의 의사를 더 엄격하게 묻는 방식으로 그 결정을 신중히 하는 의미가 있다.

ⓒ우미숙

❶

자본투자자기업의 ESG 경영 거버넌스와 협동조합의 거버넌스의 차이에 관해 이야기해봅시다.

❷

협동조합의 다수결 의사 결정은 법에 규정돼 있습니다. 그러나 협동조합이라면 전원 합의로 의결을 해야 한다고 주장하는 사람들도 있습니다. 협동조합에서 합리적인 의사 결정 방식에 관해 토론해봅시다.

❸

민주적 의사 결정을 위해 민주적 의사 소통 문화와 건강한 조직 문화가 필요합니다. 건강한 조직 문화를 위해 어떤 리더십과 팔로워십이 필요할까요?

❹

회의다운 회의를 위해 회의 구성원들이 지켜야 할 수칙을 함께 세워봅시다. 이를테면 회의 참석자의 자세, 토의 방식, 의사 결정 방식, 실행 원칙 등 ….

5부
사업체로서 협동조합 경영

1장 협동조합의 자기자본, 조합원지분과 공동지분
2장 협동조합의 자본 조성과 조합원의 경제적 참여
3장 협동조합의 과세

협동조합이 경제 및 사회적 목적을 모두 갖고 있지만 일차적으로 경제 조직이며, 또한 존속하기 위해서 기업으로서 성공하지 않으면 안 된다. 상업적 의미에서 실패한 협동조합, 특히 사업 활동을 중지해야 할 때 사회적 분야에서도 긍정적인 영향력을 발휘할 수 없게 된다. 이처럼 경제적 목적과 사회적 목적은 동전의 양면과 같은 것이나 건실한 기업으로서의 생존능력을 확보하는 것이 일차적인 요구여야 한다.

▶ 출처: Laidlaw, A. F. 2000. 『서기 2000년의 협동조합』. 김동희 역. ㈜한국협동조합연구소 출판부. 62

- 이 장은 사업체로서 협동조합의 경영과 기능을 소개한다. 특히 협동조합의 자본 조성 과정과 조합원의 경제적 참여의 관계를 설명한다.
- 독자들은 협동조합의 자본 조성 과정을 구체적으로 살펴봄으로써 조합원의 경제적 참여의 의미를 이해할 수 있다. 나아가 조합원의 경제적 참여로 이루어지는 협동조합의 자본 조성 과정이 자본투자자기업과 어떻게 다른지 그 차이를 구분할 수 있다.
- 독자들은 협동조합이 조합원의 필요와 사회적 가치를 실현하기 위해 설립 운영되는 비영리적 속성을 지니고 있음에도 일반 자본투자자기업과 같은 과세 대상이 되는 현실적 제약을 인식할 수 있으며, 문제 해결을 위한 제도 개선을 제안할 수 있다.

1장
협동조합의 자기자본, 조합원지분과 공동지분

협동조합에서 자기자본은 환급할 수 없는 영구 투자 자본에 조합원이 공동으로 보유한 적립금을 합친 것을 말하는데,[1] 넓게 보면 조합원의 출자금도 포함된다. 그러나 조합원 출자금이 포함된 협동조합의 자기자본은 주식회사와 달리 변동성이 크다. 즉 주식회사의 주식을 보유한 주주는 시장에서 주식증권을 거래할 수 있는데, 이때 주식회사의 자본 규모에는 아무런 영향을 미치지 않는다. 그러나 협동조합에서는 조합원이 탈퇴할 때 자신의 출자금과 자신이 조합의 자본 수익에 기여한 지분을 돌려달라고 요청할 수 있다. 이때 협동조합은 탈퇴조합원의 출자금과 지분의 빈자리를 새로운 조합원을 맞이해 채워 넣어야 한다. 결국 협동조합의 자본은 조합원의 참여와 실질적인 기여에 의존할 수밖에 없다. 이런 이유로 협동조합의 출자금은 환급할 수 있는 자본으로 협동조합의 자기자본으로 보기에 한계가 있다.

협동조합은 당해 말의 당기순이익^{잉여금}을 출자액과 사업 기여도에 따라 지급하는 배당과 법정적립금과 임의적립금, 미처분잉여금으로 처분한다.[2] 이때 배당을 제외하고 나머지 적립금은 조합원이 탈퇴할 때 출자금과 함께 돌려받는 조합원지분과 조합원 공동지분으로 나뉜다. 이때 조합원지분에 해당하는 적립금은 분할할 수 있는 적립금$^{Divisible\ Reserves}$에, 조합원 공동지분은 비분할 적립금$^{Indivisible\ Reserves}$에 해당한다.

조합원 공동지분은 조합에 손실이 발생했거나 경제위기 상황에서 재무적 어려움을 견딜 수 있게 하는 버팀목 역할을 한다. 이런 의미에서 조합 내부에 유보되는 적립금은 안정된 자기자본으로서 협동조합의 경제적 안정과 생존에 중요한 역할을 한다. 국제협동조합연맹^{ICA}은 1995년에 개정된 협동조합 제3원칙^{조합원의 경제적 참가}에서 "최소한 자본금의 일부는 조합의 공동자산으로 한다. 조합원 자격을 얻기 위해 납부하는 출자금에 대한 배당이 있는 경우에도 보통은 제한된 배당만을 한다. 잉여금은 최소한 일부는 분할할 수 없는 준비금 적립을 통해, 협동조합 발전을 위해, 협동조합 이용에 비례하여 조합원에게 혜택을 주기 위해 배분한다"며 조합원 공동지분^{비분할 적립금}의 의미를 설명한다.[3]

국제협동조합연맹은 1995년 총회에서 자본의 공동 소유 개념을 도입했는데, 이는 1832년 제3회 협동조합 대회^{의장. 로버트 오언 Robert Owen}에서 채택한 협동조합 규정에 근거를 둔다. 국제협동조합연맹이 발간한 『ICA협동조합 원칙 안내서』²⁰¹⁷에 소개한 1832년의 규정을 보면, "이상적인 목표를 실패 없이 성공적으로 달성하기 위해서는, 협동조합에 의해 축적된 자본은 분할할 수 없어야 하고, 미래 어느 시점에 단순히 배당을 받기 위한 수익 축적을 목적으로 설립된 거래조합은 협동조합으로 인정되어서는 안 된다. 독립적이고 평등한 공동체로 빠르게 나아가고 있는 이 위대한 사회적 가족의 일원으로서 인정할 수 없다는 것을 여기 모인 대표단은 만장일치로 결의한다"[4]며 조합원 공동지분의 중요성을 강조한다.

협동조합 내부에 유보한 자본으로 조합원 공동지분 외에 **조합원지분**이 있다. 이는 잉여금을 조합원의 사업 이용과 노동 기여에 따라 조합원에게 배분한 것이다. 조합원지분은 총회에서 결정하며 조합원이 탈퇴할 때 출자금과 같이 상환할 수 있다. 조합원지분은 공동지분과 달리 조합원의 요구나 탈퇴 시 환급해야 하는 자본으로 영구적이지 않아 진정한 자기자본으로 보기 어렵다. 비록 협동조합기본법 개정^{2014년 1월 21일}으로 탈퇴조합원 출자금 환급을 총회 의결 사항으로 규정함으로써 출자금을 자기자본으로 분류할 수 있지만,[5] 협동조합이 금융기관으로부터 자금을 조달할 때 해당 금융기관이 조합원의 지분을 부채가 아닌 자본으로 명확하게 인정하는가는 금융기관의 판단에 따를 수밖에 없다.

조합원지분은 어떻게 계산하나?

조합원지분은 일반적으로 출자금과 조합원이 사업에 참여함으로써 발생하는 잉여금으로 구성된다. 조합원지분은 조합원이 협동조합을 탈퇴하거나 제명을 당할 때 당해 회계연도의 다음 회계연도에 총회의 의결을 거쳐 조합원 본인에게 환급된다.

조합원지분의 범위는 조합원의 출자금과 매년 열리는 총회에서 법정적립금을 제외한 잉여금이며, 협동조합에서 잉여금 배분에 관해 자체 기준을 정해야 한다. 즉 조합원의 출자금액과 함께 잉여금 중에서 조합원의 지분으로 확정된 금액을 합해 조합원의 지분으로 계산한다. 조합원은 탈퇴나 제명 후 2년 이내에 지분환급청구를 할 수 있으며, 이 시기를 놓치면 환급받을 자격을 잃어버린다.

2장
협동조합의 자본 조성과 조합원의 경제적 참여

조합원은 협동조합의 운영 주체로서 전체 조직 운영과 사업 경영에 참여하며 모든 업무 집행에 최고의 의결권을 가진다. 특히 조합원의 경제적 참여는 협동조합 원칙에서 세 번째에 제시될 만큼 조합이 지속해서 성장해가는 데 기본적이면서 중요한 역할이다. 조합원의 경제적 참여는 협동조합의 경영과 자본 조성 과정에서 다양하게 이루어진다.

첫째, 조합원은 출자함으로써 협동조합의 일원이 되며 협동조합의 기본적인 자본 조성에 기여한다. 출자는 조합원이 협동조합 구성원의 자격을 얻는 첫걸음이며, 출자금을 냄으로써 조합 사업의 혜택을 받는다. 협동조합에서 조합원 개인의 출자액 규모는 조합원의 혜택이나 권리에 영향을 미치지 않는다. 단, 조합원은 조합 전체 출자금의 30%를 초과해 출자할 수 없다. 이는 자본의 영향력을 차단하려는 조치다.

출자금의 종류에는 조합원이 가입하면서 내는 의무출자금과 의무출자금을 초과해 내는 임의출자금, 조합원이 사업을 이용할 때마다 일정한 비율의 금액이 붙어 자동증자가 되는 의무자본 유보, 출자금에 해당하는 이자와 이용실적 배당을 현금으로 지급하지 않고 출자금으로 전환해 개인에게 배분하는 회전출자가 있다.

의무자본 유보는 소비자생활협동조합에서 볼 수 있는데, 소비자 조합원이 물품을 구매할 때마다 이용한 만큼 일정하게 출자금이 증액되어, 장기적으로 협동조합의 자본 운용에 도움을 준다. 회전출자는 규모가 작은 조직이나 소비자협동조합과 같이 배당액이 크지 않을 때 행정 편의상 활용되는 방법이다. 그러나 배당금액이 클 때 출자금의 규모가 커지면 조합원 탈퇴 시 상환해야 할 금액이 커져 상환 이후 협동조합의 부담으로 다가올 수 있다. 즉 조합원의 탈퇴로 출자금이 상환되면 협동조합의 자기자본이 크게 줄어들어 재무적 어려움을 겪을 수 있다.

협동조합은 조합원의 출자금으로 자본을 조성해 사업을 시작한다. 전통적으로 협동조합은 사업 경영과 조직 운영에 필요한 자본을 조합원으로부터 우선 조달하며, 이것으로 부족할 때 비조합원이나 외부 기관에 의존한다. 비록 탈퇴조합원 출자금 환급을 총회 의결 사항으로 규정_{협동조합기본법 2014년 1월 21일 개정}함으로써 출자금을 자기자본으로 인정받긴 했지만, 출자금은 조합원이 탈퇴할 때 돌려줘야 하는 자본으로서 조합의 안정적인 운영 재원으로 활용하는 데 한계가 있다.

둘째, 조합원은 협동조합 사업에 적극적으로 참여함으로써 조합원의 활동 과정의 성과로 발생하는 잉여금을 늘리는 데 기여한다. 그 잉여금은 협동조합 조합원의 편의와 복리 향상을 위해, 나아가 협동조합의 사업 확장과 효율적인 조직 운영을 위해 사용할 조합 내부 자본으로 유보함으로써 조합의 재무적 안정을 도모한다.

셋째, 조합원은 가입 출자금 외에 우선출자를 통해 협동조합의 자본 조성에 기여한다. 협동조합은 전통적으로 필요한 자본을 조합원의 추가 출자를 통해 확보한다. 그러나 조합원 규모와 사업 규모가 커지면서 필요한 자본의 규모도 커지기 마련인데, 조합원의 증자로는 한계가 있으며, 일반 금융기관의 채무 관계도 부담된다. 이때 문제 해결 방안으로 등장한 것이 우선출자제도다.

우리나라 협동조합기본법은 2020년 3월 31일 법 개정을 통해 "협동조합의 내부자금 확충을 위해 잉여금 배당에서 우선적 지위를 가지는 우선출자를 발행할 수 있도록" 했다. 우선출자에 대해서는 의결권과 선거권을 인정하지 않는다. 그러나 우선출자에 따른 배당은 출자배당보다 먼저 실시하며, 그 비율은 정기 총회에서 결정한다. 우선출자 제도는 조합원의 출자금만으로 해결하기 힘든 부분을 해결하기 위해 등장했지만 우선출자 총액이 자기자본과 납입출자금 총액의 30%를 초과할 수 없고, 조합원 한 사람의 납입출자금 총액과 우선출자 총액을 합한 금액은 협동조합이 발행한 우선출자 총액의 30%를 초과할 수 없게 했다. 이와 같은 조건으로는 협동조합이 필요한 자본을 조성하는 데 한계가 있으며, 여전히 일반 금융기관에 의존할 수밖에 없는 상황이 이어질 수 있다.

【그림 11】 출자금의 종류

의무 출자자	협동조합 조합원은 조합에 출자의무가 있고, 납입한 출자액의 한도로 책임을 진다
임의 출자자	의무 출자금을 초과해 내는 출자금
의무자본 유보	사업을 이용할 때마다 일정한 비율의 금액이 붙어 자동증자가 되는 경우
회전출자	출자금 이자와 이용실적 배당을 현금으로 지급하지 않고, 출자금으로 전환해 개인에게 배분하는 경우

> 한걸음 더

잉여금^{Surplus}과 이윤^{Profit}

협동조합에서 잉여금은 수익과 비용의 차이를 의미한다. 즉, 수익에서 생산비용, 판매관리비용, 세금, 이자 비용 등 모든 비용을 제외한 잔액을 가리킨다. 주식회사에서 잉여는 사업 거래에서 발생하는 손익계산서상의 영업이익과 당기순이익^{Profit}을 가리키는데 자본의 성과를 의미한다. 이에 비해 협동조합에서 잉여^{Surplus}는 매년 결산 결과 발생한 잉여금인 당기순이익으로 측정한다.

주식회사의 잉여는 자본의 성과로서 이윤^{Profit}이라고 표현한다면 협동조합의 잉여^{Surplus}는 조합원의 조합 사업의 이용 또는 노동 기여에 따른 성과다. 주식회사는 자본투자자의 자본소득을 높이기 위해 이윤을 만들어야 하지만 협동조합은 조합원의 사회·경제·문화적 필요와 염원을 충족하기 위해, 이를 수행하는 조직의 생존을 위해 잉여를 창출해야 한다. 이때 잉여금은 조합원의 공동자산이기에 어떻게 사용할지 조합원들이 결정한다.

잉여금은 조합원이 조합 사업에 참여한 결과이기에 손실과 함께 조합원에게 환원된다. 조합원 환원은 이용고 또는 노동기여에 비례해서 적용하며, 조합원 복지 증진과 권익 보호, 나아가 지역공동체 지역 공헌 사업이나 분할할 수 없는 적립금으로 유보하여 미래 사업을 위해 이루어진다.

【표 27】 잉여와 이윤의 차이_주식회사와 협동조합의 비교

구분	주식회사	협동조합
개념	손익계산서상 영업이익, 당기순이윤^{Profit}	수익과 비용의 차이$^{Surplus:잉여}$.

측정	누적된 미처분 잉여금.	• 당기$^{매년\ 결산\ 결과}$에 발생한 잉여금.
		• 발생 연도 중요 →
		  당기순이익으로 측정.
		• 조합원 가입 탈퇴가 자유로워
		  당기에 거래한 사업에만 해당.

특징	• 자본의 최대이익 목적.
	• 잉여는 자본의 성과.
		• 적정 잉여를 목적으로 함.
		• 잉여는 조합원 구매 활동의 성과.
		• 활발한 구매 활동 결과 →
		  잉여.
		• 저조한 구매 활동 결과 →
		  손실.
		• 잉여와 손실은 조합원에게
		  환원.

처분	• 이익준비금 제외 모든
	  미처분.
	• 잉여금의 처분 →
	  모두 배당.
		• 조합원 환원 → 이용고 비례
		  환원.
		• 조합원 복지 증진, 권익 보호
		  에 환원.
		• 지역공동체 지역공헌 사업.
		• 비분할 적립금으로 자본유보.
		• 미래 사업 준비^{적립}.

▶ 자료를 참고해 저자가 다시 작성함.

잉여금은 일정한 순서로 처분하는데, 당기순이익이 발생하면 이월손실금을 우선 보전하고, 잔액이 있을 때 잉여의 10% 이상을 의무적으로 적립한다. 잉여금이 남아 있다면 임의적립금을 적립하고 법에 따라 배당을 한다. 배당 후 잔액이 있을 때 이월잉여금으로 다음 회계연도에 넘긴다.

만일 손실금이 발생할 때는 미처분이월잉여금에서 우선 보전하며, 처리하지 않은 손실금이 있을 때는 임의적립금에서 보전하며, 그다음에는 법정적립금에서 보전하는 회계처리를 한다. 그래도 손실금이 남으면 이월손실금으로 다음 회계연도에 넘긴다.

잉여금, 손실금

잉여금 → 매 회계연도 결산 결과 수익이 비용보다 더 많을 때 발생하는 차이 금액.

손실금 → 매 회계연도 결산 결과 수익보다 비용이 더 많아서 발생하는 차이 금액.

손익계산서상 매출액에서 최종적으로 법인세를 차감한 **최종적인 손익금액** → 당기순이익, 당기순손실.

잉여금 처분, 손실금 처리 과정

이사회에서 잉여금 처분안 또는 손실금 처리안 마련 → 조합원 총회에 제출 → 총회에서 최종 의결.

잉여금 처분

당기순이익^{잉여금} 발생 → 이월손실금 보전^{우선} → 잔액 있을 때 법정적립금 적립$^{잉여\ 10\%\ 이상}$ → 또 잔액 있으면, 임의적립금 적립 → 법에 따라 배당 → 또 잔액 있으면 이월잉여금으로 다음 회계연도에 넘김.

손실금 처리

당기순손실^{손실금} 발생 → 미처분이월잉여금에서 보전^{우선} → 처리 안 한 손실금 있을 때, 임의적립금에서 보전 → 그래도 손실금 남아 있을 때, 법정적립금에서 보전 회계처리 → 그래도 손실금이 남으면, 이월손실금으로 다음 회계연도에 넘김.

배당이란

협동조합은 매 회계연도의 결산에서 일정한 조건에 따라 조합원에게 잉여금을 나누는데 이것을 배당이라고 한다. 협동조합기본법 제51조$^{손실금의\ 보전과\ 잉여금의\ 배당}$에 따르면 "협동조합은 매 회계연도의 결산 결과 손실금^{당기손실금}이 발생하면 미처분이월금, 임의적립금, 법정적립금의 순으로 이를 보전하고, 보전 후에도 부족이 있을 때는 이를 다음 회계연도에 이월"한다.

협동조합이 손실금을 보전하고, 법정적립금과 임의적립금을 적립한 후에 정관으로 정하는 바에 따라 조합원에게 잉여금을 배당할 수 있다. 협동조합 사업 이용실적에 대한 배당은 전체 배당액의 100분의 50 이상이어야 하고, 납입 출자액에 대한 배당은 납입출자금의 100분의

10을 초과해서는 안 된다.

 직원협동조합은 출자금에 대한 배당보다 노동시간이나 직급에 따른 배당, 즉 노동 배당^{이용} ^{실적 배당}이 총 배당금의 50% 이상이어야 한다.

법정적립금 vs 임의적립금

법정적립금

- 미래의 손실에 대비하기 위해 의무적으로 적립해야 하는 금액.
- 조합의 재무 상태를 견실히 하거나 사업 확장을 위해 유보.
- 매 회계연도 결산 결과 잉여금이 있을 때, 총 출자액의 3배가 될 때까지, 잉여금의 100분의 10 이상 적립
  사회적협동조합은 100분의 30 이상.
- 손실 보전, 해산 시에만 사용 가능.

임의적립금

- 미래 투자를 위해 또는 손실을 보전하기 위해 잉여금의 일부를 처분해 적립하는 금액.
- 매 회계연도의 결산 결과 잉여금에서 법정적립금을 빼고 난 후 총회에서 결정하는 바에 따라 매 회계연도 잉여금의 100분의 10 이상을 적립.
- 총회의 결정에 따라 사업개발비, 교육 등 특수 목적을 위해 지출 할 수 있음.

3장
협동조합의 과세

우리나라 법인세법은 8개 특별법에 근거한 협동조합을 '조합법인'^{염업조합법에 따라 설립된 대한염업조합 포함}이라 지칭하고 다른 비영리 법인과 협동조합기본법에 근거한 협동조합과 구분한다.

조합법인은 법인세법에 따라 각 사업연도 사업 소득과 토지 등 양도 소득에 대해 법인세를 내는데, 조세특례제한법 제72조^{조합법인 등에 대한 법인세 과세 특례}에 따라 당기순이익 과세를 완화하는 특례를 받는다. 과세특례제도는 1965년에 특별법에 근거해 설립한 협동조합의 법인세를 면제하는 내용으로 새로 만들어졌는데, 당기순이익에 적용하는 세율이 1981년에 5%, 1991년에 10%, 1998년에 다시 12%로 인상, 2009년부터 9%로 낮아져 지금까지 이어졌다.

조합법인은 결산 재무제표상 법인세비용 차감 전 당기순손익에 접대비와 기부금 등의 세무조정만을 실시한 금액을 과세표준으로 하여 법인세를 산출한다. 조합법인의 당기순이익 과세에 적용되는 법인세율은 과세표준의 20억 원까지는 9%, 20억 원을 초과하는 금액은 12%를 적용한다.[6] 비영리 법인인 사회적협동조합은 일반 비영리 법인과 동일한 과세 체계를 적용받는다. 사회적협동조합은 40%의 목적 사업 외에 법인세 과세 대상 수익 사업을 수행할 때 수익 사업과 비수익 사업을 별도의 법인처럼 자산과 부채 및 손익을 구분해 회계 처리를 해야 한다.

그중에서 수익 사업과 관련된 회계장부를 근거로 법인세 신고와 납부를 해야 한다.[7]

협동조합기본법에 근거한 일반 협동조합은 사회적협동조합과 달리 조합법인의 과세특례 대상에 포함되지 않는다. 우리나라 세법은 일반 협동조합을 영리 법인으로 간주해 주식회사와 같은 상법상 영리 법인과 같은 기준으로 과세를 한다.

이처럼 협동조합은 협동조합이라는 명칭을 함께 사용하고, 같은 협동조합의 가치 철학과 원칙에 근거해 운영되지만 우리나라 세법은 조합의 특성에 따라 다른 기준을 적용한다.

협동조합의 과세는 일반 영리 기업에 맞춘 세법의 틀에서 적용하다 보니 협동조합의 소유권의 문제, 운영 철학, 잉여 또는 수익에 관한 관점, 배당의 의미 등 독특한 조직특성이 반영되지 못한다. 이와 관련해 사회적경제 영역에서 세법과 관련한 문제 해결 방안을 마련하고자 논의를 이어가고 있다. 논의 과정에서 제기된 협동조합 과세 관련 문제와 개선 방향을 간단히 살펴보면 이러하다.

첫째, 협동조합의 특성을 고려하여 일반 영리 법인과 다른 기준을 마련할 필요가 있다는 견해가 있다. 즉 사업자협동조합이나 직원협동조합, 소비자협동조합에 맞는 기준, 또는 공제 사업에 맞는 기준 등을 별도로 마련하는 것이다. 또한 같은 종류의 사업을 수행하지만 주무 부처와 근거법에 따라 서로 다른 기준이 적용되는 것도 문제로 지적된다.[8]

둘째, 협동조합의 잉여금에 대한 법인세의 비과세가 필요하다는 견해가 있다. 협동조합의 잉여금은 조합과 조합원의 거래에서 발생하는 사업의 성과로서 조합원에게 환원되어야 할 것을 조합이 일정 기간 맡아놓은 것에 불과하다. 이는 조합의 영업이익이 아니기에 비과세해야 하며, 조합원에게 환원된 이후에 조합원의 소득에 포함되는지에 따라 조합원에 과세하면 된다는 견해다.[9]

셋째, 무엇보다 8개 특별법에 근거한 협동조합과 협동조합기본법에 따라 설립된 협동조합에 대한 세법 적용을 일원화할 필요가 있다는 견해가 있다. 즉, 비영리 법인과 조합법인, 협동조합과 사회적협동조합의 구분을 없애고 협동조합 특성을 고려한 세법안을 마련할 필요가 있다.[10]

❶
협동조합은 조합원의 출자금을 초기자본으로 조성해 시작합니다. 운영 과정에서 필요한 자본은 조합원의 증자운동으로 충당하기도 합니다. 그러나 조합의 출자금 총액은 조합원의 가입과 탈퇴에 따라 변동이 심해 안정적인 운영 재원으로 활용하기에 어려움이 있습니다. 협동조합의 안정적인 재원 마련과 자본 조성은 어떻게 할 수 있을까요?

❷
로치데일선구자조합의 조합원은 자신의 출자금과 배당을 일반 은행의 예금 또는 적금으로 간주했습니다. 자신의 배당을 더 높이기 위해 더 열심히 사업을 이용하기도 했지요. 현대에 등장한 협동조합은 조합의 당기순이익을 조직의 사업에 재투자하기 위해 유보하는 경향이 있으며, 유럽의 소비자협동조합이나 우리나라 사회적협동조합이 그러합니다. 조합의 당기순이익을 조직 내 재투자로 유보함으로써 조합원 배당을 하지 않는 운영 방식과 관련해 그 장단점을 이야기해봅시다.

6부 협동조합의 논쟁거리

1장 협동조합의 영리성과 비영리성
2장 협동조합의 사업체 속성과 사회운동적 속성
3장 협동조합 민주주의의 상징은 1인 1표?

전적으로 기업적 활동에 전념하고 사회적 목적을 갖지 않은 협동조합은 다른 협동조합보다 오래 존속할지 모르나 점차 약화하여 장기적으로 해체되고 말 것이다. 한편, 사회적 임무에 역점을 두고 건실한 사업을 위한 실천을 소홀히 하는 협동조합은 아마도 머지않아 파산하고 말 것이다. 여기서 필요한 것은 조직 전체에 상식적인 균형을 유지하는 것이며, 경제와 사회, 사업과 이상, 실용주의적 경영자와 비전을 가진 일반 지도자의 결합이다.

▶ 출처: Laidlaw, A. F. 2000. 『서기 2000년의 협동조합』. 김동희 역. ㈜한국협동조합연구소 출판부. 62

- 이 장은 협동조합 이론과 실천 현장에서 제기되는 쟁점을 소개한다. 즉, 협동조합이 영리적인가 비영리적인가, 시장을 기반으로 한 일반 기업과 같은 경제 사업체인지, 사회적 문제 해결을 목적으로 하는 사회운동 조직인지, 1인 1표제가 협동조합 민주주의의 전부인가, 하는 논제들이다.
- 협동조합을 더 세밀히 이해하고자 하는 독자들은 이 장의 학습을 통해 협동조합의 영리성과 비영리성을 구분하는 기준을 이해할 수 있으며, 사업체 속성과 사회운동 조직의 속성을 함께 지닌 협동조합의 이중성을 이해할 수 있으며, 협동조합 민주주의의 상징인 1인 1표제가 협동조합의 성장 과정에서 어떻게 변환되어가는지 탐색할 수 있다.

1장
협동조합의 영리성과 비영리성

일반적으로 협동조합을 사람 중심$^{People-Centered}$ 조직, 자본투자자기업을 자본 중심$^{Capital-Centered}$ 조직이라고 말한다. 자본이 중심이 되는 자본투자자기업이나 사람이 중심이 되는 협동조합은 사업의 목적이나 소유권자, 의사 결정 통제권자, 수익 분배 또는 청산 시 자산 분배 면에서 차이가 있지만 한 가지 공통점은 두 사업체 모두 시장에 개입해 수익을 얻는 점이다. 물론 시장거래의 목적과 형태가 다를 수 있지만 재화와 서비스를 수요자에게 공급하고 거래 과정에서 자본투자자기업은 자본의 성과인 이윤을, 협동조합은 특정 조합원의 경제적 관계에서 잉여를 만들어낸다. 그렇다면 협동조합은 영리 사업체인가 비영리 사업체인가.

협동조합은 자본투자자기업인 주식회사와 마찬가지로 법인 조직이다. 법인은 사람은 아니지만 사람처럼 법률행위를 할 수 있는 권리를 인정한 단체나 재산을 가리키는데 영리성이 있는지 없는지에 따라 영리 법인과 비영리 법인으로 구분된다.

영리 법인은 영리를 목적으로 하는 법인을 말하는데, 이때 '영리를 목적으로 하는 것'은 재화와 서비스를 시장에서 거래해 생긴 수익을 구성원에게 분배해 실질적 소득을 올리는 것을 말한다. 반면, 비영리 법인은 시장 거래 과정에서 얻은 수익을 구성원에게 분배하여 실질적인 이익으로 돌아가게 하기보다 학술이나, 종교, 자선, 사교, 상호 부조, 공동구매 등 사업에 관계하는 사람들의 다양한 목적을 수행하는 데 사용한다. 영리 법인은 대표적으로 상법상 회사, 즉 주식회사와 같은 자본투자자기업을 가리키며, 비영리 법인에는 사단법인과 재단법인, 기타 공익법인과 학교법인, 사회복지법인이 있다.

일반적으로 영리 법인과 비영리 법인을 구분하는 기준은 시장거래에서 생기는 수익을 구성원에게 분배하느냐의 여부에 둔다.[1] 이 기준이 명확하게 적용되는 나라는 미국이다. 미국은 공익단체와 같은 비영리 단체로 규정되면 세제 혜택을 받기 때문이다. 이때 비영리 단체는 '구성원과 같은 법인의 내부인은 아니지만 법인의 특수 관계자'의 개인적 이익을 추구할 수 없도록 엄격하게 규율하고 있다.[2]

> 영리 목적 기업은? 수익을 기업 구성원에게 분배해 실질적 소득을 올리는 경우

> 비영리 목적 기업은? 수익을 구성원의 실질적 이익으로 돌아가게 하기보다 학술, 종교, 자선, 사교, 상호 부조, 공동구매 등 다양한 목적을 수행하는 데 사용하는 경우

우리나라는 구성원에 대한 이익 분배 여부에 따라 영리 법인과 비영리 법인을 구분한다. 만일 비영리 법인이 고유 목적 사업의 자금을 충당하기 위해 수익 사업을 한다고 하더라도 구성원에게 이익 분배가 이루어지지 않는 한 비영리 목적에 반하지 않은 것으로 이해된다.[3]

우리나라 비영리 협동조합에는 8개 특별법에 근거한 협동조합과 협동조합기본법 하의 사회적협동조합이 있다. 이들 협동조합은 정관에 비영리 목적 조직으로 명시돼 있다. 그러나 협동조합기본법에 근거한 일반 협동조합은 사회적협동조합과 달리 정관에 영리 또는 비영리 목

적을 분명히 규정하지 않았다. 이 점 때문에 일반 협동조합을 영리 조직으로 간주한다.

일반 협동조합은 비영리 목적성을 정관에 명시하지 않았다 하더라도 협동조합의 기본적 운영 원칙에 근거해 지역사회 기여와 조합원의 민주적 운영, 잉여금 분배에서 자본이자 제한과 이용실적 배당 등의 제한 요건을 가진다. 이처럼 일반 협동조합은 영리 법인과 비영리 법인의 요소를 모두 포함한다.[4]

협동조합은 기업의 자본소득을 자본투자자의 이익으로 배당하는 일반 영리 기업과 달리 참여한 조합원의 이용 실적의 결과를 함께 나누는 방식을 취한다. 이를테면, 소비자협동조합의 경우 조합의 재화와 서비스 이용실적의 성과를, 직원협동조합의 경우는 노동의 기여도에 따른 성과를 비례해서 배당한다. 이와 같은 이유로 주식회사의 관점에서 협동조합의 배당 방식을 설명하기에 부적합하고, 이를 기준으로 영리 사업체와 비영리 사업체로 구분하는 것도 합리적이지 못하다.

협동조합에 관해 영리와 비영리성을 구분하는 것은 조합을 구성하는 사람들의 비영리적 욕구와 필요를 해결하는 데 자본의 영향이 미치지 못하게 하기 위해서다. 즉 자본투자자기업처럼 투여한 자본에 대한 이윤을 목적으로 조합을 운영한다면 구성원들이 해결하고자 했던 욕구들이 사업의 목적에서 사라지고 오로지 자본 이익을 극대화하는 데 조합 사업이 나아갈 수 있기 때문이다. 결국 협동조합은 조합원의 필요를 해결하기 위해 자발적으로 모인 사람들의 사업체로서 정체성을 잃어버릴 수 있다.

협동조합은 영리적인가 비영리적인가의 이분법적 구분 탓으로 민법상 비영리 조직과 상법상 영리 조직 사이에서 법적 정체성을 드러내는 데 어려움이 있다. 이는 협동조합 관련 법 체계에서 좀 더 세밀한 정비가 필요한 이유다.[5]

2장
협동조합의 사업체 속성과 사회운동적 속성

ICA의 협동조합 정의에 의하면, 협동조합은 '자발적으로 모인 사람들의 자율적인 결사'가 주체가 되어 공통의 경제·사회·문화적 필요와 열망을 충족하는 것을 목적으로 '공동으로 소유되고 민주적으로 통제되는 사업체'다. 이는 자본투자자기업이 시장에서 자본의 수익을 최대로 올리기 위해 사업을 운영하는 것과 대비된다.

협동조합이 자본투자자기업과 가장 크게 비교되는 것은 사업체를 운영하는 주체다. 협동조합은 자발적으로 모인 사람들이 공동으로 소유하는 사업체로서 '결사'로서 속성이 강하다. 협동조합의 토대는 개인이 아닌 서로 연결된 사람들이다. 조합원 결사의 관계가 느슨해지면 협동조합이 해체될 수 있을 정도로 조합원 유대 강도에 따라 조직의 생존이 달라질 수 있다.

협동조합과 자본투자자기업의 공통점이 있다면 바로 '사업체'의 속성이다. 즉 시장을 기반으로 재화와 서비스를 제공하고 그에 대한 수익을 창출하는 점이다. 그러나 자본투자자기업은 자신들의 사업을 통해 어떤 사회적 영향을 미친다고 하더라도 결국 자본투자자의 수익을 최대로 올리는 것을 주요 목적으로 한다. 그러나 협동조합은 공동 소유자의 필요와 열망을 충족하고자 사업체를 운영한다. 그 필요와 열망은 '수익 창출'이 아닌 수익 창출을 통해 이루려고 하는 다양한 목적이다.

이를테면, 정년이나 일방적인 해고가 없는 안정된 일자리, 육아로 불가피하게 일을 그만둔 여성들의 경력 이어가기, 어린아이들을 함께 키우기, 친환경 생활 물품 공동구매, 어르신과 아이들 돌봄, 주치의와 같은 의료 서비스 등이 있다. 그런 면에서 협동조합은 경제 조직으로서 사업체 속성과 안정된 재무구조를 바탕으로 조합원의 개인적·사회적 욕구와 필요를 충족하려는 사회운동적 속성을 함께 가질 수밖에 없다.

협동조합이 사업체냐 사회운동 조직이냐, 하는 이분법적 논쟁은 예나 지금이나 여전하다. 캐나다 퀘벡의 '샹티에Chantier'의 이사장이자 최고경영자였던 낸시 님탄Nancy Neamtan은 퀘벡의 대규모 사회적경제 조직 네트워크의 네트워크인 샹티에가 '사업 지향적 조직인가, 사회운동 지향성이 강한 조직인가' 하는 논쟁이 여전히 진행되고 있다고 말한다.[6]

낸시 님탄은 샹티에의 30년 역사를 기록한 책에서 기존 제도적으로 안착한 사회적경제 부문과 새로 출현하는 사회적경제 부문 사이의 갈등을 소개하며, 협동조합의 경제적 성공을 우선으로 하는 조직이 사회운동과 연관을 맺고 네트워크를 형성하고 활동하는 것에 불편한 심기를 드러내는 일이 있으며 그 갈등은 여전히 이어지고 있다고 말한다.

낸시 님탄은 이와 같은 논쟁과 갈등을 해소하기 위해 사회적경제 조직들이 하나의 운동을 구축하기 위해 다양성을 인정하는 게 필요하다고 강조한다. 또한 항상 논쟁할 수 있는 개방성을 보장해야 한다고 말한다. 이어서 사회적경제를 구축하는 데 다른 생태계가 필요하다며, 중앙집권적 통치구조가 아니라 효율적 생태계를 만들어내야 한다고 주장하며, 이를 위해 지역과 마을의 경제 발전 전략 구조들, 부문별 네트워크 금융 도구, 교육, 연구, 마케팅, 공공 정책, 국내와 국제의 여러 단체로 이루어진 하나의 생태계를 만들어낼 것을 주장한다.[7]

1980년 국제협동조합연맹 모스크바 총회에서 레이들로가 발표한 『서기 2000년의 협동조합』은 협동조합의 이중성, 즉 사회적 목적을 지닌 경제 조직의 특성에 대해 다음과 같이 서술한다.[8]

> 협동조합이 경제 및 사회적 목적을 모두 갖고 있지만 일차적으로 경제 조직이며, 또한 존속하기 위해서 기업으로서 성공하지 않으면 안 된다. 상업적 의미에서 실패한 협동조합, 특히 사업 활동을 중지해야 할 때 사회적 분야에서도 긍정적인 영향력을 발휘할 수 없게 된다. 이처럼 경제적 목적과 사회적 목적은 동전의 양면과 같으나 건실한 기업으로서의 생존능력을 확보하는 것이 일차적인 요구여야 한다. 제3세계라는 조건에서 특히 협동조합은 필요와 욕구가 많은 사람에게 경제적 편익을 제공할 수 있다는 점을 우선 실증해야 한다.

협동조합의 이중성은 구성원 내부의 갈등으로 나타날 수 있다. 이에 대해 레이들로는 『서기 2000년의 협동조합』에서 다음과 같이 서술한다.[9]

> 어떤 조합원은 사업 경영에만 큰 관심을 두도록 요구하는가 하면, 다른 조합원은 사회적 사안에 더 관심을 기울이도록 요구하는 등 일반적으로 조합원 사이의 분화가 발생한다. 이상주의와 사업 경영은 때때로 기이하고 불편한 파트너십을 형성하기도 한다. 실제 협동조합 조직 내부에는 엄밀하게 사업과 경제적 이익을 지지하는 사람들과 사회개혁에 더 깊이 개입하기를 바라는 두 진영 사이에 항상 어떤 긴장이 감돌기 마련이며, 때때로 공개적으로 갈등이 나타나기도 한다.
> 일부 서유럽 국가에서는 지금 두 가지 확실히 구별되는 운동이 전개되고 있다. 하나는 더 규모가 크고 탄탄한 구조로 조직화한 협동조합으로서 자본주의 기업과 경쟁에서 이기는 것을 목적으로 한다. 다른 그룹은 상대적으로 작

은 협동조합으로 상당히 느슨하고 비공식적인 네트워크를 가지며 자본주의적 방법을 다소 무시하고 사회적 혹은 지역사회 차원의 목표를 달성하는 것을 목적으로 한다.

이 두 가지 극단적인 견해 사이에서 선택은 절대 쉽지 않다. 전적으로 기업적 활동에 전념하고 사회적 목적을 갖지 않는 협동조합은 다른 협동조합보다 오래 존속할지 모르나 점차 약화하여 장기적으로는 해체되고 말 것이다. 한편, 사회적 임무에 역점을 두고 건실한 사업을 위한 실천을 소홀히 하는 협동조합은 아마도 머지않아 파산하고 말 것이다.

물론 여기에서 필요한 것은 조직 전체에 상식적인 균형을 유지하는 것이며, 경제와 사회, 사업과 이상, 실용주의적 경영자와 비전을 가진 일반 지도자의 결합이다. 다수의 이사와 경영자가 공통으로 직면한 문제는 협동조합에서 적절한 사회적 관심과 활동을 명확히 하는 것이다.

협동조합의 사회·경제적 목적의 이중성은 자본투자자기업과 구별되는 특징이다. 에드가 파넬은 자신의 책 『협동조합 그 아름다운 구상』에서 협동조합적 사업체가 필수로 가지는 특징을 이렇게 설명한다.[10]

- 사람 중심이다. 회사가 자본의 연합이라고 한다면, 협동조합들과 상조 조합들은 사람들의 연합이다.
- 경제적 목적을 가지고 시장의 틀 안에서 움직이는 사업체로서 기능한다.
- 협동의 경제적 지침들에 따라 운영되는데, 그것은 이윤 극대화가 아닌 자원 적정화를 추구한다는 뜻이다.
- 조합원 소유와 통제에 따라서 기능한다.
- 자조와 상조 개념에 근거를 둔다.

- 사업체에서 번 것은 대부분 다시 투자한다. 설령 수입 중 일부는 충성도에 대한 특별 배당 형태로 조합원들에게 돌려주고 지역사회에 돌리는 혜택으로 쓴다고 하더라도 수입 대부분은 다시 투자한다.

협동조합이 본질에서 시장에 기반한 영리 사업체이지만 협동조합은 다른 어떤 조직체와 달리 지향하는 가치와 원칙을 따른다. 협동조합은 '자조, 자기책임, 민주주의, 평등, 공정, 연대'의 가치를 기초로 하며, 협동조합 조합원은 '정직, 공개, 사회적 책임, 타인에 대한 배려라는 윤리적 가치'를 신념으로 한다.^{국제협동조합연맹의 정체성 선언} 즉, 협동조합인들은 사업 운영에서 정직과 투명성을 견지하고 지역사회 관계에서 사회적 책임과 타인을 배려하는 윤리적 가치를 실현한다.

협동조합은 지역사회 주민에게 개방하고 주민들의 건전한 삶에 관심을 두고 인적·재정적 자원을 지역사회에 제공한다. 이와 같은 가치를 실현하기 위해 협동조합은 일곱 가지 원칙을 수행한다. 원칙 안에서 일곱 번째 지역사회 기여의 원칙은 협동조합이 사업체의 기능뿐 아니라 지역사회와 지역주민들의 변화와 편익을 위해 존재함을 보여준다.

3장
협동조합 민주주의의 상징은 1인 1표?

협동조합의 민주주의를 설명할 때 대부분 사람은 자본의 크기에 따라 의결권이 달라지는 주식회사와 비교해 자본의 규모와 상관없이 누구에게나 동등한 투표권 한 표를 부여하고 있다는 점을 강조한다. 1인 1표제는 협동조합 제2원칙에서 조합원이 협동조합의 소유권자로서 정책 수립과 의사 결정에 참여하는 방식으로 제시되었다.

> 단위협동조합의 조합원은 동등한 투표권1인 1표을 가지며, 다른 연합 단계의 협동조합도 민주적인 방식으로 조직된다.[11]

조합원 누구에게나 동등한 의결권을 부여하는 것은 협동조합 초창기 로치데일공정선구자조합이 등장하던 시기에는 매우 급진적인 일이었다. 여성에게 참정권이 부여되지 않은 상황에서 로치데일공정선구자조합은 여성에게 한 표의 의결권을 행사하게 했다. 그야말로 민주주의의 표상이었다. 그러나 로치데일공정선구자조합이 도매연합회를 설립해 운영할 때 조합원이 개인이 아니라 조직이기에 한 조직이 사업에 얼마나 기여하는가에 따라 한 표만으로 제한할 수 없다는 의견이 제기돼 기여도에 따라 의결권을 결정한 예도 있다.

오늘날 1인 1표의 의사 결정 방식은 협동조합의 민주적 의사 결정 방식으로 적용되고 있으며, 자본이 아닌 사람이 중심이 되는 협동조합의 상징으로 자리를 잡았다. 그러나 협동조합의 조합원 규모가 커지고 연합회 조직이 만들어지면서 한 사람이 대표하는 조직의 규모를 의사 결정에 반영해야 한다는 목소리가 강하게 제기되었다. 실제로 연합회의 대의원총회는 지역 단위의 조직 규모에 따라 대의원 수를 달리 정하기도 한다.

ICA는 협동조합 원칙과 관련해 다중이해관계자 또는 혼합형 단위협동조합에서 1인 1표제 외에 다른 투표제도를 적용할 필요도 있다고 했다. 특히 제2차 또는 제3차 협동조합이 이해관계의 다양성과 회원 협동조합의 조합원 규모와 참여도를 반영해 비례대표제를 채택한 것을 인정하며, 반드시 1인 1표제가 아니더라도 '민주적인 방식'으로 의사 결정을 할 수 있다고 했다.[12]

1인 1표제는 협동조합이 자본이 아닌 사람이 중심이 되는 조직임을 보여준 상징과 같다. 의사 결정에서 조합원 한 사람 한 사람의 권리를 인정하는 민주적인 절차로 인정받는다. 그러나 투표권 행사라는 민주적 절차 하나만으로 협동조합의 민주주의를 설명할 수 없다. 협동조합의 민주주의는 총회 의결권이나 선거 투표권에만 관계되는 것이 아니라 조합원의 민주적 통제가 이루어지는 전체 체계와도 관련이 있다.

조합원은 선거를 통해 조합원을 대리해 운영을 책임질 임원을 선출하고, 주요 정책 수립과 업무 집행과 관련해 논의하고 질의할 수 있으며, 의사 결정에 참여할 수 있어야 한다. 다수결 의결 방식으로 인해 소수의견이 무시되어 내부 갈등을 불러올 수 있어 합리적인 의사 결정을 하되 소수 의견을 존중하고 설득하는 장치도 필요하다.

조합원이 협동조합 운영을 통제하는 것은 가장 협동조합다운 활동이다. 조합원의 민주적 통제가 협동조합의 두 번째 원칙에 제시된 것은 그만큼 협동조합의 바탕을 이루는 요소이기 때문이다. 그러나 이를 지켜나가는 게 그리 쉬운 일은 아니다. 특히 경제 사업체로서 강한 속성을 가진 협동조합은 신속하고 효율적인 업무 집행을 위해 조합원의 운영 참여를 제한하고 독단적으로 일을 진행해가는 사례도 나타날 수 있다.

협동조합의 민주주의가 실현되기 위해서는 조합의 현안과 정책 수립과 관련한 토론장에 조합원을 참여하게 하고, 누구나 자유롭게 자신들의 의견을 내고 방안을 제시할 수 있도록 배려해야 한다. 이와 함께 조합원이 참여하는 공식 체계를 마련해 실질적인 통제가 이루어지도록 하는 것이 중요하다.

【그림 12】 협동조합의 민주주의

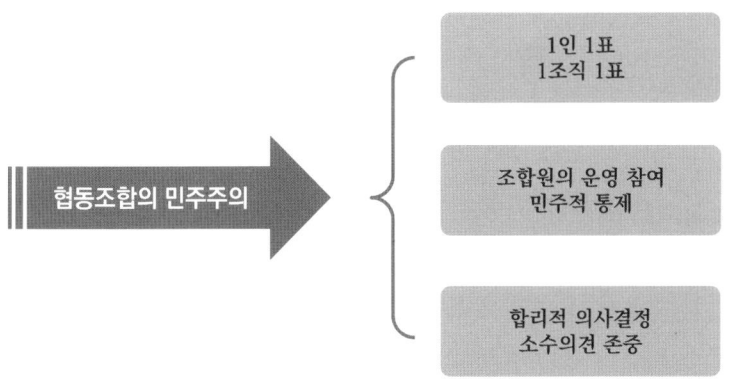

❶

에드가 파넬은 협동조합을 경제 조직보다 사회 목적성을 강조한 자선 사업체로 보는 견해에 선을 그었습니다. 어떤 이는 협동조합을 정부 지원만을 바라는 비영리 조직으로, 어떤 이는 영업 수익만 좇는 영리 기업으로 봅니다. 이처럼 협동조합 이미지가 다양하게 나타나는 이유는 무엇일까요? 협동조합의 진정한 이미지는 무엇일까요?

❷

오늘날 소비자협동조합이나 노동자협동조합에서 비조합원의 참여가 허용되고 심지어 자본투자까지 가능해졌습니다. 이와 같은 상황에서 협동조합의 사업 및 활동의 성과를 조합원과 비조합원이 함께 누리는 것에 문제를 제기하는 의견도 있습니다. 세법과 관련해 조합원이 조합 사업에 참여해 만들어낸 잉여와 비조합원의 이용으로 발생한 잉여에 대해 과세 조건을 달리해야 한다는 주장도 있습니다. 비조합원의 참여로 발생하는 다양한 문제를 함께 살펴보고 이에 대한 의견을 나눠봅시다.

❸

협동조합에서 1인 1표 의사 결정 방식은 민주주의의 상징과 같습니다. 그러나 그뿐 아니라 협동조합은 소수자에 대한 인권, 노동의 존중, 조합원 주권 인정, 정보의 투명성, 위계질서가 아닌 합의에 따른 결정 등 다양한 면에서 민주주의를 실현합니다. 현재 협동조합의 조직 구조와 운영, 사업 전반에서 민주주의를 어떻게 실현하고 있을까요?

| 참고자료 |

▌논문

- 강민수·윤모린. 2021. '한국 사회적경제기본법(안)쟁점 연구'. 『시민사회와 NGO』 19(1). 129~166
- 강민수·윤모린·정홍미. 2021. '협동조합기본법 개정 방향 연구: 협동조합 2.0 시대를 위한 고찰'. 『사회적경제와 정책 연구』 11(4). 93~123
- 김기섭. 2016. '한국민간 협동조합의 역사와 의미'. 김신양 외, 『한국 사회적 경제의 역사』. 한울 아카데미
- 김기태. 2019. '농협개혁운동 민주적 농업협동조합을 향한 끈질긴 열망'. 한 국협동조합운동100년사 편찬위원회 엮음. 『한국협동조합운동 100년사 2』. 가을의 아침
- 김두년. 2014. '영리 법인과 비영리 법인'. 김기태 외. 2014. 『협동조합 키워드 작은 사전』. 알마. 124~127
- 김상욱. 2015. '필란드 아라비안란타 로푸키리: 어르신들의 행복한 공동체 삶'. 『주민자치』 48. 124~127
- 김소남. 2019. '우리 역사에서 협동조합운동은 무엇이었나?'. 『내일을 여는 역사』 76. 172~183
- 김신양. 2016. '사회적경제의 의미와 관점'. 김신양 외. 『한국 사회적경제의 역사』. 한울 아카데미
- 김승택. 2017. '제4차 산업혁명 도래에 대한 시각'. 『Deloitte Anjin Review』 19. 38~45
- 김은경. 2020. '플랫폼 협동조합, 공정경제의 출발'. 『이슈&진단』 400호. 1~25
- 김정원. 2014. '한국의 사회적경제 현황 및 전망'. 김성기 외 『사회적경제의 이해와 전망』. 아르케
- 김정원. 2016. '한국의 초기 노동자협동조합의 설립 및 운영 특성에 대한 분 석'. 『경제와사회』. 110. 82~121
- 김진수. 2015. '일자리 창출을 위한 국제노동기구와 협동조합 주체와의 협 동'. 『협동조합 경제경영 연구』. 43. 농협대학교 협동조합경영연구소. 85~97
- 김진우. 2019. '영리 법인과 비영리 법인의 구별-사회적기업에 대하여 특수 한 법인격을 부여할 것인지를 포함하여'. 『재산법 연구』 36(3). 1~29
- 김철식. 2023. '한국에서 플랫폼 협동조합의 가능성_라이프매직케어협동조합

사례 연구'. 『한국학』 46(1). 125~155
· 김현우. 2001. '캐나다 성인교육 연구: Antigonish Movement를 중심으로'. 『교육학 연구』 39(4). 73~92
· 김형미. 2012. '한국 생활협동조합운동의 기원-식민지시대의 소비조합운동-을 찾아서'. 김형미 외, 『한국 생활협동조합운동의 기원과 전개』. 푸른나무
· 김형미. 2019a. '1919년, 한국협동조합운동사의 원년'. 한국협동조합운동100년사 편찬위원회 엮음. 『한국협동조합운동 100년사 1』. 가을의 아침
· 김형미. 2019b. '1970년대 이후 노동자협동조합운동의 궤적'. 한국협동조합운동100년사 편찬위원회 엮음. 『한국협동조합운동 100년사 2』. 가을의 아침
· 김형용. 2022. '민주적 의사 결정과 봉숭아학당 거버넌스'. 『월간 복지동향』 288. 2~3
· 김혜원·김성기·강대성·박향희·변형석·양동수. 2018. '사회적기업등록제 도입 방안 연구'. 『사회적기업 연구』 11(3). 95~124
· 나재진. 2019. '사회적경제 활성화를 위한 소셜벤처 육성 지원 방안 연구: 서울특별시 성동구 사례를 중심으로'. 한양대학교 공공정책대학원, 석사학위논문
· 류석희·고영은. 2019. '사회적기업 등록제 전환에 따른 법적 고찰'. 『동북아법 연구』 13(2). 233~248
· 류호준. 2021. '부산청십자의료보험조합의 설립과 운영의 의의'. 『장신논단』. 53(3). 9~32
· 박경환. 2018. '협동조합 과세특례에 관한 연구'. 연세대학교 법무대학원 석사학위논문
· 박봉희. 2019. '의료협동조합의 어제와 오늘', 한국협동조합운동100년사 편찬위원회 엮음. 『한국협동조합운동 100년사 2』. 가을의 아침
· 박영수. 2020. '사회적경제 기본법 제정 필요성에 관한 연구: 경기도 내 시 군의 사회적경제 관련 조례 제정현황과 내용을 중심으로'. 『한국사회복지조사 연구』. 66: 101~126
· 송재일. 2021. '협동조합기본법 제정 이후 협동조합 발전에 대한 중간 점검-법·제도적 측면에서'. 『한국협동조합 연구』 39(2). 171~197
· 송재일. 2023. '협동조합의 민주적 의사 결정과 회의체 운영 원리:집단 지성에 입각한 지배구조, 회의법을 중심으로'. 『한국협동조합 연구』 41(1). 57~84
· 신명호. 2014. '사회적경제의 이해', 김성기 외. 『사회적경제의 이해와 전망』. 아르케

· 신재민. 2017. '프리랜서협동조합, sMart 성공이야기'. 『프리랜서협동조합 Scale up 전략수립 아카데미 자료집』. 서울시사회적경제지원센터
· 신효진. 2019. '소비자생활협동조합의 발전과 사회연대경제', 한국협동조합운동100년사 편찬위원회 엮음. 『한국협동조합운동 100년사 2』. 가을의 아침
· 엄형식. 2020. '노동자협동조합의 역사적 경험과 현황_대안적 기업모델을 위한 교훈'. 『국제노동브리프』 2020년 8월 호. 한국노동연구원. 21~38
· 염찬희. 2019. '한국전쟁 후 다시 시작한 협동조합운동: 홍성 풀무학교, 협동교육연구원'. 한국협동조합운동100년사 편찬위원회 엮음. 『한국협동조합운동 100년사 1』. 가을의 아침
· 우미숙·장종익. 2018. '프리랜서협동조합의 유형별 특성 분석'. 『한국협동조합 연구』 36(1). 1~19
· 윤덕영. 2019. '소비조합의 출현과 협동조합론의 발흥-1920~30년대 동아일보의 논의를 중심으로', 한국협동조합운동100년사 편찬위원회 엮음. 『한국협동조합운동 100년사1』. 가을의 아침
· 이경란. 2013. '한국 근현대 협동운동의 역사와 생활협동조합'. 『역사비평』 102. 40~71
· 이경란. 2019. '일제하 노동·농민운동과 사회주의 협동조합', 한국협동조합운동100년사 편찬위원회 엮음. 『한국협동조합운동 100년사 2』. 가을의 아침
· 이상윤·이선희·안보람·윤석진. 2023. '2023년 서울시 협동조합 실태조사'. 성공회대학교 산학협력단. 서울시협동조합지원센터
· 이은선. 2009. '사회적기업의 특성에 관한 비교 연구: 영국, 미국, 한국을 중심으로', 『행정논총』 47(4). 363~397
· 이은선. 2021a. '사회적경제기본법(안)에 대한 고찰-정책 추진 체계를 중심으로'. 『법학논총』 38(3). 205~231
· 이은선. 2021b. '소셜벤처의 법적 지위에 관한 고찰'. 『법학논고』 75. 231~266
· 이종현. 2014. '협동조합 발전의 초기 조건에 대한 연구: 영국의 로치데일과 스페인의 몬드라곤을 중심으로'. 『동향과 전망』 0(90). 229~261
· 이현배. 2019. '신협인의 눈으로 본 초기 신협 활동', 한국협동조합운동100년사 편찬위원회 엮음. 『한국협동조합운동 100년사 1』. 가을의 아침
· 이현배·김창진. 2019. '1980년대 이후 신용협동조합의 성장과 새로운 모색'. 한국협동조합운동100년사 편찬위원회 엮음. 『한국협동조합운동 100년사 2』. 가을의 아침
· 장규식. 2019. '기독교계 협동조합운동이 역사와 이념'. 한국협동조합운동100

년사 편찬위원회 엮음. 『한국협동조합운동 100년사 1』. 가을의 아침
· 장종익. 2018. '제4차 산업혁명과 협동조합 4.0 시대의 도래: 플랫폼 협동조합과 프리랜서협동조합의 등장'. 『한국협동조합 연구』36(3). 117~134
· 전병유. 2019. '자동화, 디지털 플랫폼 그리고 노동의 미래'. 『창작과 비평』 47(1). 317~330
· 전지원·정순희. 2023. '기업의 ESG 활동에 대한 소비자인지가 소비자신뢰, 소비자-기업 동일시, 충성도에 미치는 영향-소비자시민성의 조절효과를 중심으로'. 『소비자학 연구』 34(3). 127~157
· 정용서. 2019. '조선농민사의 농민공생조합운동', 한국협동조합운동100년사 편찬위원회 엮음. 『한국협동조합운동 100년사 1』. 가을의 아침
· 정원각. 2013. '한국의 협동조합운동의 역사와 현재'. 『뉴 래디컬 리뷰』 9(57). 101~125
· 정은미. 2012. '1980년대 이후 생협운동의 다양한 흐름과 갈래'. 김형미 외. 『한국 생활협동조합운동의 기원과 전개』. 푸른나무
· 조완형. 2018. '몬드라곤협동조합의 연대성·지역성 추구 전략과 국내 시사점'. 『한국협동조합 연구』 36(1). 81~112
· 조형열. 2019. '협동사회 실현을 위한 협동조합운동사의 도전기', 한국협동조합운동100년사 편찬위원회 엮음. 『한국협동조합운동 100년사 1』. 가을의 아침
· 최진배. 2019. '신용협동조합의 초기 성장과 정부 개입에 의한 변화'. 한국협동조합운동100년사 편찬위원회 엮음. 『한국협동조합운동 100년사 1』. 가을의 아침
· Jongick JANG. 2017. 'The Emergence of Freelancer Cooperatives in South Korea'. 『Annals of Public and Cooperative Economics』 88(1). 75~89

도서

- 강정혜. 2021. 『기업법의 도전, 협동조합』. 서울시립대학교출판부
- 고동현·이재열·문명선·한솔. 2016. 『사회적 경제와 사회적 가치_자본주의의 오래된 미래』. 한울아카데미
- 국제협동조합연맹. 2017. 『ICA협동조합 원칙안내서』. 한국협동조합협의회
- 김성오. 2012. 『몬드라곤의 기적,행복한 고용을 위한 성장』. 역사비평사
- 김성오 외. 2013. 『우리, 협동조합 만들자』. 겨울나무
- 김종남 외. 2022. 『수평적 회의문화 레시피』. Meta Books
- 김진수·이창영·기재호·서경준·김정태. 2019. 『소셜벤처창업하기』. 홍릉과학출판사
- 김형미·염찬희·이미연·정원각·정은미·아이쿱협동조합연구소. 2012. 『한국 생활협동조합운동의 기원과 전개』. 푸른나무
- 낸시 님탄. 2022. 『사회적경제, 풀뿌리로부터의 혁신-퀘벡 사회적경제 이야기』. Coop Dream
- 말로 모건 Morgan, Mario. 2003. 『무탄트 메시지 Mutant Message』. 류시화 역. 정신세계사
- 모심과살림연구소. 2020. 『스무살 한살림 세상을 껴안다』. 그물코
- 사이먼 보킨. 2019. 『플랫폼 경제, 협동조합을 만나다』. 번역협동조합 역. 착한책가게
- 새뮤얼 보울스 Samuel Bowles·허버트 긴티스 Herbert Gintis. 2016. 『협력하는 종』. 최정규·전용범·김영용 역. 한국경제신문
- 아이쿱협동조합연구소. 2016. 『iCOOP생협 2016년 입문 협동조합』. 알마
- 에드가 파넬. 2012. 염찬희 옮김. 『협동조합, 그 아름다운 구상』. 그물코
- 유종오. 2014. 『협동조합 회계&세무 무작정 따라하기』. 길벗
- 이기호 외. 2021. 『빌바오 몬드라곤 바르셀로나 도시, 혁신을 말하다』. 여는길
- 이대중. 2013. 『협동조합 참 쉽다』. 푸른지식
- 임영선. 2014. 『협동조합의 이론과 현실_농업협동조합을 중심으로』. 한국협동조합연구소
- 자끄 드푸르니·마르뜨 니센 외. 2021. 『사회연대경제 ① 토대』. 김신양·엄형식 역. 착한책가게
- 장원봉. 2006. 『사회적경제의 이론과 실제=Social economy』. 서울:나눔의 집
- 장종익. 2023. 『협동조합 경영론』. 박영사
- 정관영. 2013. 『이제는 사회적경제다』. 공동체

·조지 제이콥 홀리요크$^{George\ Jacob\ Holyoake}$. 2013. 『로치데일공정선구자협동조합 역사와 사람들』. 정광민 역. 그물코
·존 레스타키스$^{John\ Restakis}$. 2017. 『협동조합은 어떻게 세상을 바꾸는가』. 전광철 역. 착한책가게
·최익성. 2019. 『회의문화혁신』. 플랜비디자인
·톰 웨이크퍼드$^{Tom\ Wakeford}$. 2004. 『공생, 그 아름다운 공존』. 전방욱 역. 해나무
·한국협동조합운동100년사 편찬위원회 엮음. 2019. 『한국협동조합운동 100년사1.2』. 가을의 아침
·홍국주. 2022. 『회의다운 회의: 쓸데없는 회의를 거부하는 요즘 직장인의 회의문화』. 플랜비디자인
·G.D.H.콜. 2015. 『영국 협동조합의 한 세기』. 정광민 역. 그물코
·Jacques Defourny and Carlo Borzaga. 2004. *The emergence of social enterprise*. London : Routledge. In Reflections and perspectives of economic life 2004/3 (Volume XLIII). 9~23
·Laidlaw, A. F., 1980. *Cooperative in the Year 2000, Agenda and Report of ICA 27th Congress*. 김동희 역. 2000. 『서기 2000년의 협동조합』. ㈔한국협동조합연구소 출판부
·OECD/European Union. 2017. 'The Law on the Social and Solidarity Economy(SSE), France'. *Boosting Social Enterprise Development: Good Practice Compendium*. Paris: OECD Publishing

기타

- 고용노동부 보도자료. 2019.8.20. 「사회적기업육성법 일부 개정안 국무회의 의결」
- 고용노동부. 2014. 「소셜벤처 지원을 통한 사회적기업 활성화 방안」, 충남: 한국기술교육대학
- 관계부처합동. 2023. 「제4차협동조합기본계획 2023~2025」
- 국제협동조합연맹. 2017. 「ICA협동조합 원칙 안내서」. 한국협동조합협의회
- 기획재정부. 2013. 「협동조합 설립 운영 안내서」. 기획재정부
- 기획재정부. 2022. 「제20차 협동조합정책심의위원회, 2022.3.30. 보도자료」
- 기획재정부·한국사회적기업진흥원. 2022. 「2022 사회적경제 우수사례집_사회적경제 활성화를 위한 도전과 성과」
- 몬드라곤본부. 2019. 몬드라곤 소개자료
- 서울연구원. 2018. 「서울시 소셜벤처 실태와 정책 방향」
- 송재일. 2020. '협동조합 법인의 특성-조합원의 사업 이용을 중심으로'「공동포럼 협동조합 정체성을 강화하는 세제 개편 방향」. 사회적경제연대포럼·(재)아이쿱협동조합연구소. 2020.11.30. 개최
- 송재일 외. 2020. 「공동포럼 협동조합 정체성을 강화하는 세제 개편 방향」. 사회적경제연대포럼·(재)아이쿱협동조합연구소. 2020.11.30. 개최
- 유종오. 2020. '협동조합과 조합원 거래의 성격과 세제 개선 방향'.「공동포럼 협동조합 정체성을 강화하는 세제 개편 방향」. 사회적경제연대포럼·(재)아이쿱협동조합연구소. 2020.11.30. 개최
- 이광호 외. 2011. 「민주적 의사 결정과 의사 소통」. 민주화운동기념사업회
- 이종제. 2020. '당기순이익과세제도의 내용과 개편'.「공동포럼 협동조합 정체성을 강화하는 세제 개편 방향」. 사회적경제연대포럼·(재)아이쿱협동조합연구소. 2020.11.30. 개최
- 중소벤처기업부. 2021. 「2021년 소셜벤처 실태조사」
- 중소기업연구원. 2018. 「사회적경제 활성화를 위한 소셜벤처 육성 방안」. 기술보증기금
- 클리프 밀스 & 윌 데이비스. 2013. 「협동조합 10년을 위한 청사진」. 국제협동조합연맹
- 한겨레경제사회연구원. 2019. 「사회적경제를 활용한 플랫폼 종사자 지원 방안 연구」. 고용노동부
- 한국사회적기업진흥원. 2021. 「2021 혁신형 협동조합 사례집」. 기획재정부
- 한국사회적기업진흥원. 2022. 「2021년 청년 등 협동조합 창업 지원 사업 사

례집」. 기획재정부
· 한국사회적기업진흥원. 2023. 「2023 협동조합 정책 포럼 자료집 2023년 11월 3일」. 기획재정부
· 한국IT개발자협동조합 사업설명회 자료
· 한살림연합 해외연수단. 2013. 「2013 한살림연합 해외협동조합 연수 자료집 (2013.10.9.~10.18), 이탈리아·스위스·독일」. 한살림연합
· 한신대사회혁신경영대학원. 2019. 몬드라곤본부간담회자료
· 행정안전부 지방자치균형발전실. 2023. 「2023년 마을기업 육성 사업 시행지침」. 행정안전부
· 황준욱·권현지·김영미·박제성·남재량. 2009. 「프리랜서 고용 관계 연구: 영화산업과 IT산업을 중심으로」. 한국노동연구원
· 2020 국가에너지전환우수사례 공모대회 보고서-한살림햇빛발전협동조합
· 『살림이야기』 25호. 한살림. 2014.6. '모심의 눈, 숲은 협동한다'
· 『살림이야기』 39호. 한살림. 2015.8. '모심의 눈, 탄생의 신비'
· ICA. 2017. 『ICA협동조합 원칙 안내서』, 한국협동조합협의회
· ILO. 2015. 「The story of the ILO's Promotion of Cooperatives Recommendation, 2002 (No.193). A review of the process of making ILO Recommendation No.193, its implementation and its impact twelve years after adoption」. International Labour Office, Geneva
· MONDRAGON Corporation 2018 Annual Report
· Science The Times, 2018.8.28. 김병희 객원기자. "개미 사회에서 발견한 문명의 기원". https://www.sciencetimes.co.kr/news/개미-사회에서-발견한-문명의-기원/?cat=128
· The Social Economy Europe. 2015. The Social Economy Charter. Brussels, 10 April 2002 - Revised version approved on 25 June 2015
· Trebor Scholz. 2015. 'Platform Cooperativism vs. the Sharing Economy'. Grassroots Economic Organizing Newsletter; Jan 2015, P8-8, 1p, 2 Color Photographs
· United Nations. 2010. Cooperatives in social development, Resolution adopted by General Assembly on 18 December 2009. General Assembly Sixty-fourth session Agenda item61(b)

인터넷 사이트

- 국가법령정보센터 www.law.go.kr_법령_여성기업지원에관한법
- 국가법령정보센터_소비자생활협동조합법 www.law.go.kr
- 국가법령정보센터_협동조합기본법 www.law.go.kr
- 국제노동기구 홈페이지 www.ilo.org
- 국제노동자협동조합연맹 www.cicopa.coop
- 국제협동조합연맹 협동조합 정체성 선언문 www.ica.coop/en/cooperatives/cooperative-identity
- 농협중앙회 www.nonghyup.com
- 두레생협연합회 홈페이지 dure-coop.or.kr
- 두산백과사전^{Doopedia} www.doopedia.co.kr
- 법제처_찾기쉬운 생활법령정보 easylaw.go.kr/CSP/CnpClsMain.laf?popMenu=ov&csmSeq=674&ccfNo=1&cciNo=1&cnpClsNo=3&search_put=
- 사회적경제유럽 www.socialeconomy.eu.org/the-social-economy/the-social-economy-charter
- 산림조합중앙회 www.nfcf.or.kr
- 새마을금고중앙회 www.kfcc.co.kr
- 서울특별시 사회적경제지원센터 서울사회적경제 포털 sehub.net/policy-self
- 소셜벤처 수퍼빈 www.superbin.co.kr
- 수협중앙회 www.suhyup.co.kr
- 신협중앙회 www.cu.co.kr
- 신협 60년 이야기 www.cu.co.kr/story/client/story_1.html
- 엽연초생산협동조합중앙회 www.ktgo.or.kr
- 일하는 사람들의 협동조합^{워커쿱} 연합회 www.workercoop.kr
- 제주희망협동조합 www.jejuhope.com/ci
- 중소기업협동조합중앙회 johap.kbiz.or.kr
- 중소벤처기업부_소셜벤처 스퀘어 sv.kibo.or.kr/Info/SocvntDef.do
- 하이크리닝협동조합 www.hicleaning.kr
- 한겨레 www.hani.co.kr/arti/economy/economy_general/ 1077050.html
- 한국민족문화대백과사전 encykorea.aks.ac.kr
- 한국사회적기업진흥원 www.socialenterprise.or.kr
- 한국사회적기업진흥원 협동조합 현황 주요통계 www.coop.go.kr/

home/statistics/statistics1.do?menu_no=2035
- 한국자활복지개발원 www.kdissw.or.kr/menu.es?mid=a10601050000
- 한국IT개발자협동조합 kodec.or.kr
- 한살림연합 홈페이지 www.hansalim.or.kr
- 한살림햇빛발전협동조합 홈페이지 solar.hansalim.or.kr
- 행복중심생협연합회 홈페이지 www.happycoop.or.kr
- 행정안전부지방자치균형발전실 www.mois.go.kr/frt/sub/a06/b06/village/screen.do
- 협동조합공식블로그_베스트협동조합 blog.naver.com/coop_2012/222892575047
- 협동조합공식블로그_쿱마트 blog.naver.com/coop_2012/223260307401
- 협동조합 원칙과 가치에 관한 안내문
  ica.coop/en/media/library/the-guidance-notes-on-the-cooperative-principles
- 협동조합 공식 블로그 [이달의 협동조합] 2023.12.6
  blog.naver.com/coop_2012/223284801306
- KRX한국거래소 ESG 포털_ESG 소개
  esg.krx.co.kr/contents/01/01010100/ESG01010100.jsp
- OECD
  www.oecd.org/employment/leed/social-economy.htm
- SAPENet 홈페이지 sapenet.net/icoop_history

| 찾아보기 |

1인 1표 15, 33, 113, 127, 159, 160, 161, 165, 167, 171, 172, 212, 314, 323, 324, 326
ESG 281, 282, 283, 330
ESG 경영 281, 281, 283, 296
ESG와 거버넌스 281, 283
ICA 협동조합 10년을 위한 청사진 153, 333
ILO 협동조합 활성화를 위한 권고문 155, 176, 177
YMCA 농촌부 115, 116
YMCA 연합회 115, 124

㉠
가가와 도요히코 116
가중다수결 294, 295
가톨릭농민회 123, 136
가톨릭중앙신협 120, 125, 131
감사 101, 278, 279, 280
감사회 278
강계공익조합 114
건축일꾼 일꾼두레 143
결사체 20, 22, 28, 32, 37, 38, 44, 95
공동육아협동조합 124
공동지분 299, 300
광동택시 143
광산신협 122
구 사회적경제 37, 43, 46, 47
국민기초생활보장법 53, 72
국제노동자협동조합연맹 217
국제협동조합연맹^{ICA} 15, 88, 96, 130, 140, 149, 151, 153, 164, 165, 166, 168, 169, 175, 180, 212, 217, 300, 318, 324, 331, 332, 333, 334, 335, 336, 356, 359
그린택시 쿱 251

기독교농촌연구회　116
기독교사회주의　116, 125
기독교신민회협동조합　119
길드　37

Ⓛ

나눔물산　144
나레건설　144
나섬건설　143
난곡희망의료협동조합　145
낸시 넘탄　319
노동 배당　104, 197, 308
노동자인수기업　143
노동자자주기업　143
노동자협동조합　53, 67, 96, 143, 144, 145, 148, 174, 178, 195, 202, 204, 206, 246, 252, 259, 326, 327, 328, 329
논골의류생산협동조합　144
농민공생조합　116, 125, 330
농어촌공동체회사　43, 45, 47
농업은행　119, 127, 128
농업은행법　127, 128
농업협동조합^{농협}　24, 25, 43, 44, 47, 48, 119, 125, 126, 127, 128, 129, 130, 131, 221, 226, 327, 331, 335, 352
농업협동조합법^{농협법}　47, 127, 128, 129, 187, 221, 226
농업협동조합임원 임면에 관한 임시조치법　47, 128, 129
농촌신협　122
농협유통　129
농협중앙회　125, 128, 129, 352, 335

Ⓒ

다수결　288, 292, 294, 295, 296, 324
다중이해관계자 및 공동체 플랫폼　243, 244
다중이해관계자 및 공동체 플랫폼 레소네이트　244
다중이해관계자협동조합　55, 67, 188, 197, 198, 241, 244, 271

다중이해관계자협동조합 휠링보장구협동조합 198
당기순이익 299, 305, 306, 307, 310, 312, 333
대리운전협동조합 219, 220, 253
대의원총회 190, 198, 273, 274, 275, 324
대처리즘 37
대학소비자생활협동조합^{대학생협} 51, 123, 133
데블스 애드버킷 294
데이터 컨소시엄 플랫폼 246, 247
데이터 컨소시엄 플랫폼 마이데이터 247
동등한 돌봄협동조합 252
두레생협 51, 52, 123, 134, 141, 335
디지털 플랫폼 협동조합 14, 186, 239, 240, 241, 242, 243, 245, 248, 255, 256, 257
디지털 플랫폼 경제 239, 240, 241, 331

ㄹ

라이파이젠 96, 118, 354
라이파이젠식 산업신용조합 115
라이프매직케어협동조합 252, 253
레더리프협동조합 264
레소네이트 244
레이거노믹스 37
레이들로 164, 319, 320
레이들로 보고서 15, 164, 181
로버트 오언 95, 96, 100, 107, 300
로빈후드 코프 248
로치데일공정선구자조합 37, 95, 96, 98, 100, 105, 165, 166, 170, 171, 174, 178, 184, 190, 323, 351
로치데일공정선구자조합 기본원칙 107, 165
로치데일공정선구자조합 연차보고서 113
로치데일공정선구자조합 운영 원칙 113, 167, 356
로치데일공정선구자조합 정관 109, 113
로치데일공정선구자조합 협동조합 규약 111
로푸키리 265, 266, 267, 327

루이 블랑　95

ㅁ

마을기업　3, 16, 24, 25, 26, 32, 43, 45, 47, 55, 60, 63, 64, 65, 74
마을기업 농프락농업회사법인　66
마을기업 육성사업 시행지침　64, 72, 334
만장일치　292, 293, 294, 300
메리 가브리엘라 수녀　119, 125, 130
명례방협동조합　143
모두들 청년주거협동조합　191
목포소비조합　114, 124, 134
몬드라곤　178, 180, 202, 203, 204, 205, 206, 207, 208, 209, 210, 211, 212, 213, 214, 215, 216, 329, 330, 331, 333, 334
몬드라곤 10대 원칙　212
몬드라곤대학　179, 209
몬드라곤 라군아로　209, 215
몬드라곤 사이올란　208
몬드라곤 세라헤라 유니언　203, 204, 205
몬드라곤 에로스키　207, 210, 212
몬드라곤 이켈란　208
몬드라곤 카하 라보랄　208, 209, 210, 212
몬드라곤 파고르　210
몬드라곤협동조합 복합체　207, 209, 210
무탄트　92, 331
문화예술제작소 공터협동조합　264
물산장려운동　115, 124, 134
미처분잉여금　299
민들레의료협동조합　145
민주적 의사 결정　14, 20, 22, 32, 33, 270, 281, 284, 292, 296, 324, 328

ㅂ

박재일　122, 123
배당　27, 33, 101, 102, 103, 104, 107, 112, 160, 162, 166, 168, 169,

173, 174, 189, 191, 196, 197, 200, 209, 213, 224, 230, 231, 233, 235, 250, 252, 255, 272, 299, 300, 302, 303, 304, 306, 307, 308, 311, 312, 317, 322
법정적립금 160, 189, 209, 224, 229, 299, 301, 307, 308, 309, 359
벤처기업육성에 관한 특별조치법 69, 72, 77, 78, 79, 80, 86
복지병원 145
봉제협동조합 실과바늘 143
봉제협동조합 옷누리 144
봉제협동조합 한백 144
블록체인 기반 디지털 플랫폼 협동조합 248
비분할 적립금 173, 299, 300, 306
비영리 사단법인 161, 218, 227, 230, 252, 316
비영리성 15, 67, 314, 315, 317
비영리 조직 57, 67, 80, 88, 140, 151, 177, 200, 317, 326
비임금 노동자 258, 358

ⓢ
사무엘슨 36
사업자협동조합 67, 188, 192, 193, 259, 311
사업자협동조합 하이크리닝협동조합 193, 194
사업체협동조합 경영 298, 360
사회연대경제 28, 29, 30, 31, 45, 69, 329, 331, 332
사회연대경제 활성화 결의안 29, 30
사회연대경제에 관한 법 28
사회적경제 13, 14, 15, 18, 19, 20, 21, 22, 23, 24, 25, 26, 27, 28, 32, 33, 34, 35, 37, 38, 39, 40, 41, 42, 43, 44, 45, 46, 47, 48, 50, 55, 56, 62, 63, 64, 69, 70. 72, 73, 74, 75, 76, 77, 78, 80, 81, 83, 86, 95, 140, 201, 215, 216, 264, 283, 311, 319, 327, 328, 329, 331, 332, 333, 335, 351, 352, 359
사회적경제 개념 19
사회적경제 범주 24, 28, 47, 86
사회적경제 시대 구분 46
사회적경제 원칙 28
사회적경제 정의 21, 23, 32, 73

사회적경제기본법 18, 22, 23, 24, 69, 73, 74, 75, 76, 86, 327, 329
사회적경제유럽 18, 38, 39, 42, 335
사회적경제헌장 18, 38, 39, 351
사회적기업 3, 14, 16, 18, 24, 25, 26, 31, 32, 39, 43, 45, 47, 55, 56, 57, 58, 59, 60, 61, 62, 63, 68, 69, 72, 74, 75, 77, 78, 82, 83, 84, 85, 86, 140, 143, 145, 156, 161, 193, 251, 253, 257, 327, 328, 329, 333
사회적기업 등록제 14, 45, 69, 82, 83, 84, 85, 86, 328
사회적기업 인증제 14, 18, 45, 69, 82, 83, 84, 85, 86
사회적기업육성법 45, 56, 57, 58, 62, 72, 78, 82, 83, 160, 162, 333
사회적협동조합 26, 51, 60, 62, 67, 72, 75, 81, 82, 149, 161, 177, 187, 188, 189, 190, 199, 200, 201, 217, 218, 223, 224, 225, 226, 227, 228, 229, 230, 231, 253, 271, 275, 309, 310, 311, 312, 316, 352
사회적협동조합 다시시작 201
사회적협동조합연합회 147, 187, 188, 223, 224, 352
산림조합 24, 25, 43, 47, 48, 187, 188, 226, 335
산림조합법 221, 226
새마을금고 24, 25, 43, 47, 49, 125, 131, 188, 226, 352
새마을금고법 49, 187, 221, 226
새뮤얼 보울스 89, 93, 184, 331, 353
생산공동체 144, 145
생산자 주도 플랫폼 244
생산자 주도 플랫폼 스톡시 245
생산자협동조합 67
생협연합회 52, 137, 147, 233, 234
샤를 뒤누아이에 19
샤를 지드 19
샤를 푸리에 95
샹티에 319
서기 2000년의 협동조합 164, 298, 314, 319, 320, 332
성가신협 120
소비자생활협동조합^{생협} 24, 25, 43, 44, 45, 47, 50, 51, 52, 56, 81, 82, 121, 123, 124, 126, 131, 133, 134, 135, 136, 137, 138, 139, 171,

180, 188, 190, 191, 221, 222, 227, 229, 230, 232, 233, 234, 235, 236, 237, 262, 272, 274, 275, 276, 277, 278, 283, 288, 302, 329, 352
소비자생활협동조합 바른생협 52, 136
소비자생활협동조합법^{생협법} 51, 123, 126, 133, 139, 147, 187, 232, 238, 278, 288, 294, 335, 352, 359
소비자협동조합 50, 51, 67, 96, 104, 106, 109, 134, 136, 138, 148, 168, 170, 171, 173, 174, 178, 179, 181, 188, 190, 191, 203, 212, 227, 303, 311, 312, 317, 326
소비자협동조합중앙회 123, 139
소비조합 44, 114, 115, 117, 118, 119, 122, 123, 124, 134, 135, 143, 328, 329
소셜벤처 14, 18, 24, 25, 45, 62, 67, 68, 69, 70, 71, 75, 77, 78, 79, 80, 86, 328, 329, 331, 333, 335
소셜벤처 수퍼빈 71, 335
소셜벤처기업 67, 68, 69, 70, 71, 77, 79, 86
손실금 307, 308
손실금 처리 307, 308
쇠나우전력협동조합 263
수산업협동조합^{수협} 24, 25, 43, 47, 48, 226, 335, 352
수산업협동조합법^{수협법} 187, 221, 226
수전 시머드 90, 91
슐체 델리치 96, 354
스마트^{sMart} 249
스톡시^{Stocksy} 245
신 사회적경제 37, 38, 43, 45, 46, 47, 50, 86
신용협동조합^{신협} 24, 25, 43, 44, 47, 48, 49, 52, 96, 120, 121, 122, 125, 126, 130, 131, 132, 133, 134, 135, 136, 143, 187, 226, 229, 230, 274, 276, 329, 330, 335, 352, 354, 355, 357
신용협동조합 밝음신협 48, 122
신용협동조합법^{신협법} 48, 49, 120, 121, 125, 131, 132, 133, 187, 221, 226
신자유주의 34, 36, 37
신협운동 119, 120, 131, 354

◎

아름다운 세탁나라　144
아이쿱생협^{iCOOP}　51, 52, 123, 134, 139, 140, 331, 333, 360
악마의 대변인　294
안산의료생협　147
안성의료생활협동조합^{안성의료생협}　51, 146, 147
안양바른생협　52
안양소비자협동조합　50
안티고니시운동　119, 130, 354
앙리 드 생시몽　95
업앤고　246
에드가 파넬　113, 270, 321, 326, 331, 359, 360
여성기업　81, 82, 335
여성민우회생협　52, 123, 134, 142
엽연초생산협동조합　24, 25, 49, 226, 352, 335
엽연초생산협동조합법　187, 221
영국협동조합그룹　106
영국협동조합도매연합회　106
예비사회적기업　24, 25, 55, 56, 57, 59, 60, 62, 75, 83, 84, 193, 252
왈룬사회적경제위원회　20
왈룬의회령　20, 21, 22
우리농　137
우선출자　174, 177, 228, 229, 230, 231, 275, 278, 288, 294, 303, 304
우애조합　37, 100, 101, 351
우진교통　143, 219, 220
울고^{ULGOR}　205, 206, 210
원산소비조합　117
원주그룹　122, 123
원주보고서　123
원주소비자협동조합　50
원주소비조합　123
원주신협　122
윌리엄 니낙스　22
윌리엄 킹　96

유한책임회사　159, 160
의료복지사회적협동조합　51, 67, 134, 147, 200
의료생협　51, 133, 134, 147, 233
의료생협연대　147
의료협동조합운동　51
의무자본 유보　302, 304
의무 출자자　304
의사 결정 기구　14, 257, 270, 273, 277, 283, 286
이바노 바르베리니　88
이사회　101, 112, 159, 162, 172, 192, 196, 197, 212, 213, 229, 234, 237, 245, 271, 273, 275, 276, 277, 278, 279, 282, 283, 286, 287, 288, 307
이용고 배당　166, 168, 169, 174, 189, 191
이용실적 배당　302, 304, 308, 317
이윤　20, 22, 23, 26, 27, 28, 30, 32, 33, 34, 36, 38, 58, 69, 83, 84, 85, 99, 102, 107, 112, 113, 116, 121, 148, 241, 305, 306, 315, 317, 321
이종협동조합연합회　188, 223, 229, 230, 231
이찬갑　120, 125, 135
인드라망생협　137
일반 협동조합　67, 188, 189, 196, 197, 218, 225, 229, 275
일하는사람들의협동조합^{워커쿱}　218
일하는사람들의협동조합연합회　219
임의적립금　299, 307, 308, 309, 359
임의출자자　304
잉여　21, 27, 33, 58, 162, 173, 213, 215, 250, 305, 306, 308, 311, 315, 326
잉여금　28, 30, 41, 103, 107, 160, 164, 165, 166, 167, 168, 169, 173, 174, 175, 189, 200, 213, 224, 225, 229, 230, 233, 235, 250, 272, 275, 299, 300, 301, 303, 305, 306, 307, 308, 309, 311, 317, 359
잉여금 처분　173, 174, 224
잉여와 이윤의 차이　306

ⓒ

자끄 드푸르니 20, 331, 332
자마니 148
자발적 개방적 조합원제도 107, 165, 167, 169, 170, 171, 270, 271
자활기업 24, 25, 32, 43, 45, 47, 53, 54, 55, 56, 60, 74, 145
자활생산공동체 144
자활지원센터 53, 144
장대익 신부 119, 125, 131
장일순 122
전원합의 292, 293, 294, 296
제3섹터 19, 20, 23, 24
제주희망협동조합 55, 56, 219, 220, 335
조선금융조합연합회 126
조선노동공제회 소비조합 117, 118, 134
조선여자소비조합 118
조세특례제한법 310
조지 제이콥 홀리요크 106, 110, 112, 332
조합법인 14, 310, 311, 312
조합원지분 14, 299, 300, 301, 361
조합원의 권리 272
조합원의 의무 272
조합원총회 274, 275, 276, 277
조합원총회 대의원총회 비교 275
조합원총회 의결 사항 278
종합농협 119, 127, 128
주거공동체 262, 265, 266, 267
주민의료협동회 145
주옥로 120, 125
중소기업협동조합 24, 25, 49, 50, 335, 353
중소기업협동조합법 50, 187, 221
지방금융조합 44, 114, 126
지분환급청구권 224, 225, 272
지학순 주교 122
직원협동조합 143, 145, 170, 188, 195, 196, 197, 218, 259, 308, 311,

317
직원협동조합 대구택시협동조합   196

ㅊ
청십자의료보험조합   145, 146, 328
총회   29, 96, 101, 111, 116, 121, 127, 140, 142, 153, 155, 156, 157, 159, 160, 164, 166, 168, 169, 172, 175, 177, 190, 192, 196, 197, 198, 209, 210, 212, 213, 229, 231, 234, 237, 247, 248, 251, 257, 272, 273, 274, 275, 276, 277, 278, 279, 280, 283, 286, 300, 301, 303, 304, 307, 309, 319, 324, 359, 360
축산업협동조합   129
축협중앙회   129
출자금   13, 67, 101, 102, 103, 107, 111, 112, 121, 131, 146, 160, 165, 167, 168, 169, 172, 173, 174, 177, 189, 191, 192, 196, 200, 224, 225, 229, 230, 235, 251, 255, 272, 273, 275, 276, 278, 288, 294, 299, 300, 301, 302, 303, 304, 308, 312, 359, 360
출자금환급청구권   224, 225
출자배당   160, 189, 231, 255, 304, 308
친환경 생활재 공동구매 생협   123, 126, 133, 138, 190, 319

ㅋ
카하 라보랄   208, 209, 210, 212
컨소시엄 및 노동자 플랫폼   246
케인스 이론   36
코하우징   265, 293
쿱브릿지   254, 255
퀘벡 사회적경제   21, 319, 331

ㅌ
트레버 숄츠 10가지 원칙   242

ㅍ
파고르 엘렉트로도메스티코스   210
페어몬도   250

페어비앤비 250, 251
페어코프 248
평화의료생활협동조합 147
푸른환경 코리아 144
풀무도서협동조합 121
풀무소비자생활협동조합^{풀무생협} 121, 135
풀무신용조합 121
풀무신용협동조합 121, 125
풀무학교 120, 121, 135, 329
풀무학교소비조합 121
풀무협동조합 120, 121
프로베넌스 248
프리랜서 45, 219, 249, 252, 254, 258, 259
프리랜서 온라인 플랫폼 로코노믹스 252
프리랜서협동조합 14, 186, 218, 249, 258, 259, 260, 261, 329, 330
프리랜서협동조합 소셜비즈N 261
플라 물레방앗간 264
플랫폼 협동조합 14, 186, 220, 239, 240, 241, 242, 243, 245, 248, 249, 255, 256, 257, 327, 330
플랫폼 협동조합 컨소시엄 248
필립 뷔셰 95

ㅎ

하우징 커뮤니티 266
한국IT개발자협동조합 254, 334, 336, 359
한국생협연합회 52
한국신협연합회 120
한국의료생협연합회 147
한살림공동체소비자협동조합 136, 138
한살림공동체소비조합 123
한살림농산 50, 122, 123, 138
한살림햇빛발전협동조합 262, 263, 334, 336, 360
행복중심생협 51, 52, 123, 134, 142, 336
허버트 긴티스 89, 93, 184, 331, 354

협동교육연구소 122
협동교육연구원 120, 329
협동조합 7원칙 96, 164, 165, 169, 181, 182, 183, 184
협동조합의 가치 162, 163, 164, 165, 268, 311
협동조합 거버넌스 270, 281, 282, 283, 296
협동조합 과세 14, 311, 328
협동조합 민주주의 15, 270, 314, 323
협동조합 벌스데이 264
협동조합 비영리성 15, 67, 314, 315, 317
협동조합 사업체 속성 15, 314, 318, 319
협동조합 사회운동적 속성 15, 318, 319
협동조합의 역사 95
협동조합의 영리성 15, 67, 314, 315, 317
협동조합의 원칙 165,
협동조합의 유형 187, 188, 260,
협동조합의 자기자본 14, 229, 299
협동조합의 자본 조성 14, 298, 302, 303
협동조합의 정의 149, 151, 152
협동조합의 정체성 88, 96, 148, 149, 357
협동조합특별법 24, 187, 188, 224, 228
협동조합기본법 72, 151, 170, 172, 179, 186, 288
협동조합기본법 개정 227, 229, 300, 327
협동조합도매연합회 106
협동조합법 124, 186, 221, 225, 228, 268
협동조합에 관한 유엔 결의문 156, 157, 222, 223, 357
협동조합연합회 49, 187, 188, 223, 224, 229, 353
협동조합운동사 115, 116, 117, 119, 125, 328, 330
협동조합 원칙 변천 과정 165, 167
협동조합의 정체성 선언문 149, 150, 162, 335, 357
협동조합의 종류 188
협성 143
호세 마리아 아리스멘디아리에타 신부 178, 205, 207, 216
회전출자 302, 303, 304

| 미주 |

여는 글

1 한국사회적기업진흥원, 협동조합 현황, 주요통계
   www.coop.go.kr/home/statistics/statistics1.do?menu_no=2035
2 관계부처합동, 2023
3 관계부처합동, 2023
4 관계부처합동, 2023
5 기획재정부, 2022
6 기획재정부, 2022
7 이상윤 외, 2023

1부

1 자끄 드푸르니·마르뜨 니센 외, 2021
2 자끄 드푸르니·마르뜨 니센 외, 2021
3 신명호, 2014
4 신명호, 2014
5 Bidet, 2005; 김신양, 2016
6 자끄 드푸르니·마르뜨 니센 외, 2021
7 자끄 드푸르니·마르뜨 니센 외, 2021: 57
8 자끄 드푸르니·마르뜨 니센 외, 2021: 19
9 OECD/European Union, 2017
10 강민수·윤모린, 2021: 142
11 Jaques Defourny, 2004
12 William Ninacs, 2002
13 고동현 외, 2016
14 www.oecd.org/empl-oyment/leed/social-economy.htm
15 고동현 외, 2016
16 자끄 드푸르니·마르뜨 니센 외, 2021
17 정관영, 2013: 192~193
18 정관영, 2013: 193~195
19 자끄 드푸르니·마르뜨 니센 외, 2021: 84
20 자끄 드푸르니·마르뜨 니센 외, 2021
21 한국사회적기업진흥원 사회적경제 정책자료

22 자끄 드푸르니·마르뜨 니쎈 외, 2021: 18~20; 정관영, 2013: 184
23 김신양, 2016: 10~14
24 김신양, 2016: 26~28
25 장원봉, 2006: 50~63
26 고동현 외, 2016
27 정관영, 2013
28 정관영, 2013
29 우애조합은 17세기 후반 이후 영국의 노동자들이 결성한 공제조합으로 정기적으로 일정한 금액을 부담함으로써 질병이나 노령, 사망을 대비하는 상호부조 조직이다. 우애조합에 관한 법은 1793년 로즈법$^{\text{Rose's Act: An Act for the Encouragement and Relief of Friendly Society}}$에서 비롯되며 1869년까지 10여 차례 개정되었다. 영국의 노동자들은 당시 협동조합법이 없는 상황에서 우애조합법에 따라 조합을 설립하였다. 1844년 설립한 로치데일공정선구자조합은 1834년과 1842년에 개정된 우애조합법에 따라 등기를 했다$^{\text{두산백과 두피디아; G.D.H.콜, 2015}}$.
30 정관영, 2013: 195~200
31 Defourny & Develtere, 1999; 김정원, 2014
32 김정원, 2014
33 고동현 외, 2016
34 '사회적경제 유럽'은 유럽의 280만 사회적경제 기업과 조직, 기관의 전략적 파트너로서 사회적경제에 대한 EU 정책을 주도해왔다. 2000년 11월, CEP-CMAF$^{\text{협동조합, 공제조합, 협회 및 재단의 유럽상임회의}}$라는 이름으로 사회적경제와 유럽 기관 간의 영구적인 대화를 구축할 목적으로 창설되었다. 2008년 CEP-CMAF는 이름을 '사회적경제 유럽 The Social Economy Europ'으로 바꿨다. '사회적경제 유럽'은 창립 이래 유럽의회 사회적경제 인터그룹$^{\text{European Parliaments Social Economy Intergroup}}$의 사무국을 맡아 왔다.
35 현 '사회적경제 유럽'의 전신인 CEP-CMAF는 2002년 4월 10일, '사회적경제헌장'을 채택했으며, 2015년에 '사회적경제유럽'이 개정했다. '사회적경제헌장'은 유럽과 전 세계에서 사회적경제를 정의하는 데 매우 중요한 역할을 하며, 스페인 사회적경제법$^{\text{2011년 5월}}$ 전문에 연급돼 있다. 이 헌장은 모든 사회적경제인이 공유하는 정체성·핵심 가치·특성을 정의한다.
36 김정원, 2014
37 신명호, 2014
38 김기섭, 2016
39 김기섭, 2016
40 김기섭, 2016
41 김기섭, 2016
42 김기섭, 2016

43 김기섭, 2016
44 김정원, 2014
45 이은선, 2009
46 김정원, 2014
47 김정원, 2014
48 농협중앙회, www.nonghyup.com
49 수협중앙회, www.suhyup.co.kr
50 산림조합중앙회, www.nfcf.or.kr
51 신협중앙회, www.cu.co.kr
52 새마을금고중앙회, www.kfcc.co.kr
53 엽연초생산협동조합 중앙회, www.ktgo.or.kr
54 두산백과사전; 한국민족문화대백과사전; 중소기업협동조합중앙회, johap.kbiz.or.kr
55 김기섭, 2016
56 김기섭, 2016
57 현 바른두레생협
58 이후 원주한살림으로 전환
59 이후 한살림생협으로 전환
60 전 여성민우회생협
61 김정원, 2014
62 김기섭, 2013
63 서울특별시 사회적경제지원센터_서울사회적경제 포털_사회적경제기업_자활기업
64 김정원, 2014
65 한국자활복지개발원
66 김정원, 2014
67 한국사회적기업진흥원
68 한국사회적기업진흥원
69 이는 다음의 조직형태를 가리킨다.
  - 공익법인의 설립·운영에 관한 법률 제2조에 따른 공익법인
  - 비영리 민간단체지원법 제2조에 따른 비영리 민간단체
  - 사회복지사업법 제2조 제3호에 따른 사회복지법인
  - 소비자생활협동조합법 제2조에 따른 소비자생활협동조합
  - 협동조합기본법 제2조 제1호에 따른 협동조합, 제2조 제2호에 따른 협동조합연합회, 제2조 제3호에 따른 사회적협동조합, 제2조 제4호에 따른 사회적협동조합연합회
  - 그 외에 다른 법률에 따른 법인 또는 비영리 단체

70 한국사회적기업진흥원
71 김정원, 2014
72 이은선, 2021a
73 행정안전부 지방자치균형발전실, 2023
74 행정안전부_지방자치균형발전실, 2023: 14~19
75 기획재정부·한국사회적기업진흥원, 2022
76 서울사회적경제지원센터
77 김진수 외, 2019
78 중소벤처기업부_소셜벤처 스퀘어
79 김진수 외, 2019
80 기획재정부·한국사회적기업진흥원, 2022
81 박영수, 2020
82 강민수·윤모린, 2021: 140~152
83 이은선, 2021a
84 나재진, 2019
85 중소기업 연구원, 2018
86 서울연구원, 2018
87 이은선, 2021b
88 이은선, 2021b
89 김혜원 외, 2018
90 고용노동부 보도자료, 2019
91 고용노동부 보도자료, 2019
92 김혜원 외, 2018
93 김혜원 외, 2018

2부

1 Science The Times, 2018.8.28. 김병희 객원기자. "개미 사회에서 발견한 문명의 기원". https://www.sciencetimes.co.kr/news/개미-사회에서-발견한- 문명의-기원/?cat=128
2 『살림이야기』 25호. '모심의 눈, 숲은 협동한다'
3 톰 웨이크퍼드, 2004
4 『살림이야기』 25호. '모심의 눈, 숲은 협동한다'
5 새뮤얼 보울스·허버트 긴티스, 2016
6 『살림이야기』 39호. '모심의 눈, 탄생의 신비'
7 Morgan, Mario, 2003

8 Morgan, Mario, 2003: 79
9 Morgan, Mario, 2003: 224
10 Morgan, Mario, 2003: 226
11 자끄 드푸르니·마르뜨 니센 외, 2021
12 Deroche, 1976; 자끄 드푸르니·마르뜨 니센 외, 2021
13 존 레스타키스[John Restakis], 2017: 84~85
14 김기섭, 2016
15 김소남, 2019
16 김형미, 2019a
17 윤덕영, 2019
18 김소남, 2019
19 이경란, 2013
20 김소남, 2019
21 장규식, 2019
22 라이파이젠은 슐체 델리치[Hermann Shulze-Delitzsch]와 함께 독일 신용협동조합을 세운 선구자다. 슐체 델리치는 도시에서 수공업자와 소상인을 중심으로 신협운동을 했고, 라이파이젠은 농촌에서 농민들을 중심으로 신협운동을 시작했다.
23 장규식, 2019
24 장규식, 2019
25 김소남, 2019
26 김소남, 2019
27 정용서, 2019
28 정용서, 2019
29 김소남, 2019
30 조형열, 2019
31 조형열, 2019
32 이경란, 2019
33 윤덕영, 2019
34 이경란, 2013: 47
35 이경란, 2013: 47~48
36 김기섭, 2016
37 김기섭, 2016
38 김소남, 2019
39 안티고니시운동은 1928년 캐나다 노바 스코샤[Nova Scotia] 주에 있는 성 프란시스 자비에르 대학[St. Francis Xavier University]을 중심으로 시작된 농어촌개발과 지역사회 교육 사업이다. 이 운동은 비판적 성인교육의 실천적 원리와

협동조합이 결합된 주민운동이다. 이 운동의 특징은 주민들이 당면한 사회·경제 문제를 비판적으로 관찰하고 공동 해결 방법을 모색하는 스터디클럽의 활동을 통해 이루어졌다.[김현우, 2001]

40 김소남, 2019
41 염찬희, 2019
42 염찬희, 2019
43 김소남, 2019
44 김기태, 2019; 이경란, 2013; 임영선, 2014; 정원각, 2013
45 김기섭, 2016
46 최진배, 2019
47 신협 60년 이야기, www.cu.co.kr/story/client/story_1.html
48 이현배, 2019
49 이현배, 2019
50 이현배·김창진, 2019
51 이현배·김창진, 2019
52 이현배·김창진, 2019
53 정원각, 2013
54 최진배, 2019
55 정원각, 2013
56 김형미, 2012
57 정원각, 2013
58 김형미, 2012
59 정원각, 2013
60 정은미, 2012
61 모심과살림연구소, 2020
62 김정원, 2016
63 김형미, 2019b
64 김정원, 2016
65 김정원, 2016
66 김정원, 2016
67 김형미, 2019b
68 김정원, 2016
69 류호준, 2021; 박봉희, 2019
70 의료보험은 1963년에 처음 도입됐으나 초기에 시범 사업으로만 운영되었다. 1977년부터 500인 이상 사업장을 대상으로 강제가입 의료보험제도가 실시되었고, 1988년부터 농어촌 주민을 대상으로 지역의료보험을 실시했다. 1989년 7월에 이르러 도시 지역 자영업자를 비롯해 전 국민을 대상으

로 의료보험이 시행되었다. 2000년 7월 1일부터 의료보험이라는 명칭은 국민건강보험으로 변경된다.

71 Deroche, 1976
72 Zamagni, 2005
73 자끄 드푸르니·마르뜨 니센 외, 2021
74 장종익, 2023
75 ICA는 1995년 영국 맨체스터에서 열린 창립 100주년 기념대회에서 '협동조합의 정체성, 가치, 그리고 원칙에 관한 선언문'을 채택했다. 이 선언문은 협동조합의 정의와 가치, 협동조합다움을 판별하는 지표이면서 가치를 실천하는 지침으로서 7가지 원칙을 제시했다. 협동조합 원칙은 로치데일공정선구자조합의 운영 원칙을 근거로 작성됐으며, 1937년 파리대회에서 처음 7대 원칙을 작성했고, 1966년 빈 대회에서 6대 원칙으로 개정하고, 1995년에 7대 원칙으로 완성됐다. 이 선언문은 2002년 국제노동기구[ILO]의 '협동조합 활성화를 위한 권고문'과 2009년 '협동조합에 관한 유엔 결의문'의 기초가 되었다.
76 ICA 홈페이지
77 클리프 밀스 & 윌 데이비스, 2013
78 국제노동기구 홈페이지 www.ilo.org; 김진수, 2015; ILO, 2015.
『The story of the ILO's Promotion of Cooperatives: Recommendation, 2002[No.193]. A review of the process of making ILO Recommendation No.193, its implementation and its impact twelve years after adoption』, International Labour Office, Geneva.
79 United Nations, 2010. Cooperatives in social development, Resolution adopted by General Assembly on 18 December 2009 General Assembly Sixty-fourth session Agenda item61(b).
80 www.copac.coop/2025-is-proclaimed-un-international-year-of-cooperatives
81 기획재정부[2013]가 발간한 『협동조합 설립 운영 안내서』와 유종오[2014] 『협동조합 회계&세무 무작정따라 하기』[길벗]를 참고로 필자가 작성함.
82 김성오 외, 2013; 정원각, 2013; G.D.H.콜, 2015; ICA 협동조합 정체성 선언문. www.ica.coop/en/cooperatives/cooperativeidentity- ICA[2017]
83 ICA, 2017
84 A.F. Laidlaw, 1980. 이동희 역, 2000. 한국협동조합연구소 번역·출간
85 한살림연합 해외연수단, 2013
86 참고: UN결의안 56~114, wwwlun.org/esa/socdev/social/papers/coop_dress.pdf
87 www.un.org/esa/socdev/social/documents.coop_gem_report.pdf

3부

1 국가법령정보센터_협동조합기본법 www.law.go.kr; 기획재정부[2013], 법제처_찾기쉬운 생활법령정보
2 엄형식, 2020
3 협동조합 공식 블로그 쿱마트와 베스트협동조합; 한겨레 2023.1.27. 신효진 기자
4 협동조합 공식 블로그 [이달의 협동조합] 2023.12.6.
5 www.resocoop.org/blank-3
6 김성오, 2012; 이기호 외, 2021; 조완형, 2018; 한신대사회혁신경영대스페인연수단, 2019; 몬드라곤 본부, 2019
7 이종현, 2014
8 MONDRAGON Corporation 2018 Annual Report
9 2013년 지역 신용협동조합인 이파르쿠차[Ipar Kutxa]와 합병하여 바스크지방의 최대 은행이 되었고, 라보랄쿠차[Laboral Kutxa]로 명칭이 변경됨.
10 몬드라곤본부, 2019
11 김성오, 2012: 136~150; 몬드라곤본부, 2019
12 www.cicopa.coop
13 www.workercoop.kr
14 강민수·윤모린·정홍미, 2021; 송재일, 2021; 국가법령정보센터_협동조합기본법 www.law.go.kr
15 협동조합기본법 제1조 목적 "이 법은 협동조합의 설립·운영 등에 관한 기본적인 사항을 규정함으로써 자주적·자립적·자치적인 협동조합 활동을 촉진하고, 사회통합과 국민경제의 균형 있는 발전에 기여함을 목적으로 한다."
16 송재일, 2021
17 김승택, 2017
18 전병유, 2019
19 김철식, 2023
20 김은경, 2020
21 사이먼 보킨, 2019
22 서울소셜벤처허브, 2022.4.25. 게재
23 www.stocksy.com
24 한겨레, 이봉헌, 2019.4.19. 게재. www.hani.co.kr/arti/economy/economy_general/889526.html
25 www.midata.coop/en/home
26 블록체인[Blockchain]은 네트워크에 참여하는 모든 사용자가 모든 거래 내역 등의 데이터를 분산·저장하는 기술을 지칭하는 말로 블록들을 체인 형태

로 묶은 것이다. 개인과 개인의 거래^{P2P}의 데이터가 기록되는 장부로서 공공거래장부라고 불린다. 기존 거래 방식과 블록체인 거래 방식의 차이는 집중과 분산의 차이다. 하나의 플랫폼을 중심으로 거래가 이루어지던 방식에서 각 정보를 가진 블록들이 네트워크를 형성해 정보를 나눠 저장하고 연결해 확인한다. 거래의 공개와 투명성이 이루어진다 $^{사전과\ 자료를\ 활용해\ 필자가\ 정리}$.

27 장종익, 2018
28 fair.coop
29 www.robinhoodcoop.org
30 Provenance.org
31 김은경, 2020
32 김은경, 2020
33 신재민, 2017
34 한겨레경제사회연구원, 2019; 서울시협동조합지원센터 블로그, 해외 협동조합 사례, 2018.7.13. 게재. blog.naver.com/PostView.naver?blogId=seoulcoopcenter&logNo=221318484118
35 한겨레경제사회연구원, 2019; fairbnb.coop
36 한겨레경제사회연구원, 2019
37 현재 미국 19개 주가 이 제도를 도입해 시행하고 있다. 이윤을 추구하는 일반 기업과 사회적기업의 중간에 위치하는 기업이다. 정관에 이윤의 창출과 사회적 기여를 동시에 추구해야 하는 것이 들어가 있어야 하고, 사회적 기여 활동을 백서를 통해서 외부에 발표해야 하며, 독립된 인증기관으로부터 백서의 내용을 인증받는 것을 특징으로 한다 $^{박영석\ 서강대\ 경영대학장\ 기고,\ 매일경제\ 2013.09.26}$
38 한겨레경제사회연구원, 2019
39 김은경, 2020; www.equalcare.coop
40 김철식, 2023; www.woorungcare.co.kr
41 한겨레경제사회연구원, 2019
42 우미숙, 2018; 한국IT개발자협동조합 사업설명회 자료
43 우미숙, 2018
44 통계청은 경제 활동을 하는 취업자를 임금근로자와 비임금 노동자로 나눈다. 비임금 노동자는 고용원이 있는 자영업자, 고용원이 없는 자영업자, 무급가족종사자 세 부문을 포함한다. 이 가운데에서 고용원이 없는 자영업자가 60% 이상으로 가장 큰 비중을 차지한다.
45 황준욱 외, 2009
46 Jongick JANG, 2017: 84
47 2023년 12월14일 조윤숙 이사장 인터뷰
48 한살림 햇빛발전협동조합 홈페이지 solar.hansalim.or.kr; 2020국가에너

지전환우수사례 공모대회 보고서-한살림햇빛발전협동조합
49 서울시민햇빛발전협동조합 독일연수기글; 박규섭; 서울특별시사회적경제지원센터 블로그 2015.12.16. 게재. blog.naver.com/sehub/ 220570206181
50 한국사회적기업진흥원, 2021; 한국사회적기업진흥원, 2022
51 고성군의회 공무국외연수 핀란드 방문기, 고성시사신문. 2018.12.07. 게재; 김상욱, 2015

4부

1 대의원 정수는 생협법에서는 100명 이상, 협동조합기본법에서는 대의원 선출 당시 조합원 총수의 100분의 10 이상이어야 한다. 다만, 그 대의원 총수가 100명을 초과하는 경우에는 100명으로 할 수 있다신설 2014. 1. 21
2 협동조합기본법 제29조 총회의 의결 사항 등 개정 2014.1.21., 2020.3.31. 소비자생활협동조합법 제28조 총회의 특별 의결 사항에 의하면, 조합의 합병·분할 및 해산에 관한 사항은 총조합원 과반수의 출석과 출석조합원 3분의 2 이상의 찬성으로 의결한다. 또한 제39조 임원의 해임에서 조합원 5분의1 이상의 동의로 제기된 임원 해임안건에 대해 총회는 총조합원 과반수의 출석과 출석조합원 3분의2이상의 찬성으로 의결한다.
3 전지원·정순희, 2023; KRX한국거래소 ESG 포털 esg.krx.co.kr/contents/01/01010100/ESG01010100.jsp
4 김형용, 2022
5 이광호 외, 2011
6 김종남 외, 2022; 송재일, 2023; 이광호 외, 2011; 최익성, 2019; 홍국주, 2022

5부

1 에드가 파넬, 2012: 153
2 협동조합기본법 제50조에 의하면 "협동조합은 매 회계연도 결산의 결과 잉여금이 있는 때에는 해당 회계연도 말 출자금 납입총액의 3배가 될 때까지 잉여금의 100분의 10 이상을 적립"해야 하는데 이것을 법정적립금이라고 한다. 법정적립금은 협동조합의 손실을 보전하거나 해산하는 경우 외에는 사용할 수 없다. 협동조합은 정관으로 정하는 바에 따라 사업준비금을 적립할 수 있는데 이것을 임의적립금이라고 한다.
3 국제협동조합연맹, 2017
4 국제협동조합연맹, 2017: 80
5 국제회계기준IFRS, International Financial Reporting Standards은 유럽에서 사용하는 회계기준법으로 기업의 회계처리와 재무제표에 대해 국제회계기준위원회IASB,

International Accounting Standards Board가 공표하는 회계기준서 또는 국제회계기준 해석서다. 국제회계기준에 의하면 조합이 조합원에게 조합원지분의 상환을 거절할 수 있는 무조건적 권리를 보유한다면 조합원지분은 자본에 해당한다. 즉 협동조합 총회에서 조합원의 출자금을 비롯한 조합원지분 상환을 승인해야만 상환이 가능할 때 조합원지분을 자기자본으로 볼 수 있다는 내용이다. 이에 근거하여 협동조합기본법은 2014년 1월 21일 개정으로 조합원 탈퇴시 조합원 지분 상환을 총회에서 의결하도록 함으로써 출자금과 조합원지분을 자본으로 인정했다.

6 박경환, 2018
7 이종제, 2020
8 송재일, 2020
9 유종오, 2020
10 '4장 협동조합, 사업체로서 경영과 기능'은 다음의 자료를 참고로 작성함.
국제협동조합연맹, 2017; 김두년, 2014; 김진우, 2019; 박경환, 2019; 송재일 외, 2020; 아이쿱협동조합연구소, 2016; 에드가 파넬, 2012; 유종오, 2014; 장종익, 2023

6부

1 김진우, 2019
2 김진우, 2019
3 김진우, 2019; 김두년, 2014
4 김두년, 2014
5 송재일, 2021
6 낸시 님탄, 2022
7 낸시 님탄, 2022: 263~276
8 Laidlaw, A. F., 2000: 62
9 Laidlaw, A. F., 2000: 62~63
10 에드가 파넬, 2012: 82
11 국제협동조합연맹, 2017: 50
12 국제협동조합연맹, 2017: 55